百舸争流

北京理工大学百优党支部工作法汇编

BAIGE ZHENGLIU
BEIJING LIGONG DAXUE BAIYOU DANGZHIBU GONGZUOFA HUIBIAN

张舰月　沈　毅 ◎ 主编

北京理工大学出版社
BEIJING INSTITUTE OF TECHNOLOGY PRESS

版权专有　侵权必究

图书在版编目（CIP）数据

百舸争流：北京理工大学百优党支部工作法汇编／张舰月，沈毅主编． -- 北京：北京理工大学出版社，2023.9

ISBN 978 - 7 - 5763 - 2921 - 6

Ⅰ．①百… Ⅱ．①张…②沈… Ⅲ．①中国共产党-高等学校-党支部-工作方法-汇编-北京 Ⅳ．①D267.6

中国国家版本馆 CIP 数据核字（2023）第 186046 号

责任编辑：申玉琴	文案编辑：申玉琴
责任校对：周瑞红	责任印制：李志强

出版发行 /	北京理工大学出版社有限责任公司
社　　址 /	北京市丰台区四合庄路 6 号
邮　　编 /	100070
电　　话 /	（010）68944439（学术售后服务热线）
网　　址 /	http://www.bitpress.com.cn

版 印 次 /	2023 年 9 月第 1 版第 1 次印刷
印　　刷 /	三河市华骏印务包装有限公司
开　　本 /	710 mm×1000 mm　1/16
印　　张 /	22
字　　数 /	312 千字
定　　价 /	98.00 元

图书出现印装质量问题，请拨打售后服务热线，负责调换

百舸争流
——北京理工大学百优党支部工作法汇编

编委会

主　　编：张舰月　沈　毅

副 主 编：陈皓禹　霍　晶

编 委 会：杨丽静　谢雨珈　刘芳熙　李永瑞　刘苏仪
　　　　　李晓雨　王朝阳　林　婷　谢蔚泓　牟雪娇
　　　　　姚梦迪　张　桔　郝　薇　姚志香　王莉蓉
　　　　　石　莉　王悦璇　刘芳琳　易伟明　吴岳骏
　　　　　张　婧　刘晓红　李肖平　辛丽春　申建梅

序 PREFACE

党支部是党的基础组织,是党在社会基层组织中的战斗堡垒,是党的全部工作和战斗力的基础,是党联系群众的桥梁和纽带,是实现党的领导不可缺少的环节。

党的十八大以来,以习近平同志为核心的党中央高度重视党支部建设,推动全党形成大抓基层、大抓支部的良好态势。2018年10月,中共中央印发《中国共产党支部工作条例(试行)》,明确提出把党支部建设放在更加突出的位置,加强党支部标准化、规范化建设,不断提高党支部建设质量。2021年4月,中共中央印发新修订的《中国共产党普通高等学校基层组织工作条例》对高校基层党组织工作作出了全面规范,为全面加强新时代高校党的建设提供了基本遵循。党的二十大报告中提出,坚持大抓基层的鲜明导向,把基层党组织建设成为有效实现党的领导的坚强战斗堡垒。

近年来,北京理工大学党委坚持以习近平新时代中国特色社会主义思想为指导,深入贯彻新时代党的建设总要求和新时代党的组织路线,以政治建设为统领,抓基层、强基础、固基本,深入推进党支部标准化规范化建设，着力增强党支部的政治功能和组织功能，持续加强党的组织体系建设，推动基层党组织全面进步、全面过硬，为学校事业发展提供了坚强的组织保证。

为全面总结凝练北京理工大学基层党支部建设的好经验、好做法，推动党支部之间互学互鉴，扎实做好党支部建设工作，推动党支部战斗堡垒作用和党员先锋模范作用充分发挥，北京理工大学党委组织全校700余个基层党支部凝练党支部工作方法，从中遴选出100个优秀党支部工作法案例，组织编写了《百舸争流——北京理工大学百优党支部工作法汇编》一书。书中的党支部工作法特色鲜明、实施效果明显，涵盖了学校一线教师、学生、机关、资产、离退休五类党支部，是基层党支部在一线工作实践中的提炼总结，探索了基层党建工作规律，提出了解决问题的办法和举措，示范导向和辐射带动作用突出，具有较强的推广和借鉴意义，为高校基层党支部建设提供了学习借鉴的样板，从而激发党支部工作活力，引领高校师生党支部建设。

新时代新征程，要把党支部建设放在更加突出的位置，增强党支部政治功能和组织功能，全面提升党支部建设质量，建强组织体系，进而全面激发高校基层党建活力，谱写基层党建工作的新篇章！

编委会
2023年3月

目录 CONTENTS

"三航聚力"工作法 　　　　　　　　　　001
党建+队建双促双升 　　　　　　　　　004
"三级助推提升育人成效"工作法 　　　007
"两翼一中心"工作法 　　　　　　　　011
"一建设两服务"工作法 　　　　　　　015
"三抓三计划"工作法 　　　　　　　　019
"三维促学"工作法 　　　　　　　　　023
"红领科创"工作法 　　　　　　　　　026
"六有"工作法 　　　　　　　　　　　030
"红色引擎"工作法 　　　　　　　　　034
"一核两驱三维度"工作法 　　　　　　038
"铁甲育人"工作法 　　　　　　　　　042
"小支部大动能"工作法 　　　　　　　046
"三电三新"工作法 　　　　　　　　　049
"创建红专"工作法 　　　　　　　　　053
"四点四步"工作法 　　　　　　　　　056
"增质—稳腔—泵浦光"工作法 　　　　059
"强基础、重引领、融实践"工作法 　　062
"三XIN"工作法 　　　　　　　　　　065

"三个聚焦"工作法	068
"四讲四比四提高"工作法	071
落实"四个强化"工作法	074
"巧下三步棋"工作法	077
学史力行"四象限"工作法	080
"点线面"工作法	084
"凌'波'微步"工作法	087
"筑根基、强组织、树先锋"工作法	090
"二密切,二促进"工作法	093
"传帮带协同发展"工作法	096
"1234"助推模范机关建设工作法	099
"智慧红立方"工作法	103
"以实育人"工作法	107
"三建育三心"工作法	110
"党建引领新动能"工作法	114
"抓好党小组,推进五个一"工作法	117
"点亮五颗星"工作法	120
"一线两面"工作法	123
"多通道"工作法	126
"虚实相济三作用"工作法	129
"一库一图一步"工作法	132
"加减除乘"工作法	135
"同屏共振,同向聚合"工作法	138
"一健三优"工作法	141
"三步并联"工作法	144
"小我融大我,三力促育人"工作法	147
"支部建在实验室上"工作法	150
"铸材"工作法	153
结对共建,同心发展	156

"三化三力"工作法	159
四个狠抓,"碳"索未来	163
"基因扩增"工作法	167
"三心铸魂,医心向党"工作法	170
"四象限"课程思政建设工作法	173
"九个主动作为"工作法	176
"连线式"工作法	180
"点点面"工作法	184
"1+1同向合力"工作法	187
"一体四维"工作法	190
"贯通"工作法	194
"'管'筑五心'理'活五力"工作法	198
"师生共融共建"工作法	201
"三力交汇,活力叠加"工作法	204
"多维共建+"工作法	207
"特色学习型"工作法	210
"融起来活起来"工作法	213
"五阶红塔"工作法	216
"四位一体聚合力"工作法	220
"培根固本铸魂"工作法	224
"战'疫'时刻"工作法	228
"共讲共学红色育人"工作法	232
"三结合"党建教研工作法	235
"联学联建联动"工作法	238
"深学细较走实"工作法	242
"一五四三"工程工作法	246
"自我规范、合作成长"工作法	249
"先锋引领、传帮带教"工作法	253
"CEO"工作法	256

"艺+1，设助力"工作法	260
"一主、二辅、三落实"工作法	263
共学共建"1+5"工作法	267
"四字育人"工作法	271
"分组协同，共建活力支部"工作法	275
"一抓二重"工作法	278
"书生五维学习"工作法	281
"赋能育人长链条"工作法	285
"三力"工作法	289
"三强化三提升"工作法	292
"三有三全"筑堡垒，凝心聚力创新局	295
"互融互促红色育人"工作法	299
"看齐中心、对照指南、结合业务"理论学习工作法	303
"两个关键环节"铸魂育人工作法	306
科技"一三五"，营造一流新生态	309
提素质、强效能、筑防线"三练兵"工作法	313
"二时·三强·智慧+"工作法	316
"桑榆念党恩'四强'映初心"工作法	319
助力学生党建"一提两优"工作法	322
融入式"传、帮、带"工作法	326
关爱服务老同志"一传三全"工作法	329
"点线面体双螺旋"工作法	332
"三抓三促"创新餐饮党建新模式	337

"三航聚力"工作法

宇航学院力学系第二党支部

一、背景起因

北京理工大学宇航学院力学系第二党支部成立于2021年1月,前身属于力学系党支部,现有党员19名,主要从事动力学与控制、流体力学科研工作和基础力学教学工作。

面对新形势、新任务、新要求,为进一步推进党建和业务的深度融合,力学系第二党支部把党建和思想政治工作作为引领保障推动师资队伍建设的特殊法宝,探索实践了"三航聚力"工作法,充分发挥党支部战斗堡垒作用和党员先锋模范带头作用,着力打造政治素质过硬、业务能力突出、育人水平高超的教师队伍,取得了明显成效。

二、主要做法

(一)思想启航,凝聚党员向心力

高校教师思想政治素质关系到培养什么样的人、如何培养人以及为谁培养人这一根本问题。党支部不断强化理论学习,夯实思想根基,激发党员的内生驱动力。一是抓牢集中学习。通过集中学习、实践参观、主题党课等多种形式强化理论学习,深入学习领会习近平总书记关于科研创新、高等教育等一系列重要讲话、重要指示批示,筑牢思想根基,凝聚党员向心力。二是强化个人自学。通过下发学习资料,引导全体党员时时学、处处学,持续提升党员政治觉悟和政治能力。三是深入联系师生,增强沟通交流。党支部每两周组织一次教师交流会,坚持思想政治工作与人文关怀相结合,使思想政治工作在增进团结、凝聚力量上发挥积极作用。

（二）榜样领航，发挥典范牵引力

时代呼唤奋斗精神，榜样引领崇高事业。党支部发挥先进典型的示范引领作用，引导广大党员对照先进典型悟初心、找差距，对标身边榜样担使命、树目标。邀请院士、团队领军人物等分享工作经验，与青年师生共话使命、责任、担当，开辟了软体机器人动力学、人工肝研究等新的研究方向，在思想上和业务上同步助力青年教师成长发展更上新台阶；党支部书记带头推动科普宣传，参与中央电视台《一起上冰雪——冬奥项目力学解读》大型系列科普节目录制，揭示冬奥会"冰雪比拼"背后的"力学奥秘"；发挥党员模范带头作用，组建了一支疫情防控志愿团队，积极参与核酸检测志愿服务，齐心协力，共克时艰，同时多名党员担任领航人，积极服务学校招生宣传工作。

（三）团队助航，筑牢集体助推力

党支部以"北理工精神"为引领，凝聚共同使命愿景，充分发挥团队助航作用，打造团结奋进团队文化，形成了富有战斗力的科研与教学团队。动力学与控制方向在胡海岩院士领导下，瞄准国际科技前沿和国家重大需求，不断挑战"卡脖子"问题，攻克了许多理论难点和关键技术，培育了国家杰出青年科学基金获得者田强教授和工信部"启明计划"人才项目获得者单明贺预聘助理教授,形成了院士—"杰青"—青年人才梯队结构;流体力学方向在国家"杰青"刘青泉教授和"优青"滕宏辉教授带领下,从斯坦福大学、瑞士苏黎世联邦理工学院等国际一流大学引进多名在学术界崭露头角的青年人才,完善了力学学科方向布局,有力支撑了学校"双一流"建设;基础力学教学团队在北京市教学名师水小平教授领导下,培育了北京高等学校优秀专业课(公共课)主讲教师刘广彦副教授,团队获2021北京理工大学优秀教育教学成果奖一等奖2项和北京市高等教育教学成果奖一等奖1项。

三、成效启示

在"三航聚力"工作法的驱动下,充分发挥了党支部的战斗堡垒作用和党员先锋模范带头作用,人才倍增效应显著,团队科研实力持续提升,形成了党建带队建、以党建促业务的良好氛围。党支部下属动力学与控制、流体力学科研团队和基础力学教学团队在面向国际学科前沿、服务国家重大战略需求和培养拔尖创新人才方面攻坚克难,取得了骄人的成绩。赶考永远在路上!党支部将继续在创新党建引领、推动中心工作、建强战斗堡垒、打造过硬铁军上下功夫,争取为学校"双一流"建设做出更大贡献。

党建+队建双促双升

宇航学院飞行器工程系第二党支部

一、背景起因

北京理工大学宇航学院飞行器工程系第二党支部现有党员23人,支部委员3人。支部自成立以来,持续提升党建工作水平,以党建工作推动业务发展,逐步探索出"党建+队建双促双升"党支部工作法,以党建带队建、以队建促党建,推动党建工作和队伍建设"双促进、双提升"。

二、主要做法

(一) 守初心、重传承、提思想

党支部坚守为党育人、为国育才,把立德树人融入思想道德教育、文化知识教育、社会实践教育各环节。开展师生"联学联建"专题学习学科发展史,邀请退休教师文仲辉教授、唐胜景教授讲述航空宇航科学与技术学科的发展史,教育引导师生感悟一代又一代宇航人艰苦创业、开拓创新的精神,继承和发扬航天精神,走好"红色育人路";与飞行器工程系第一党支部、2020级硕士第二党支部联合开展"师德传承"主题党日活动,传承师德精神,践行立德树人根本任务;邀请学科专业责任教授及资深老教师与专业学生开展专业研究方向规划等方面的交流,解答学生在科研、学习、生活中遇到的困难和问题;开设"航天工程专业学科发展史"师生联学专题课堂,实现师生发展与专业学科成果的共享,强化师生责任落实意识。

（二）订计划、明方向、谋举措

党支部委员责任上肩、带头表率，坚持计划牵引促进工作落地生根。根据学校、学院党委要求，计划牵引促工作落地。支部在年初制订《党支部年度工作计划》的基础上，制订重点工作计划表、"三会一课"年度计划表，内容涵盖党支部、教学科研任务、学科专业发展工作。同时将计划内容分解到1~12月，为支部、支委、纪检委员、教学组长、课题组长及其他党员"量身"定制个人党建基础工作月历表，根据不同的分工，从思想建设、队伍建设、作风建设及纪律建设等几大方面形成每月工作计划。

（三）重担当、勇作为、强团队

党支部传承学校"延安根、军工魂"红色基因，强化党建引领，激发团队成员科技报国的强大内驱力、凝聚力和创新力，激励全体党员重担当、勇作为，团结协作强团队。提升党建工作围绕中心、服务大局的水平和实效，支部推行"党建+团队"，以党员为核心组建疫情防控小队3支、学科专业宣传团队3支、核心课程群建设团队5支、青年教师教学基本功竞赛团队2支、重大工程科研项目创新团队3支，服务教学、科研、人才培养等任务推进实施；结合党建平台，推进团队协作交流，服务各类型岗位教师，通过支部谈心谈话及成果宣传交流等活动,较好地提升了教师之间不同教学科研领域的了解与互动,对教学与科研成果的融合及推广起到了积极作用,有效促进服务质量;常态化防控期间,联动学校学院资源,提供教学科研平台、政策宣传指导、思想疏导教育、学科专业服务,积极帮助学校学院师生渡难关,同心抗疫,共克时艰。

三、成效启示

支部通过"党建+队建双促双升"的党建工作模式带动了教学、科研与人才培养等各项中心工作的积极开展和深入落实,教育教学工作稳步推进,科研创新成果丰硕积累,人才队伍质量不断提高,取得了良好的效果与示范作用。近年来,支部教师1人入选国际宇航科学院院士并荣获"第一届国防科技工业先进个人"称号,1人获得国家杰出青年科学基金资助,1人入选教育部青年"长江学者"并荣获国际天文学联合会小行星命名,2人入选国家"万人计划"青年拔尖人才,6人入选中国科协青年人才托举工程。支部成员牵头获批国家科技进步奖1项、省部级科技进步奖4项、省部级教学成果奖1项、校级教学成果奖3项。教学团队入选工业和信息化部研究型教学创新团队、校级"三全育人"团队。

"三级助推提升育人成效"工作法

宇航学院飞行器工程系第一党支部

一、背景起因

宇航学院飞行器工程系第一党支部是宇航学院飞行器设计与工程专业方向下设的教师党支部，现有党员30名，设立3个党小组，均为从事一线教学科研工作的骨干教师。飞行器工程系第一党支部继承和发扬飞行器设计与工程专业"矢志国防"的悠久历史和特色传统，始终以为国家航空航天和国防重点技术领域培养素质全面、工程实践能力和创造能力强的专门人才为专业培养目标。近年来，结合学校"双一流"建设蓝图，围绕学校第十五次党代会提出的"全面落实立德树人根本任务，培养一流拔尖创新人才"核心任务，飞行器工程系第一党支部积极探索和实践"三级助推"特色工作法，多途并举提升育人成效。

二、主要做法

（一）强化"信念助推"，筑牢育人根基

党支部坚持践行社会主义核心价值观，通过多种途径强化思想引领，筑牢育人根基。组织"师德传承"系列主题党日活动，邀请以文仲辉老教师为代表的老、中、青三代模范教师讲述"一心为国"红色历史，传递"甘为人梯"奉献精神，为党员教师树立思想标杆；举办"青年教师联谊会"活动，由唐胜景教授、刘莉教授等教学名师分享育人理念，为党员教师指明奋斗方向；面对困难挑战，发挥支部战斗堡垒作用，疫情突发期间由学院党委书记龙腾做"凝心聚力、共克时艰"等专题党课讲座，强化了支部党员责任担

当；持续组织与学生党支部共建活动，了解新时代学生思想动态，建立师生党员思想沟通纽带，积极推动师生"共学共进"。

（二）统筹"素质助推"，强化育人能力

党支部坚持组织引领，切实发挥好"领头雁"作用，通过结对引导、逐个帮扶等方式，促进教师个人发展，提升育人能力。充分依托支部统筹作用，将各类人才计划纳入支部日常议题，紧抓团队人才队伍建设，促进教师学术水平和科研能力提升；由教学名师领衔实施名师培育计划，成立名师培育工作坊，通过传、帮、带等方式有力推动教学梯队建设和教学能力提升；有效发挥支部组织功能，积极整合教学资源，由支部带头组织教学团队整合建设，打造了北京市和工信部的两支省部级优秀教学团队；强化支部党建引领作用，将党建与专业建设紧密结合，将"金课"和精品教材建设纳入支部专题学习和党日活动事项，将课程及教材建设指标分解到每个团队、每位教师，从个人、团队层面实现育人能力提升。

（三）完善"实践助推"，提升育人质量

党支部结合专业背景特色，不断健全完善"价值塑造、知识养成、能力锻炼"三位一体育人模式，形成长效机制和品牌团队，助力学生双创能力培养。依托航空航天工程北京市教学示范中心，打造"航模队"双创品牌，以国内外各层次竞赛为牵引，以学生为主导、教师为辅导，提供完善的实践平台和相关材料设备支持。每年利用平台参与各项科技创新活动的人数约2 000人，科创活动学时约13 500人时/年。依托无人飞行器自主控制研究所组建本硕博科技创新团队"飞鹰队"，以国际高水平赛事为牵引为学生提供创业发展平台。以双创实践为契机，拓展"产—赛—学—研"通道，加强与领域院所之间的联系，强化"矢志国防"就业导向，近年来航天和兵器等国防院所就业占比超过85%，为国防领域持续输送优秀人才。

三、成效启示

（一）思想建设成效突出

通过有力落实思想引领、组织带动和机制引领等相关举措，师生对专业认可度不断提高，专业凝聚力进一步增强。党员教师特别是青年教师，将自身发展和专业发展紧密结合的主动性显著提升，困难条件下的斗争精神和担当精神进一步加强，为专业发展提供了牢固的思想基石和精神旗帜。近年来，党支部获评学校先进党支部，1名党员获评校级优秀党员。

(二)育人能力提升明显

支部成员在教学科研方面逐步成长为骨干人才。其中"三育人"先进集体2个,国家百千万人才工程入选者1名,国家青年拔尖人才1名,工信部"启明计划"入选者1名,中科协青年托举人才4名,北京市教学名师2名,北京市课程思政名师1名;省部级教学团队2个,北京市课程思政团队1个,国家一流课程1门,国家级规划教材1部,国家重点规划出版物1部等。

(三)"三全育人"成果显著

近年来学生获省部级以上科研奖励3项;学生实践和双创比赛获得国际级、国家级、省部级等各项殊荣60余项。其中,全国高等学校航空航天类专业本科毕设大赛特等奖1项、一等奖1项,全国工程硕士实习实践优秀成果奖1项,MBZIRC(穆罕默德·本·扎伊德国际机器人挑战赛)金奖2次;中国国际"互联网+"大赛全国总决赛金奖2项、银奖2项、铜奖3项,"挑战杯"全国大学生课外科技作品竞赛特等奖1项等;1名学生获评校级优秀共产党员。

"两翼一中心"工作法

宇航学院飞行器控制系党支部

一、背景起因

北京理工大学宇航学院飞行器控制系党支部是教工党支部,现有党员27人,其中22人获博士学位,5人获硕士学位。设有党小组4个。大部分党员工作在飞行器控制领域的军工科研第一线,并承担研究生和本科生的教学任务。

党支部结合学科特色,探索实践"两翼一中心"党支部工作法,以党支部建设为中心,引领教学、科研"两翼",服务中心业务工作,不忘立德树人初心,勇担军工报国使命。

二、主要做法

（一）点燃红色引擎，凝聚向党爱国之心

党支部坚持传承学校"延安根、军工魂"的红色基因，强化党员日常教育管理，坚定理想信念，点燃"红色引擎"，凝聚向党之心，夯实战斗堡垒。一是在"学"上下功夫，构建"三位一体"学习模式——支书带头学，党员交流学，会后广泛学，深入学习领会习近平总书记关于科技强国等系列重要讲话，激发矢志科技报国的内生动力，凝铸"红色之魂"；二是在"建"上动脑筋，重视组织建设，建强支委班子，合理设置党小组，锻造"红色堡垒"；三是在"行"上严规范，坚持"三会一课"制度，严格党内政治生活，规范支部记录，夯实"红色根基"。

（二）党建引领科研，锻造军工报国之翼

强国必强军，强军离不开高水平的武器装备研制。党支部发扬"航天情、报国志"学院文化，秉承"军工报国"的理念，组织党员学习老一辈教师的优良传统和奋斗精神，使党员始终牢记自身责任和使命，将党性彰显在为国家研制尖端武器装备的科研攻坚中。近年来，本系承担或参与国家重大装备型号项目近20项。本系所属远程火箭研制团队在中国工程院院士杨树兴教授的带领下，以开拓进取的创新精神、艰苦奋斗的创业精神和协作奉献的团队精神，引领了我国远程多管火箭装备的两次技术跨越，实现了中国多管火箭武器质的飞跃。

针对科研工作中合作单位多的特点和需求，积极开展与合作单位的支部共建活动，交流党建经验，促进科研合作。如与航天五院钱学森实验室材料与机械技术研究中心党支部开展了支部"手拉手"主题党日活动，共话航天服务国防。积极与机关党支部开展共建活动，加强业务合作，促进共同发展。如与学校计划财务部党支部联合开展了"支部共建学党史、凝心聚力办实事"活动，取得了良好成效，学校网站对此活动进行了专题报道。

（三）党建引领教学，铸牢立德树人之翼

党支部围绕立德树人根本任务，教育党员坚守教书育人之初心，用心培育"红色国防工程师"。党支部开展师生共学学科史活动，通过生动的访谈互动形式，离退休教师杨焕明、刘藻珍和在职教师单家元、莫波、张成结合亲身经历讲述学科发展中的感人故事，担当、拼搏、创新的军工报国精神在有师承关系的离退休教师、在职教师和学生三代人间潜移默化地传承。开展"绿色"匠心育人主题党日和师生党团支部共建活动，组织本系负责的探测制导与控制技术专业本科生和精工书院低年级本科生参观实验室，开展师生面对面交流谈心，聊学业、拉家常、话人生，为学生排忧解难、答疑解惑。组织课堂思政示范课，邀请丁艳副教授讲授课程思政示范课——以探测原理为例，引导教师挖掘课程中蕴含的思政元素。

支部党员利用承担重大工程项目、工程经验丰富的优势，特别注重理论与实践相结合，培养实践能力突出的军工科技人才。积极指导"天幕之眼""太空猎人"等学生科技创新团队和各类竞赛。积极担任北理领航人、本科生班主任和学育导师，多维度引导学生成长成才。

三、成效启示

通过实施"两翼一中心"党支部工作法，显著提升了支部党建工作的质量和水平，形成了"以党建促发展，以发展强党建"的良好态势。党支部2019年入选北京理工大学首批"党建工作样板支部"，2021年被授予"北京理工大学先进党组织"称号。通过大力促进党建与教学、科研深度融合，有力推动了教学和科研工作。本系远程火箭研制团队2018年牵头获得国家科学技术进步奖一等奖，入选2018年度国防科技工业十大创新人物（团队）。2021年，张成入选"万人计划"，宋晓东指导"太空猎人"学生团队获世界大学生立方星挑战赛中国区总决赛特等奖。2022年，青年教师肖旦丹入选GF"启明计划"。

"一建设两服务"工作法

宇航学院2020级博士第一党支部

一、背景起因

北京理工大学宇航学院2020级博士第一党支部现有党员24名。党支部成员的研究涉及航天、航空、基础力学等方向，担负着实现航天强国梦想、贡献北理青年力量的重要使命。

自2020年支部成立以来，本支部贯彻《中国共产党支部工作条例(试行)》，开展"党支部建设规范提升行动"，持续推进支部标准化、规范化建设。在支部建设中，秉承"党建引领工作，服务重大需求"理念，探索形成"一建设两服务"工作法，以党员先锋带动党团班一体化建设，服务保障中央党委重大任务，服务国防科研需求。该工作法推动党建与科研深度融合，从培养创新型研究博士队伍建设的客观需求出发，坚持聚焦服务国家重大科研需求为主业，在实践中取得显著成效。

二、主要做法

（一）铸造支部政治之魂，聚力党团班队伍建设

党支部始终秉承"主题教育把方向，党团联络抓主体"的党建引领建设模式，通过将"三会一课"与开展特色主题党日活动、支部共建、参观红色教育基地活动相结合，带动团员及群众参与到政治活动中，利用党建带团班建，加强党建引领作用。

在党史学习教育阶段，支部开展"学习百年党史，传承红色基因"系列党史学习教育活动，先后开展党史读书学习分享会、中国共产党人的精神谱

系学习主题党日、支部共建参观国家博物馆"复兴之路"纪念展、"回溯源头,传承命脉"北理工校史馆主题参观学习活动等;此外,通过开设学风与学术诚信建设研讨、"急救培训,心动北理"、科研院所支部交流共建、与草桥村支部探索"大数据类脑分析助力花卉养殖"等主题党日,将党团班共建纽带系紧,形成"一主两翼"政治教育工作格局。党团班协同建设以思想引领为核心,以联学联讲和实践育人为配套,三者合力并举,既立德,又树人。

(二)强化党员思想引领,服务保障重大任务

党支部作为党团班协同育人的引领枢纽,在中央及学校党委重大活动中双带统筹,积极号召党员、积极分子服务保障重大任务。

在庆祝中国共产党成立100周年大会、文艺演出重大活动中,支部党员卢少兆、资贤,积极分子杨盾、李超等参与其中,提供有力保障,充分展现了北理工人饱满的精神风貌和时代担当;在冬奥会赛场及服务保障方面,支部党员参与研制的"异构平台自主起降""凝胶冰雪"等技术服务于国家装备建设;支部党员资贤参与首钢滑雪大跳台志愿服务保障工作,展示中国青年志愿者形象;在疫情防控志愿方面,支部20余名党员、积极分子响应学校党

委号召,参与筑牢校园疫情防控坚实防线,校园里随处可见的"宇航蓝"是我们青春的标志。支部成员服务祖国、保障重大任务行动,彰显青年学子扎根社会、回报社会的担当。

(三)树立榜样朋辈导引,服务助力国防建设

作为博士生党支部,在开展党的理论学习工作同时,积极引导支部成员将个人前途与国家命运相结合,讨论探索科研中的共性问题,努力实现科研创新助力国防建设。此外,支部鼓励大家开拓科研方式,包括参与各类高水平竞赛、促进成果转化。

2020年,支部成员吴则良、陶宏、谷雪晨、郑小波、沈灏等作为"飞鹰队"主力,克服疫情困难,征战阿布扎比挑战赛,以唯一满分成绩卫冕;赛后他们将技术凝练成果,推动产品转化,获第六届"互联网+"挑战赛全国金奖。支部成员王浩凝获中国研究生未来飞行器创新大赛二等奖、全国创新创意大赛三等奖;支部成员卢少兆获国际空间轨道设计竞赛第十名;吴则良、陶宏分别在2020年、2021年开学典礼上作为优秀学生代表讲话,树立榜样,发挥朋辈引导作用。支部成员们切实立足国家建设和国防事业的需求,精学精工,勇于攻克重大项目中的核心难题,力争为社会主义现代化贡献力量。

三、成效启示

(一) 先进集体，发挥党支部战斗堡垒作用

在"一建设"中，支部战斗堡垒更加坚强有力。2021年支部获得学院"优秀党支部"称号，并被学校学工部"我们的党支部"专题系列收录，同时助力班级获2021年校十佳班集体。

(二) 先进个人，发挥党员先锋模范带头作用

在"两服务"中，党员先锋模范带头作用充分彰显。抗击疫情方面，毛壮壮加入家乡疫情防控小组，获"优秀助力疫情防控个人"称号；陶宏受邀加入北理工党史学习教育青年宣讲团，用青年力量诠释责任与担当。支部党员参与到学校抗疫志愿活动中，展示了党员的风采，拉近了党员与群众之间的距离，密切了党群关系。

"三抓三计划"工作法

宇航学院2019级博士第二党支部

一、背景起因

宇航学院2019级博士第二党支部成立于2019年10月，现有正式党员13名，预备党员2名。支部党员由2019级力学系博士生组成。党支部成立以来，深入贯彻落实习近平新时代中国特色社会主义思想，按照新时代党的建设总要求，认真做好党员的教育、发展和实践工作，确保党的路线方针政策和学校党委决策部署贯彻落实，最大限度发挥党支部战斗堡垒作用和党员先锋模范作用。随着党支部规范化制度化持续推进，支委会建设不断加强。结合宇航学院提出的"学生党员'承诺、践诺、积分、评议'一体化教育管理监督"新要求，党支部根据职能特点，结合具体实际，逐渐形成"三抓三计划"工作法。

二、主要做法

（一）狠抓支委履职，制订支委工作计划

为不断加强支委履职尽责能力，提高党支部工作效率，支委会每月制订支委会工作计划。

每月支委会根据上级党组织的工作要求，在充分讨论研究的基础上，形成并制定文件，详细安排下一阶段支委会的各项工作。根据工作内容和支委分工，细化拆解任务，明确时间节点，避免遗漏遗忘，落实责任到人。遇到临时任务，文件及时补充；完成对应任务，及时通知汇报。

支委工作计划实施以来，定期召开支委会，提高了支委会工作效率，促

进了党支部高效运转,保证了上级党组织的工作要求及时贯彻落实。

(二)狠抓组织生活,制订组织生活计划

为提高"三会一课"组织生活质量,形成主题鲜明、内容丰富、学有所得的特色活动,党支部每月制订党支部组织生活计划。组织生活计划着眼于时事,以理论学习引领实践活动,积极培养党员服务意识,发挥党员模范先锋带头作用。

党支部在每月学习学校下发的组织生活相关文件,以及学院支部书记工作会要求后,及时召开支委会,认真讨论组织生活开展内容和形式,形成和通过党支部组织生活计划,并及时下发给支部党员,便于党员提前了解,认真准备。并按照党支部组织生活计划,按时组织开展相关活动。

支部组织生活计划实施以来,以师生共建、党团共建、研本共建等形式,开展多次红色景点参观、图书角志愿服务、党史学习教育等主题党日活动。在理论学习和实践活动中,支部党员不断提高党性觉悟。

（三）狠抓党员教育，制订党员实践计划

为进一步落实宇航学院学生党员一体化教育管理监督要求，提高党员教育管理质量，党支部每学期制订党员实践计划。

计划从具体要求、量化积分、考核标准、民主评议等各环节进一步明确。具体要求：党员每学期完成一项"实事好事"，学期初公开承诺，学期末汇报评定。量化积分：党员领学发言一次积3分，交流发言一次积1分等。考核标准：党员原始积分为60分，学期末要求80分以上合格等。民主评议：将积分和"实事好事"作为民主评议和评奖评优的重要参考依据。

党员实践计划实施以来，支部党员"实事好事"受到广泛好评。如党支部对接精工书院本科1901班开展两次朋辈导师交流活动，承担3期宇航楼图书角的轮岗维护工作，并志愿服务本科生换校区搬宿舍活动，积极响应"共产党员献爱心"发起捐款活动等。此外，支部党员们也积极参与到校内外各类公益志愿活动中，如疫情期间的社区安全值守服务、党史宣讲活动等，充分发挥了党员先锋模范作用。

三、成效启示

（一）支委履职能力显著提升

2021年，支委会带领党支部入选了学校第二批"党建工作样板支部"培

育创建名单，荣获学校"先进党组织"荣誉称号。

（二）组织生活质量明显提高

在党史学习教育中，党支部创新开展一系列特色活动，被校学生工作部公众号"我们的党支部"专题系列活动报道和推广。

（三）党员教育成效不断增强

支部党员年度领学发言人均4次，交流发言人均12次，积分评议合格率100%；荣获学校"优秀共产党员""优秀学生干部""优秀学生"等荣誉称号8人次；获得省市级以上竞赛奖10项、特等奖学金5人次。

"三维促学"工作法

宇航学院2019级博士第一党支部

一、背景起因

北京理工大学宇航学院2019级博士第一党支部成立于2019年10月,现有正式党员11人、预备党员4人。支部党员来自航空宇航科学与技术和力学两个学科。自成立以来,在学院党委的指导和帮助下,支部针对党员专业及所在实验室分散、日常科研学习任务繁重,导致组织生活效果不明显的问题,探索形成了"三维促学"工作方法。

二、主要做法

思想建设是党的基础性建设,为了强化党支部的思想引领作用,加强对党员群众的教育,支部围绕"以讲促学""以谈促学""以做促学",提高支部学习的质量,确保党的理论知识从"入眼入耳"到"入脑入心"。

(一)以讲促学,促进学习成果"真懂"

充分发挥支部党员的主动性,在主题党日中设置"党员领学"环节:每名党员轮流担任主讲人,分享自己的学习成果,以输出倒逼输入,有效促进支部党员对学习内容的理解,把握精神实质,领会精髓要义。

实操环节:将支部党员划分为若干学习小组,每个小组由3~4人组成。每月开展主题党日前,支委会与当月负责小组根据本月理论学习指南进行讨论,确定本月主题党日的集体学习内容,并进行分工准备。准备完成后,将学习材料提前发放给支部党员,要求支部全体党员提前熟悉学习材料。主题党日中,学习小组成员按照分工准备的内容进行领学,其他党员提出问题并交流心得。

设置"党员领学"环节以来,支部党员每人每学期平均领学2次,推动了支部党员更加主动、深入地进行理论学习。

(二)以谈促学,促进学习成果"真信"

充分发挥党支部党建带团建的作用,在重要时间节点开展党团共建活动,搭建党支部和团支部的联系桥梁。通过党员同志发挥先锋模范带头作用领学党的理论知识,带动团支部成员吸收先进思想不断进步;通过党团共同学习、研讨、谈心,使支部党员与团员同学主动交流思想,促进党支部、团支部成员把伟大思想的力量转化为自己内心的力量,坚定理想信念,增强政治定力。

实操环节:与所联系的团支部委员会保持密切沟通,在重要时间节点及时制定党团共建方案。党团共建的基本环节包括:专题学习——通过党员领学或共同观看视频的方式,对重要时事、重要讲话进行集体学习;心得分享——2~3名党员和团员针对集体学习内容进行心得感悟分享,进一步领悟思想内涵;交流研讨——党团支部成员针对学习和分享的内容进行随机提问和交流,使支部党员加深理解,真正做到内化于心、外化于行。

目前,支部与所联系的团支部针对疫情防控、纪念抗美援朝70周年、

十九届五中全会、十九届六中全会等,开展了多次党团共建活动。通过活动,支部党员不仅有效地向团员同学宣传了党的主张,同时也促进了自身"真学真信"。

(三)以做促学,促进学习成果"真用"

充分发挥实践对理论的指导作用,坚持"先学习再实践""边学习边实践",结合学习内容开展多种形式的实践活动,促进支部党员学以致用,把各项工作落到实处。

实操环节:一方面,在学院党委的支持和指导下,结合支部党员实际扩充实践活动备选列表;另一方面,结合时事热点和理论学习指南,确定可行的实践活动。实践与学习结合的具体做法包括:结合主题党日开展理论学习,并在学习中对实践活动进行预告,阐明实践活动与学习内容的联系。带着学习心得进行主题实践活动,在实践的过程中加深对学习内容的理解和应用。

为服务学院师生,充分发挥党员的先锋模范作用,支部开展了"同担新时代新青年使命"主题党团共建活动。开展学院图书角建设志愿服务活动,将图书角原有书籍及学院新购置书籍进行集中分类整理,为每本图书粘贴专属编号,并对书架进行重新规划,使支部党员进一步理解"群众工作"的内涵,促进理论学习的"真学真用"。

三、成效启示

(一)学习主线明确,活动整体性强

以"三维促学"使支部组织生活形成统一整体,多维度统筹规划,明确学习主线,拓宽学习思路,不断提升党员的思想理论和思维能力水平。

(二)教育效果明显,思想引领突出

通过支部内部建设、党团共建、服务群众多维度开展理论学习、实践活动,合理安排学习任务,提高学习效率,加深内容理解,切实强化党支部的思想引领作用。

"红领科创"工作法

机电学院爆炸科学与技术国家重点实验室党支部

一、背景起因

北京理工大学爆炸科学与技术国家重点实验室党支部隶属于机电学院党委,成立于2010年,现有党员14名(占所在系教师总人数的87.5%)。党支部自成立以来,一直秉承延安精神,将矢志军工、报效国防与科研学术、人才培养、师德建设相结合,打造一流学科,培养一流人才,营造一流文化,追求一流业绩。党支部采取多种方式深入学习贯彻习近平新时代中国特色社会主义思想,强化思想引领,不断增强"四个意识",坚定"四个自信",做到"两个维护"。党支部始终坚持"开放、流动、联合、竞争"的原则,确保各项工作高效建设和运行。在保证实验室始终处于国际领先水平的前提下,营造浓厚的科技创新氛围,以立德树人教育培养人才,是本党支部工作法的核心内容。

二、主要做法

(一)强化政治引领,坚定信仰跟党走

党支部建立健全支部组织生活制度、"三会一课"制度、支部学习制度等。支部积极开展学习并以特色学习活动为载体,牢牢扭住理想信念这个"总开关",营造勤学习、爱学习、善学习的浓厚氛围,促进学习型党组织建设。同时,支部定期召开党支部会议,规范党支部组织建设,使党建工作与业务工作紧密结合,更利于党建和业务工作同部署、同落实。选择优秀年轻同志担任党支部委员,调动其参与党务工作的积极性,为培养锻炼年轻同

志提供平台，也为党建工作培养基层骨干。

（二）牢记使命担当，坚持为党育人才

党支部全体党员紧紧围绕立德树人这一根本任务，认真学习全国高校思想政治工作会议精神，将"培养军工领军人物、拔尖人才"作为育人职责，把立德树人作为工作的中心环节，围绕"培养什么样的人""如何培养人"等问题召开支委会和党员大会进行讨论，根据国家及学校的"双一流"发展战略，结合兵器学科特点，确立了"用先进思想武装头脑，理论与实践并重"的人才培养指导思想，并结合实验基地特色和各年级学生实际情况开展实践教学。党支部组织党员主动成为学生成长路上的知心人、领路员，积极指导学生开展科研实践活动。

（三）服务重大需求，创新建功新时代

党支部全体党员秉承军工报国的信念，围绕国防科技领域的前沿技术和国家重大需求，以解决国家需求为己任，始终奋战在教学、科研一线，用"一切为了国家利益、一切为了国防科技"的实际行动展现了共产党员的先进性，始终将党性书写在为国家研制尖端武器装备中。实验室以兵器科学、

公共安全为主要研究方向,有效地促进前瞻性、引领性原创成果的产出;组建青年科学家团队,引导新体系青年教师群体的创新方向,规划前沿创新思想与国家需求的紧密对接,保障科研人员围绕实验室确定的科学目标任务,在民用爆炸、反恐防爆、安全防护等领域不断地实现科技自立自强,为国家重大活动提供技术支持和安全保障,生动诠释"自力更生、艰苦奋斗、军工报国、甘于奉献、为国争光、勇攀高峰"的军工精神。

(四)科技服务社会,践行使命与担当

实验室是全国科普教育基地和北京市科普基地,党支部成员在一次次科普活动中主动承担、积极组织,践行着"科技服务社会"的使命与担当。从"中国爆破队长""中国防爆名片"到"科普之旅",在中央电视台、人民日报、北京电视台等主流媒体向科学爱好者和广大民众普及公共安全知识,《总师传奇》《爆破专家》等节目被数亿人次观看。实验室支持央视综合频道CCTV-1科技教育节目《加油!向未来》、央视财经频道CCTV-2《央视财经评论》节目、央视科教频道CCTV-10科技教育节目《科技之光》、国防军事频道CCTV-7国防军事教育节目《兵器面面观》三期系列栏目《一触即发》、北京电视台《北京科普之旅》等节目的录制,接受《新京报》新闻专访以及在北京科学中心举办讲座等。

三、成效启示

(一)服务支撑科技创新

在党支部的带领下,实验室引领含能材料技术创新,推动我国军用高能炸药装备升级换代,发明了高品质CL-20、活性毁伤元、球形RDX、DNAN基熔铸炸药等系列高能安全材料,大幅提高了我国武器弹药的能量和安全性。近年来,以第一完成单位获国家技术发明奖二等奖7项、国家科学技术进步奖二等奖5项以及多项省部级奖项。

（二）践行科普为国育才

多年来，支部党员始终兢兢业业、任劳任怨，秉承全心全意为人民服务的宗旨，以实际行动践行社会主义核心价值观。实验室组建北京市青年科技后备人才培养基地，积极承担社会责任。支部组建"红色科普"宣讲团，深入贵州、西藏等偏远地区中小学做科普支教。实验室培训全国技术民警、特警、中央警卫局等排爆一线官兵5 000余人。

"六有"工作法

机电学院研究生机器人第二党支部

一、背景起因

北京理工大学机电学院研究生机器人第二党支部隶属机电学院党委，涵盖机械工程和兵器科学与技术专业，以科研助力国防为支点，以智能机器人与国家安全为特色，打造"学习型、服务型、创新型"党支部。党支部共有党员36人，于2021年获评北京理工大学先进党组织，2022年获评第三批"全国党建工作样板支部"。党支部传承"延安根、军工魂"，将矢志军工、报效国防与科研学术、人才培养相结合开展各项工作，逐步形成"六有"工作法，促进了高校基层学生党支部的全面和谐发展，具有示范引领作用。

二、主要做法

（一）党员学习有路

党支部成立思想学习小组，构建"研学—讲述—讨论—分享—深化"的学习体系。每周开展"一对一"，每月开展"组对组"的思想学习活动，组织党员认真学习党章党纪及习近平新时代中国特色社会主义思想，讲述并讨论学习内容，分享优秀的学习方法，并进行关键内容总结，深化学习效果。同时，在学习活动中，由组织委员严格执行考勤制度与学习纪律，提前做好准备工作，学习过程有记录并存档。在活动过程中发现和遇到的问题，及时上报、及时应对、及时解决，认真讨论并分析问题原因，把握正确的改进方向，明确改进的时间节点。

(二)管理组织有序

遵循"坚持标准、保证质量、改善结构、慎重发展"的方针,严格工作程序,落实预审制、推优制、公示制,切实保证发展党员的质量。严格坚持党员发展标准,严格党员发展程序,注重政治合格,端正入党动机。对于优秀的学生,符合条件的及时吸收入党。将"推荐优秀团员作为入党积极分子人选"作为重要渠道,严把"质量关",同时重视发展少数民族学生入党。加大对入党申请人的培养教育,加强申请人队伍建设,为党组织不断输送新鲜血液。严格党员日常管理,做好组织关系管理。

(三)团结群众有力

党员切实做到关心群众,融入群众中,最大限度地把群众组织起来,引领带动群众积极投身学校改革发展,维护学校和谐稳定,实现"常规工作有创新,重点工作有突破,整体工作有特色"。党支部与班级、团支部、学生组织密切联合,党支部支委与团支部支委、班委和学生组织负责人密切联系,做好"党—团—班—个人"的四位一体联动,鼓励、带动支部党员发挥党员先锋模范作用,对班、团事务热情关心、积极帮助,为班级的组织管理工作提出合理的意见。开展"互帮互助1+1"系列活动,充分发挥支部纵向管理制度优势,由高年级党员开展科研交流论坛,引导低年级同学进行科学研究,传授学习方法。

(四)凝聚同学有方

以提升组织力、凝聚力为重点,突出学校基层学生党组织建设特点,充分发挥党员"领头羊"作用,使党支部成为宣传党的主张、贯彻党的决定、领导基层治理、团结动员群众的坚强战斗堡垒。加强党性教育和能力培养,创新党员教育理念,设立党史党章、优秀事迹、国际政治等学习方向,组织学习材料收集小组,并将学习材料在支部内外广泛传播,丰富党员教育内容;健全党员教育工作体系,发挥党员教育主渠道主阵地作用;强化党员教育基础保障,增强党员教育吸引力感染力,提高党员教育实效性。同时,为深刻认识和大力发扬北京冬奥精神,积极与北京大学肿瘤医院研究生第三党支部共建,开展"学习冬奥精神,凝聚青春力量"的党日活动。通过组织参观国家速滑中心,使党员们深刻理解和准确把握冬奥精神的科学内涵、基本特征和时代价值,学习和感受冬奥场馆中新科技新理念,着力提升思想认识和政治站位,踔厉奋发、笃行不怠,让北京冬奥精神在新时代青年团体中落地生根、开花结果。

(五)组织宣传有样

宣传思想工作是党的基层组织工作的重要组成部分。以支委学习为龙

头，充分利用好集中学习和各种学习平台，加强党员思想教育，激发全员学习热情。支部广泛动员党员学史明理、学史增信、学史崇德、学史力行，鼓励支部成员带动周围群众学习党史，从群众中来，到群众中去，以实验室、宿舍为基本团体和单位，紧密联系群众，主动推荐好书，宣讲好党史。组织集体观看红色主题影片，通过情景式教学引导党员感受鲜红的革命历史；利用"机电新青年"公众号、"红快递"内部刊物、学习强国App等媒介，广泛弘扬社会主义核心价值观和中华优秀传统文化。

（六）服务社会有心

党员切实做到关心群众，从群众中来，到群众中去，全心全意为人民服务。党员充分听取群众意见，发挥和调动群众的积极性、创造性，化解矛盾，广泛团结。了解群众困难诉求，倾听群众意见建议，群众有困难找支部、有问题找党员的帮扶机制健全有效。自疫情以来，支部成员积极响应学校学院号召，主动担任起志愿者的工作，在校园内为同学提供口罩，并在了解到新开的理工超市存在人手不足的情况后，主动申请去为同学们服务，引起积极的反响。

三、成效启示

党支部通过不断探索和实践"六有"工作法，秉承北京理工大学"德以明理，学以精工"的校训，弘扬"实事求是，不自以为是"的校风，继承和发扬机电学院"爱国奉献，奋斗创新"的优良传统。一个支部就是一个堡垒，一名党员就是一面旗帜。支部积极主动适应新形势下对研究生党员的高要求，有计划有针对性地做好党建工作，团结奋进，积极向上，进一步提高支部凝聚力，使每个学生党员都能在其中找到落脚点和闪光点，使整个党支部的精神面貌焕然一新。努力创建"学习型、服务型、创新型"基层党支部，勾勒了新时期共产党员的卓越追求，以实际行动铸造了属于北理工人的刚毅党魂，为党和国家的事业培养更多更优秀的建设者与接班人。

"红色引擎"工作法

机电学院研究生机电第二党支部

一、背景起因

机电学院研究生机电第二党支部在北京理工大学党委和机电学院党委的正确领导下，坚持以习近平新时代中国特色社会主义思想为指导，始终秉承"德以明理，学以精工"的校训，弘扬"实事求是，不自以为是"的校风，继承和发扬机电学院"爱国奉献，奋斗创新"的优良传统，致力于建设支部班子好、党员管理好、组织生活好、制度落实好、作用发挥好的优秀组织。2019年，机电学院研究生机电第二党支部获评"全国党建工作样板支部"。在"样板党支部"的创建过程中，支部从自身实际出发，充分学习优秀党建工作经验，总结出一套行之有效的党支部工作法。

二、主要做法

（一）以"严"赋能，拧紧支部建设"总开关"

1. 深化理论武装，加强思想引领

打造"支书领学—党员轮流带学—积极分子跟学"的学习模式。每月开展一次党员思想学习活动，组织党员认真学习贯彻习近平新时代中国特色社会主义思想，认真记录学习过程并存档，强化对支部党员的思想引领。

2. 优化工作机制，加强规范管理

认真开展"不忘初心，牢记使命"主题教育，深入推进"两学一做"学习教育常态化制度化，严格"三会一课"制度，做到形式丰富多样、氛围严肃庄重。每月召开一次支部委员会会议，开展一次主题党日活动，提高党支部战斗力，保持党员先进性。

充分利用"党员e先锋"、"党建云"、全国高校思想政治工作网等在线平台，精细化支部管理台账。在日常的组织生活中，注意自觉查找在发挥党员先锋模范作用、永葆党员先进性等方面存在的差距，主动补齐短板，加强党员行为规范。

（二）以"引"加速，扩大支部建设"朋友圈"

1. 构建自查体系，督促个人整改

构建"找问题—列清单—自查—互查—复盘"组织生活体系，每年认真召开组织生活会，开展批评与自我批评，深入查摆具体问题，对照党章标准，查找问题，列出问题清单，让"红红脸，出出汗"成为常态化。设立个人问题整改台账，认真进行记录，在今后的学习生活当中对标对表，逐项进行整改。

2. 传承优秀文化，促进指导交流

支部坚持在毕业季举办毕业党员经验分享活动，在近两年内举办了多场以"学长的火炬——求职经验、毕业学年经验分享"为主题的党日活动。毕业年级党员分享了自己的求职经验和感悟，打造毕业季交流分享"金课

堂",促进支部传承,增强支部凝聚力。

为弘扬勤俭节约的精神,制止餐饮浪费行为,培养师生艰苦朴素的生活习惯,支部与学院退休第三党支部共建,共同开展"厉行节约精神,践行光盘行动"党日活动,打造与教师党支部沟通交流新平台。为迎接2022年北京冬奥,鼓励支部党员关注冬奥、服务冬奥,支部联合研究生机电第一党支部和本科生2018级武器团支部开展"为冬奥喝彩,为中国助威"主题党课,弘扬奥运精神,提高支部党员修养,助推支部建设。

(三)以"实"提质,打造支部建设"新高地"

1. 统筹活动落实,强化初心使命

为了倡导党员多读书、读好书,从书籍中汲取思想力量,营造浓厚的学习氛围,支部在学院内率先发起"朗读者"读书交流与打卡活动,罗列"红色理论"学习书单,定期召开"红色经典读书会",开拓学院师生学习途径。

为以更加丰富多元的形式切实把党的光辉历史学习好、总结好,支部开展"重温校史,薪火传承"主题党日活动,参观北京理工大学校史馆,亲身

体验北理工八十余年筚路蓝缕的奋进史。与紫竹院街道共建,共同参观"新中国成立70周年成就展",体会时代的变迁,感受党和国家历久弥新、艰苦奋斗的伟大精神。

2. 突出榜样引领,强化责任担当

在疫情防控大形势下,党支部充分利用线上、线下资源,先后开展了"共克时艰,战'疫'党旗红""众志成城,中国加油""讲好90后战'疫'暖心故事"等活动。支部多名党员奋斗在家乡抗疫一线,充分发挥了党员的先锋模范带头作用。

三、成效启示

(一)支部工作建设体系日益完善

在样板党支部的创建过程中,支部从自身实际出发,抓重点、找短板、促提升,从党员教育、党员管理、党员发展三个方面入手,对出现的问题坚决整改,对成功的经验积极总结,在不断的实践中打造出一套相对完善的党建工作体系。

(二)模范党员培养成效逐步提升

在支部的日常工作中注重发掘身边典型,支部涌现出一批批的优秀共产党员:有疫情期间在家乡做抗疫志愿者的"抗疫先锋"危怡然;有捐献造血干细胞的"志愿先锋"张帆;还有硕士期间发表2篇SCI论文,毕业论文被评为"全国优秀硕士论文"的"学术先锋"李果蒙。"一个党员,一面旗帜",这些优秀党员以实际行动充分发挥了党员的先锋模范作用,在支部内部以及周围群众中起到了良好的带头作用。

"一核两驱三维度"工作法

机电学院研究生无人飞航第二党支部

一、背景起因

机电学院研究生无人飞航第二党支部是依托机电学院无人飞航工程系所设立的纵向学生党支部之一。近年来,针对学生党支部人员流动频繁、组织生活难以规律化和思想凝聚力有待强化等问题,基于同专业不同课题组就近建设的组织优势,支部结合兵器科学与技术学科特色,充分发挥兵器类专业的红色传统和基层党支部战斗堡垒作用,把军工精神和组织建设、队伍建设工作紧密结合,积极探索形成"一核两驱三维度"支部工作法并取得实效,有力提升了学生党员队伍的思想政治素质和科研工作能力,支部凝聚力和战斗力显著增强。

二、主要做法

"一核两驱三维度"支部工作法,即以"延安根,军工魂"为精神内核,以建强支部堡垒和建强党员队伍为驱动力,以学习党史校史、学习院系发展史以及展望军工未来发展为三个工作维度,紧紧围绕红色育人基因,开展思想引领和队伍建设工作。

(一)一核:传承延安薪火,发扬军工精神

北京理工大学是我党创办的第一所理工科院校,兵器科学与技术是从建校之初一直发展至今的王牌专业,为年轻学子积累了宝贵而丰富的精神财富。为更好地继承发扬延安薪火,支部结合国防专业背景特色,以"军工绿"衬"延安红"为主题,开展了一系列的特色组织生活。

一是深化对红色底色本色的认同感、自豪感。通过邀请深耕专业领域多年的老教师现身说法,讲精神、谈感受、话变迁,认识"军工绿"源自"延安红","军工绿"更显"延安红"。通过组织国家科技奖授予仪式观礼、先进党员事迹分享、兵器专业成就专题展参观,听事迹、看成就、促志气,激发支部党员的使命感、荣誉感。

二是引领对"军工绿"使命的主动担当。组织"理解军工精神"专题讨论,讲真事、动真情、强信仰、铸情怀,将军工报国核心思想融入科研工作;组织科研方法讨论、支委谈心压力疏导、毕业生经验分享,学真经、悟达道、促攻关、解压力,以勇攀科技高峰支撑科技强军战略,实现使命担当。

(二)两驱:建强支部堡垒,建强党员队伍

建强支部堡垒。一是选好"领头雁",发挥"头雁效应"。我支部组织委员王战东同志现为我校青年宣讲团成员,纪检委员卢冠成曾担任学校"青春榜样团队"负责人。二是强化沟通交流,每个课题组至少选出一名支部委员,且由非毕业年级的党员优先担任。三是强化组织建设,规范组织生活,提高"三会一课"质量,创新党建活动形式。

建强党员队伍。一是建立预备党员、积极分子"以讲促学"模式,通过党员结对、微党课讲授等,推动党员学习制度化和常态化。二是提高党员参与度,在组织生活会、党史学习教育等活动中,要求每位党员都要有思考、有见解、有发言。三是增强组织关怀,每年为毕业生党员赠送毕业礼物,平时关心和帮助党员解决思想、学习、工作、生活问题,让党员时刻感受组织温暖,以更加饱满的热情有力推动各项工作的开展。

(三)三维度:学习党史校史,学习院系发展史,展望军工未来发展

学习党史校史。一是持续党史学习教育,将党史学习教育日常化,不断夯实党史学习教育成果。二是创新活动形式,通过支部联动、教师联讲联学等形式组织开展"重温党史校史赓续初心,传承延安精神砥砺前行"等专题活动,在讨论中学、在实践中学,共学共进。

学习院系发展史。一是定期邀请老一辈专业教师分享院系发展历程和典型人物事迹,引导支部成员关注母校母院发展,不忘初心,牢记使命,在育人路上找自己,在专业发展中找自己。二是深入开展毕业生党员"传帮带"经验分享座谈会、专题教育影片推荐等活动。特别是向毕业生党员赠送收录历年毕业生姓名的《兵之利器》一书,让支部成员深感自己也是院系发展历

程中的一分子，进一步增强支部凝聚力。

展望军工未来发展。一是定期邀请毕业生党员分享求职和工作经历，让支部成员了解本专业就业去向和发展前景，做到心中有信仰、前途有方向、脚下有力量。二是立足新时代国防科技创新发展新需求，基于院系发展国防背景特色，引领同学们瞄准国家重大发展战略，积极参与国家重大项目研究，立长志、担大略，以实际研究工作支撑服务国家科技战略。

三、成效启示

自"一核两驱三维度"工作法实施以来，飞航第二党支部通过党史校史展览参观、座谈会以及分享会等系列特色活动，带领支部党员深刻认识了"延安根、军工魂"的精神内涵，增强了支部凝聚力，打造了支部红色军工文化。今后，支部将进一步探索和完善支部工作法，坚持理想信念，深刻体悟党员初心，起好带头模范作用，始终心怀党恩，知行合一，以党建引领团结支部内外同学，凝众心、聚合力，为祖国现代化建设贡献力量。

"铁甲育人"工作法

机械与车辆学院特种车辆研究所教师党支部

一、背景起因

机械与车辆学院特种车辆研究所教师党支部共有党员28人,其中,国家级高层次人才11人次,包括中国工程院院士1人,教育部"长江学者"2人,"973"首席科学家3人,国防"卓青"2人,"万人计划"国防科技领域科技创新领军人才1人。党支部工作特色鲜明,成果显著,2022年入选第三批"全国党建工作样板支部"培育创建名单。

教师团队在国内具有重要学术影响。针对如何将党支部与国内顶尖团队的密切合作以及悠久光荣的历史转化成青年教师思想进步、为国育才、为党奉献的动力这一问题,党支部经过多年实践,提出了"铁甲育人"党支部工作方法,让党建工作有力地引领专业建设。

二、主要做法

(一)铸牢支部工作"装甲钢",建好党员培养"主阵地"

党支部充分利用在国防科研领域与军方、国防院所、企业形成的密切合作关系,将党建工作延伸到校外,积极和先进集体开展共建活动。与陆军装甲兵学院车辆系党支部、中国兵器科学研究院战略与体系总体部党支部等开展共建,在活动过程中明确为党育人、为国育才的主要任务,严格做到"七个有力"。党的十八大以来,党支部充分发挥战斗堡垒作用和党员先锋模范作用,以提升组织力为重点,着力在规范党的组织生活、团结凝聚师生、促进学校中心工作等方面发挥主体作用。师生思想政治工作针对性和亲和力强,推动了教学、科研、队伍建设的良性发展。党支部工作牢牢把握党对意识形态工作的领导权,党支部书记带头讲党课、思政课,紧抓国庆70周年、建党百年、疫情防控等契机深入开展工作;邀请全国劳动模范、知名专家等开展讲座。充分利用"北理工党建云"等现代信息化手段,提高工作效率。党支部每月一次的政治理论学习形成了围绕"装甲精神"的理论学习与业务相结合的特色学习方式,以"筑国防军工魂、传北理新家风"的特色党支部品牌活动为载体,学科带头人给青年教师讲第一课,传承"延安根、军工魂",将师德传承和育人实践紧密结合,使教师党内政治生活发挥新时代的育人作用。

(二)把好支部工作"方向盘",树好师德师风"航向标"

将"传红色基因、淬装甲精神"作为支部党建的"总开关"。北京理工大学机械与车辆学院特种车辆研究所教师党支部(原车辆工程系第一党支部)自1952年新中国第一个坦克专业创建以来逐步发展而成。党支部成立以来一直秉承"延安精神",并形成了"政治坚定、不怕吃苦、敢打硬仗、勇于胜利"的硬核"装甲精神"。党支部将"坚持为党育人、为国育才"作为立德树人的"航向标"。邀请退休老教授开展"铸国防军工魂、传承师德仁

心"活动,引领青年教师在学思践悟中传承师德精神,坚定为党和国家培养更多优秀人才。围绕立德树人的根本任务,弘扬高尚师德师风和爱岗敬业精神,坚持传承"延安根、军工魂"红色基因,深入推进"三全育人"综合改革,以培养具有国家使命感、社会责任心的创新人才为目标构建课程思政体系,以实践育人"大课堂"发挥科教融合优势培育高端科技人才,以党建引领强化意识形态阵地管理,构建全员思政育人体系,把思政教育贯穿于人才培养全过程,着力培养德才兼备的领军领导人才。

(三)用好支部工作"瞄准镜",聚焦人才培养"大课堂"

党支部坚持聚焦课堂主阵地,坚持红色基因赋能课程思政,丰富专业培养目标与培养方案,将知识体系教育同思想政治教育紧密结合,建立起"价值塑造、知识养成、实践锻炼"三位一体的装甲车辆工程人才培养模式。在国防企事业单位和央企建立国家级校外实践基地,配备校内外双创导师,设立创新创业实践奖学金;以打造大国重器的情怀为牵引,鼓励学生参加中国"互联网+"创新创业大赛、全国大学生机械创新设计大赛、陆军装备部主办的"跨越险阻—地面无人系统"大赛等赛事,使学生在亲身参与中提升创新能力和服务意识,全方位保障学生在实践中受教育、长才干、勇创新、做贡献。党支部创新教育教学方法,构筑"三全育人"新格局,以习近平新时代中国特色社会主义思想为指导,以科技报国打造"国之重器",以红色基因淬炼"精工之心",多维度探索了"三全育人"综合改革,科研支持教学,率先形成军民融合、产学研结合的特色,聚焦领导领军人才培养的全员、全过程、全方位育人格局。

三、成效启示

党支部依托"铁甲育人"工作法,进一步明确为党育人、为国育才的主要任务,严格做到"七个有力",在队伍建设和人才培养方面取得了可喜的成绩。近三年,党支部带领团队牵头获国家技术发明一等奖1项,获国家科技进步二等奖2项,何梁何利奖1项。新增中国工程院院士1人、教育部"长江学者"1人、国防"卓青"2人、"万人计划"国防科技领域科技创新领军人才1人、国防"青拔"1人、国家重点领域创新团队1个。2019年,项昌乐、毛明分获中国工程院和中国科学院院士;2021年,周广明获"全国优秀共产党员"称号,冯益柏获"最美科技工作者"称号(全国共评选10名)。2020年,党支部获评北京高校优秀本科育人团队(师德典型)。2018年以来,党支部老师培养的博士生黄琨、高普、于亮获评中国汽车工程学会优秀博士学位论文,指导的学生在第四届"互联网+"大学生创新创业大赛获总冠军(全国64万个参赛队伍);学生倪俊获得北京五四青年奖章。2020年,党支部老师承担的"坦克装甲车辆机动性虚拟仿真实验"课获评首批国家级一流本科课程;2019年,党支部引领建设的装甲车辆工程专业获评首批国家一流专业,并在2021年软科(软科学,指现代自然科学和社会科学交叉发展而形成的具有高度综合性的新兴学科群)专业排名中位列第一。2021年,党支部获评北京理工大学先进党支部"三全育人"先进集体。

"小支部大动能"工作法

机械与车辆学院流体机械工程研究所教师党支部

一、背景起因

机械与车辆学院流体机械工程研究所教师党支部成立于2002年，目前共有党员6人，包括教授2人、副教授/副研究员4人。党支部以中青年党员骨干教师为主，以资深教师为领头，"80后"青年党员占比83%，覆盖学院党委委员、系党总支委员、教学督导组成员等。针对基层党支部工作开展中普遍存在的党建工作与业务工作"两张皮"问题，党支部充分发挥小支部的特色优势，在实际工作中探索了多种嵌入路径。以"党建和业务双带头"为建设目标，坚持"红色育人"理念，以全面从严治党为主线，抓重点、求突破、聚动能，充分发挥党支部政治核心作用，全面推进各项工作稳步发展，效果优良，已经为我国高速水动力学基础研究领域和水中兵器应用领域培养了大批高端人才。

二、主要做法

（一）把好政治引领"航船舵"，营造政治生态"好氛围"

党支部始终把党的政治建设摆在工作首位，以习近平新时代中国特色社会主义思想武装头脑、指导实践、推动工作。有效发挥政治功能、组织功能和服务功能，秉承军工报国的信念，统领教师思政工作。牢记科技报国的初心使命，增强全体党员服务国家重大战略需求、服务国防事业的责任感、使命感、紧迫感。把思想政治工作贯穿于科研工作全过程，瞄准国防科技领域前沿技术和国家重大需求，教育引导教师统一思想，自觉践行科技报国之志,激发教师主观能动性和创造性,推动重要领域关键核心技术协同攻关。坚持高位引领与底线要求相结合,严格用党章党规规范支部和党员行为,落实安全保密工作责任,营造良好的政治生态。在研究所重大问题决策过程起政治引领作用,对研究所全体教师职称评定、职级晋升、考核评价等进行政治把关。

(二)拧紧组织生活"总开关",奏响小支部特色"交响乐"

严格落实"三会一课"制度、组织生活制度,充分发挥小支部优势,创新党史学习教育模式,走出围坐式学习的静态模式,打破党组织界限,积极吸纳入党积极分子、服务对象等群众列席组织生活。积极开展支部主题党日活动,提高基层党建工作的影响力,采用"请进来、走出去"的方式,与清华大学能动系流体机械工程研究所党支部、中科院力学所流固耦合系统力学重点实验室党支部等开展党支部共建,定期开展党建交流研讨活动。

(三)当好师生"引路人",做好中心工作"助推器"

认真贯彻落实习近平总书记关于教育的重要论述和重要指示批示精神,在教学工作中把学生的思想建设摆在首位,推进课程育人、科研育人等育人体系建设。依托北京理工大学党建研究课题,开展"双一流"建设背景下教师党支部建设与协同育人机制研究。以流体力学"金课"建设、课程思政案例建设等为契机,以支部活动的形式,召开党支部教学研讨活动,开展如何

做好"四有好老师"和"四个引路人"的学习讨论活动。结合课程思政，讨论如何在学生的家国情怀、专业基础、综合素质、创新思维培养上做贡献，实现知识传授与价值观引导的同频共振。以青年教师基本功比赛为契机，开展"流体力学"课程教学法研讨活动，论证流体力学类课程"金课"的建设思路，创新构建了流体力学课程体系、教学体系和实践育人体系。

三、成效启示

（一）党支部小而不"小"，政治引领作用突出

党支部在工作过程中充分发挥战斗堡垒作用和党员先锋模范作用，创新了党员理论学习的内容和形式，助力党员教育常态化，促进党内组织生活严格化。围绕"以学生为中心"的育人理念，开展了专业与思政、理论与实践、教学与科研、高校与企业协同育人。党支部获批北京理工大学第二批"双带头人"教师党支部书记工作室，支部党员获评北京理工大学优秀共产党员；主持/参与北京理工大学党建研究会课题2项，在核心期刊发表党建论文2篇。

（二）党支部小而聚"能"，科教相长成效显著

党支部成员在教学、科研一线发挥带头作用，成为骨干人才。党支部在服务国家重大战略和国防军工行业取得显著成绩，支部党员主持国家自然科学重点和面上基金、国防"973""173"等项目40余项，发表论文300余篇；授权国家发明专利20项，其中6项发明专利和6项软件著作权直接应用于我国某型水下发射型号故障归零与新发射方案确定的研究过程；获省部级科学技术进步奖10余项。同时，党支部成员获北京高校青年教师基本功比赛一等奖、北京高校教师教学创新大赛一等奖等各层级教学奖励10余项，获批国家精品在线开放课程、北京市优质课程、校级精品研究型课程、课程思政示范课程、人文素质教育重点建设课程等，所编写配套教材获全国普通高等学校优秀教材二等奖，多人次获校级最高教学奖"迪文优秀教师奖"、最美教师等教学荣誉10余项，近5年连续获校级教书育人类表彰。

"三电三新"工作法

机械与车辆学院电动车研究生第二党支部

一、背景起因

机械与车辆学院电动车研究生第二党支部依托北理工电动车辆国家工程研究中心,现有硕士、博士党员40人,支委会成员共5人,共设置2个党小组。党支部以强化支委班子战斗力为抓手,以充分发挥支部结构优势为依托,坚持以政治建设为统领,以学生健康全面成长为出发点和落脚点,持续推进党建与业务深度融合,结合"电车"专业特色,形成了"三电三新"党支部工作法:对照电动汽车核心"三电"系统,电动车研究生第二党支部着力构建支部工作的"动力电池""驱动电机""智能电控",赋予支部运转的"新动能",提供支部前进的"新牵引",营造支部"新生态",搭建了多维共建育人平台,坚持培育创新创业力量。于2021年5月入选学工部第七期"我们的党支部"党史学习教育特色做法推广宣传,于2022年1月获市委教工委北京高校"红色1+1"示范活动评选优秀奖。近两年来,党支部10余名同学获研究生国家奖学金。

二、主要做法

(一)构建支部工作"动力电池",打造"三会一课"特色机制,赋予支部运转"新动能"

1. 党员大会"全过程仪式感营造"强化党员政治自觉

为强化党员政治自觉,切实提高党员出勤率,在支部大会入场、投票、离场等全流程,通过播放《复兴的力量》《团结友谊进行曲》《欢送进行

曲》等相应"红色音乐",烘托出"团结、紧张、严肃、活泼"的政治氛围。此外,在座次布置、发放党徽、机打选票、剪角展示等细节上精心组织,突出政治味道,显著提高了党员参会积极性。

2. 党小组会"故事党课我来讲"激发组织深层次活力

党支部由多个课题组的硕士、博士党员组成,支部充分发挥多元化结构优势,创办依托党小组会的"故事党课"品牌,讲党史故事、冬奥故事、抗疫故事,鼓励小组党员发挥自身特长,讲科研经验、留学体悟、求职经历等身边人、身边事,启发鼓舞、感染带动身边同学。党小组会"故事党课我来讲"每学年开展20~30人次,有效激发了组织深层次活力,使党员在支部活动中有新鲜感、成就感和获得感。

3. 支部委员会"读原著、学原文"提升履职尽责能力

支委会每月至少一次,相对固定在10号召开,参照学院党委理论学习中心组,及时跟进学习党的最新理论成果,支委轮流分享读书心得,切实履行好集体领导和分工负责相结合的民主集中制。通过理论水平的提升,支委会全员克服了个人困难,充满工作热情,乐于为支部工作履职尽责,为支部同

学服务满3年任期。

（二）优化支部工作"驱动电机"，"强班子、带群团、抓两头"，提供支部前进"新牵引"

支委班子战斗力对于支部组织力发挥至关重要。党支部以建强班子为党建抓手，具体做法包括支委兼任党小组长，支委参加党支书集中轮训和"青马工程"等培训，支委带头参加各项志愿服务，特聘学校"青春榜样"人物为支委会朋辈导师，定期开展"榜样学习"主题支委会等，形成了良好的示范引领作用。

全面从严治党向纵深推进离不开全面从严治团的落地，其中党建带团建工作机制必不可少。支部现已形成一套有效工作机制：班级团支部骨干列席党支部支委会，班团干部向党员大会述职，班团干部学原文讲团课；支部谈心谈话中汇总每名党员科研方向，在班级范围内公布，方便科研方向接近的同学加强学术交流等。此举营造了良好舆论氛围，助力构建党团共建、班团一体的生动局面。

（三）创新开发支部工作"智能电控"，人性管理双向监督，营造支部"新生态"

支部实现党员、积极分子"党建云"100%全覆盖，创建依托"党建云"平台综合积分考核制度。研究生因出差试验等特殊情况未参加线下支部活动时，可通过浏览及时发布的"党建云"会议记录，在"党建云"学习答题等获得相应积分，并以此监督支委会的日常工作。积分考核作为党务公开项，与民主评议党员和入党测评结合，确保了发展党员的质量，严肃了党内纪律，得到了党员群众认可，并推广至其他党支部。

三、成效启示

（一）思想建设成效显著，持续凝聚党员向心力

依托"三电三新"党支部工作法，党支部多次开展"面对面""背对背""点对点"等多维谈心谈话，调研结果表明，党员对党支部的工作满意度非常高。通过不断的线上与线下、党课与服务、传授与实践相结合等途径，党支部思想建设取得显著成效，党员使命感与责任感有效提升，先锋模范作用发挥到位。解决了党支部痛点、难点，深入党员头脑、内心，进一步凝聚了党支部向心力。

（二）搭建多维共建育人平台，坚持培育创新创业力量

近年来，支部基于"三电三新"工作法，与校友创业公司、文化和旅游部、村镇、央企和高校等多家单位所属十余个党支部开展了多维支部共建活动，曾得到学院、学校、北京市等领导及社会媒体记者的认可和宣传。在党建引领下，支部同学一学年发表高水平期刊论文、授权/公开发明专利、获省部级以上竞赛奖达200余项，不断以高水平科研为中国式现代化贡献青春力量。

"创建红专"工作法

机械与车辆学院数字化制造所研究生党支部

一、背景起因

北京理工大学机械与车辆学院数字化制造所研究生党支部现有正式党员39名、预备党员2名。党支部以思想建设为着力点,以组织建设为抓手,靶向增强支部凝聚力、向心力、战斗力,激励支部党员奋发向上,使各位党员掌稳"理想之舵",严守"纪法规矩",坚守"道阻且长,行则将至"的初心壮志,心系国家与人民,不负青春年华。党支部充分结合成员实际情况,积极探索支部建设发展方向,总结凝练支部工作方法,用好党的百年历史这堂生动的理论课、实践课,教育引导广大党员"知来路,明方向",激发广大党员不忘初心、牢记使命、心系国家,点亮青春梦想。

二、主要做法

(一)创新"领学"学习方式,朋辈携手共同进步

采用"领学"的学习方式,党员轮流领学政策文件,分享自身心得体会,对热点问题提出自己的见解,用鲜活的实例学习结合深刻的交流分享,提升支部党员学习积极性、成效性和规范性。打破时间和地域的限制,积极交流分享与感悟,做到学习教育全员覆盖。努力办好毕业生的最后一次党课,在毕业季邀请师兄师姐交流分享科研工作经验,组织低年级同学为即将毕业的师兄师姐精心准备毕业礼物,做好党支部精神文化传承,为师兄师姐们的学生时代留下美好回忆。

（二）打造"1+1>2"共建模式，坚实理论学习堡垒

为进一步发挥基层党支部战斗堡垒作用，通过师生党支部共建，充分发挥"1+1>2"模式优势。邀请教工党支部老师及学院领导参与支部集中学习，充实理论学习内容，设置时政知识竞答环节，扎实提升党员的理论水平和关注国内外发展大事的能力。"1+1"支部共建拓宽了支部党员的理论知识覆盖面，坚定了支部党员的理想信仰，提高了支部党员的服务意识和理论素养，师生党员共同构建起理论学习的坚实堡垒。

（三）传承先辈红色基因，努力讲好英雄故事

党支部组织党员前往香山革命纪念馆参观学习，"走出去"开展党日活动，让党员们重温艰难岁月，切实感受革命先烈浴血奋战的光辉历程。通过重温历史，强化党员的责任感与使命感，进一步增强党员的爱国情怀与居安思危的意识。

（四）念好"细、实、严"三字诀，扎实开展组织生活会

围绕组织生活会主题，支部委员与普通党员之间深入开展谈心谈话。每位党员对自己近期的思想、学习情况加以汇报，会后有针对性地整改，按照整改有目标、推进有措施、落实有责任、完成有时限的"四有"要求制定严格的整改方案。

三、成效启示

"领学"学习方式，切实增强了学生党员的参与度，激发了其学习热情，提升了教育效果，通过打卡等方式做到了学习全员覆盖，夯实了支部理论学习基础。党支部结对共建，让师生党员在交流活动中坚定理想信念、确定人生目标，提高了党员的服务意识和理论素养。

历史是最好的教科书，中国革命历史是党员最好的营养剂。"走出去"开展党日活动，丰富了党支部学习方式，让同志们切身领悟革命历史，在对历史的深入思考中做好现实工作，更好走向未来，在全面建设社会主义现代化国家的伟大实践中建功立业。

"四点四步"工作法

机械与车辆学院电动车研究生第三党支部

一、背景起因

北京理工大学机械与车辆学院电动车研究生第三党支部（以下简称"电车三党支部"）目前共有正式党员34名、预备党员4名。党支部认真学习、宣传、贯彻、执行党的路线、方针、政策，以提升组织力为重点，着力发挥政治引领作用，党员先锋模范作用突出。电车三党支部采取"四点四步"的工作方法进行党员教育与管理，在思想教育、科研工作及各类活动中特色鲜明、成绩显著，党支部的战斗堡垒作用得到充分体现。

二、主要做法

（一）查改弱点——立规范

电车三党支部通过"学党史、读经典"主题读书活动、"学党章、强党性"主题学习活动、"学领袖、做贡献"主题志愿活动、"学思想、重实践"主题分享活动等，引导支部党员树牢"四个意识"，增强"四个自信"，坚决做到"两个维护"。

电车三党支部以提升组织力为重点，着重制度化、规范化建设。及时传达上级指示和文件精神，制订切实可行的支部学习计划，实行积分考核制。同时，党支部也注意及时了解党员群众的思想动态，有针对性地开展工作。通过党员联系群众、网格化管理等形式，电车三党支部在发展党员、党员培训、党员组织关系和党籍管理、党费收缴、党员激励关怀帮扶等方面的工作扎实有效。

（二）紧跟热点——丰形式

电车三党支部实行"党员讲微党课"等制度，以自学、集中学习相结合的学习形式，以"两学一做"为基本学习内容，严格执行"三会一课"制度，扎实开展支部工作，努力建设学习型党支部。为强化理论学习效果，支部定期组织参观中国共产党历史展览馆、军事博物馆、校史馆等展馆，观看《革命者》《1921》《榜样5》等影片，丰富学习形式，追寻先辈革命足迹，着力发挥政治引领作用。

党支部还注重党团共建，以党员带团员，凝聚合力，共同提升。共青团中央书记处常务书记汪鸿雁同志参与支部开展的题为"学党史，强信念，跟党走"的党史学习教育主题活动，党员代表周洋捷、团员代表罗霄等进行了主题发言，汪书记也为同志们讲述了自己在学习党史时的感悟和体会。支部还联合中国农业大学工学院农工研究生第四党支部，共同举办了以"保护生态环境，共建生态文明"为主题的"红色1+1"活动，宣传垃圾分类标准，担任垃圾分类志愿者，在社会上产生了良好的影响。

（三）紧抓重点——树标杆

电车三党支部学习宣传贯彻上级党组织决策部署及时到位，注重发现、树立、宣传推广典型人物、典型事迹。2019年以来，党支部成员共发表国际

高水平论文30余篇、核心期刊论文20余篇，申请专利10余个。丁晓林、张远清等人曾获"北京理工大学优秀党员"称号。党员刘迪、张嘉楠、刘青松曾担任方程式车队队长，刘迪作为唯一的中国系统工程师加入了中国国家赛车队。支部党员徐仕琦、刘金佳分别于2016年和2018年进行帮扶支教，帮助当地中学进行数学、物理等课程的教学。党支部优秀同志踊跃参与"时代新人说"活动，邀请优秀党员、学校青春榜样刘金佳交流经验，讲述先进事迹，传递亲身故事。

依托于北京理工大学机械与车辆学院组织的"三原色宣讲团"、80周年成果展和优秀事迹分享会等，支部组织党员集体学习优秀人物和事迹，深入学习学校和学院的先进事例，传承优秀党员的精神和文化，增强支部成员的荣誉感和责任感。

（四）创新亮点——创品牌

电车三党支部定期开展"党员过政治生日"活动，建立党员政治生日花名册。支部于每年6月和12月组织政治生日主题党日活动，为过政治生日的党员赠送生日礼物，集体重温入党誓词、合唱国际歌等，强化党员身份意识，增强党员的责任感和使命感。

为创新支部活动形式，党支部联合三个支部共同举办以"争做运动好青年"为主题的羽毛球比赛，学习之余强身健体，同时加强党员团队意识，融洽党群关系，取得了良好的效果。党支部成员积极参与国家、学校、学院各项志愿服务活动，在校内和社会上均起到了良好的示范作用。

三、成效启示

电车三党支部在上级党委的领导下，始终秉持高标准、严要求的工作态度，坚持"四点四步"的综合教育管理工作法，调动了党员的主观能动性，提升了党员的集体荣誉感，党支部的战斗堡垒作用得到了体现。支部的教育成果显著，获得了"北京理工大学先进党组织"等荣誉称号；支部内成员个人发展优秀，多名党员获得了"优秀共产党员"等荣誉称号和国家奖学金等奖励。

"增质—稳腔—泵浦光"工作法

光电学院博士物电班党支部

一、背景起因

北京理工大学光电学院博士物电班党支部成立于2014年,由历届光电子所在读博士生党员组成,现有正式党员12人、预备党员1人。自成立以来,党支部不断加强组织建设,发挥战斗堡垒作用,先后入选首批高校"百个研究生样板党支部"、北京理工大学首批"党建工作样板支部"。

党支部坚持以习近平新时代中国特色社会主义思想为指导,积极传承"延安根、军工魂"红色基因,围绕推动高质量党建工作引领研究生高质量成才的重要任务,着力打造政治坚定、学术扎实、能力过硬的新时代研究生党员队伍,形成了具有光电特色的"增质—稳腔—泵浦光"工作法,通过铸造"强效增益介质"增长本领,筑牢"稳定谐振腔"强化正反馈,引进"高能泵浦光"激发动力,促进支部党员传承共进,激发新时代青年奋斗之光。

二、主要做法

(一)铸造"强效增益介质",增长本领,共行青春誓言

全覆盖抓实理论学习,通过"增益介质"强化党员硬核素质。以"支部联学、支书领学、支委带学、党员共学"形式,利用丰富的书籍、影片、博物馆等学习资源,组织"共读一本书""共看红色电影""半月讲谈"等特色学习活动,将党员教育落细落实。鼓励党员积极参与到"党员接待日""头雁领飞""抗疫先锋"等实践服务活动中,在实践中锻炼工作能力,将理论知识入心入行。涌现了付时尧、翟焱望等一批先进科研工作标

兵、腾格尔、刘海达等一批优秀创新创业榜样，蔡子韬、朱昕玥等一批扎根基层抗疫先锋，王文鑫、郝燕等一批服务重要活动典型，廖英琦、张旭等一批帮扶困难同学模范，带动支部全体党员共同践行"请党放心、强国有我"的青春誓言，共同书写不负韶华的奋进篇章。

（二）筑牢"稳定谐振腔"，踔厉奋发，争做时代新人

严抓支部组织纪律，形成"稳定谐振腔"正反馈制度体系。将制度建设融入党员成长发展过程中，建立了一套与学生主责主业相关的支部组织生活制度，执行性强、成效明显。支部严格执行"三会一课"制度；严格遵守实验室联系人制度，实现支部全员覆盖并辐射带动班级成员；严格落实党员活动台账制度，记录党员参与组织集体生活、完成院校级以上重大活动任务情况。制度建设与党员发展相辅相成，通过健全有效的制度培养担当有为的党员，通过优秀有为的党员塑造优秀有为的支部，争当伟大时代的追梦人，争做伟大事业的生力军。

（三）输送"高能泵浦光"，榜样引领，勇于攀登高峰

全方位抓实榜样引领，利用"高能泵浦光"激发党员奋斗动力。以学科领域内周立伟院士等杰出科学家、高春清教授等学科带头人、付时尧特别副

研究员（原支部书记）等优秀青年教师以及腾格尔（支部党员）等研究生标兵为榜样，开展"头雁效应促赶超""朋辈导引传帮带""师生座谈共发展""实地参观扬斗志"等工作，引导和激励党员学榜样、找差距、促赶超，营造了攻科研难题、比学术成果、创一流佳绩的浓厚科研氛围，提供不断攀登科研高峰的源源动力。

三、成效启示

"增质—稳腔—泵浦光"工作法是基于学科特色和支部工作实际，不断探索、完善、创新的党支部工作方法，培养了一批政治纯洁"单色好"、旗帜鲜明"方向好"、素质过硬"亮度高"的优秀博士生党员。

党员们积极响应习近平总书记号召，坚定不移听党话、跟党走，做有理想、敢担当、能吃苦、肯奋斗的新时代好青年，取得了一系列显著成绩。近5年，支部党员共发表学术论文90余篇，其中SCI论文60余篇；申请国家发明专利50余项；荣获国家奖学金、徐特立奖学金、王大珩光学奖等各类奖学金100余项；获评中国大学生自强之星标兵、首都市民学习之星、校级优秀共产党员、优秀研究生标兵等各类荣誉70余人次。深植延安根、驻守北理梦，让青春在全面建设社会主义现代化国家的火热实践中绽放绚丽之花。

"强基础、重引领、融实践"工作法

光电学院2020级光工2班党支部

一、背景起因

北京理工大学光电学院2020级光工2班党支部成立于2020年10月,现有党员16名(含预备党员2名)。党支部紧跟党的步伐,实事求是、与时俱进、开拓进取,根据学院优秀历史事迹和学科特色,开展具有针对性的党员教育学习活动。通过组织开展跨校常态化党员学习交流、扎根社区基层实践、光电领域企业交流等丰富的实践活动,形成了"强基础、重引领、融实践"工作法,打造了一支信念坚定、政治过硬、工作高效的党员队伍。

二、主要做法

（一）强化支部基础建设，规范组织生活

支部形成了一套涵盖硬性指标和日常考察细则的入党积极分子发展考察工作方法。建立台账记录入党积极分子平时活动参与情况和培养联系人考察情况，通过党员大会传阅给全体正式党员，提出支委参考意见。在党员发展过程中，鼓励入党积极分子共同参与支部理论学习和党日活动，结合前期制定的标准进行多方面考核，做到成熟一个发展一个，并在过程中不断完善支部党员发展工作。支部严格落实"三会一课"制度，规范党内政治生活，不断增强党内政治生活的政治性、时代性、原则性和战斗性。

（二）注重党员思想引领，提升学习成效

支部不断加强思想政治教育工作，引领入党积极分子、群众深刻领悟"两个确立"的决定性意义，不断增强"四个意识"，坚定"四个自信"，做到"两个维护"。定期组织开展集体理论学习，强化理论学习武装，传达落实上级文件要求以及会议精神。在集体学习学院党委下发的学习指南和读本的基础上，邀请理论导师现场指导，安排支部党员进行心得分享，并建立

完善的考勤制度，做到"次次活动有考察，回回发言有记录"，切实提升支部理论学习成效。

（三）融入实践活动检验，发挥模范作用

支部积极开展观看重大活动直播、红色影片、党课视频，支书讲党课，理论导师座谈会，红色基地参观实践等丰富的党日活动，融入党史学习答题测试、庆祝建党100周年专项任务、疫情防控工作等实践活动检验，发挥党员投身到爱党爱国实践、服务社会发展中的先锋模范作用。依托"红色1+1"活动，和清华大学机械工程系机研201党支部联合开展党日活动，展示支部党员风采，扩大支部影响范围。活动情况在双方院校新闻均有报道。

三、成效启示

"强基础、重引领、融实践"工作法，切实提升了理论学习的多样性、吸引力和渗透力，在支部内外起到辐射带动作用。经过两年的努力奋斗，支部党员在学业和社会实践等诸多方面都取得了丰硕的成果，荣获"优秀学生干部""优秀学生标兵""优秀团干部"等荣誉称号4项，获"互联网+"等省部级科技竞赛奖项3项，发表SCI及国际顶级会议论文10余篇。

"三 XIN"工作法

光电学院2020级仪器专硕班党支部

一、背景起因

北京理工大学光电学院2020级仪器专硕班党支部成立于2020年10月,现有中共党员11名,其中正式党员6名,预备党员5名。党支部自成立以来,坚持以习近平新时代中国特色社会主义思想为指导,结合自身实际情况,提出了"三XIN"党支部工作法,旨在实现支部团结一"心"、支部活动守正创"新"、支部党员明德惟"馨",形成支部特色亮点。

二、主要做法

(一)加强队伍建设,支部内外团结一"心"

支部划分党员责任区,鼓励党员同志发挥专长,共同推进支部工作发

展。坚持联系群众，号召支部党员服务群众，做好联系帮扶工作。鼓励积极分子参与党支部的组织生活，提高其理论素养，增强支部向心力。制定了一套相对规范、科学的积极分子量化考核与评价方法，使发展党员的每一步都有据可循。以先进党员为榜样，引领支部党员不断学习，积极进取，在学习生活中，把理想信念内化于心、外化于行。特别是抗击疫情以来，支部统一思想、坚定信心、团结一"心"，助力学校学院防疫和安全稳定工作，做到守土有责、守土尽责。

（二）加强学习实践，支部活动守正创"新"

支部传承"延安根、军工魂"的红色基因，引导党员增强爱党、爱国、爱校、爱专业的情怀。加大理论学习频次，创"新"学习方式，坚持每月开展线上线下集中学习，通过党员讲党课、党史知识竞赛、教育视频学习、红色实践参观、理论导师指导、线上学习分享等形式夯实理论学习基础。基于党员工科背景创新活动形式，增加活动的互动和联动，开展科研实践、就业实习、心灵感悟交流，促进"德智心"共同提质，同时落实疫情防控的动员和监督工作，实实在在为群众办实事。

（三）加强导师引领，支部党员明德惟"馨"

支部充分发挥导师的引领作用，教育引导党员赓续红色血脉，明德惟"馨"。定期邀请课题组带头人、实验室导师参与组织生活，将导师们的成长经验内化为个人成长"催化剂"。邀请学院党委委员、仪器所所长宋勇教授多次参加党支部组织生活，邀请多位教授参加党支部"联学联讲"师生座谈，为学生在研究生不同阶段遇到的问题和困扰答疑解惑。邀请张忠廉教授讲解学校历史资料和实物，分享一代代北理工师生服务国家战略、共同解决"卡脖子"问题的故事，学习北理工精神，感悟老一辈科学家高尚品德。

三、成效启示

（一）学习实践主动性大幅提升，服务示范性成效明显

支部党员充分发挥先锋模范作用，积极参与到寒暑期社会实践，圆满完成建党百年献礼活动和后勤保障工作等任务，获得"优秀实践团员""优秀学生""优秀学生干部"等校级以上荣誉称号。在疫情防控期间，党员积极担任防疫志愿者、监督员，切实为广大师生服务，筑起支部抗疫"守护线"。

（二）党员间形成相互促进氛围，实现个人全面发展

支部搭建了与社区基层、企业、其他院校党支部良好的交流学习互促平台。支部党员半数以上获得校级一等学业奖学金，人均获得校级以上竞赛奖励3项（省部级以上2项），发表高水平论文、专利和软著10余项，在科研创新中谱写青春之歌。

"三个聚焦"工作法

信息与电子学院雷达技术研究所党支部

一、背景起因

北京理工大学信息与电子学院雷达技术研究所党支部成立于1964年，隶属于北京理工大学信息与电子学院党委，是一支政治立场坚定、工作作风过硬、模范带头作用突出的高素质党员队伍。支部现有正式党员43名，主要为雷达技术研究所教师和博士后。支部以科研团队为载体设立，充分发挥支部书记"双带头人"作用，围绕立德树人的根本任务，突出学科特色，在传承"延安根、军工魂"红色基因中赓续奋进，在教学、科研、学生培养工作中践行"四有好老师"和"四个引路人"，在支部党建实践中不断探索，逐步形成了特色鲜明的"三个聚焦"工作法。

二、主要做法

（一）聚焦精神传承，红色基因有延续

雷达技术研究所党支部老中青党员接力传承党的优良传统。支部党员毛二可院士2006年被评为全国优秀共产党员，2007年当选中共十七大代表，2020年获颁北京理工大学第二届"懋恂终身成就奖"，并将100万元奖金全部捐出。在青年一代教师中，支部副书记陈亮老师长期从事卫星遥感新技术研究，是我国新技术试验卫星遥感处理设备载荷的技术负责人，他带领团队克服时间紧、任务重、研制难度大等重重困难，圆满完成了设备研制和在轨应用，显著提升了我国在卫星遥感领域的技术水平，为我国卫星遥感前沿技术研究贡献了北理工力量；以支部党员教师胡程、田卫明和刘海波等为技术骨

干的探虫雷达研制团队，围绕我国粮食安全对农业害虫防控的重大需求，研制出新型全极化探虫雷达，实现了在云南边境地区部署和业务化监测，有力保障了我国的粮食生产安全。该雷达也被中央电视台农业农村频道采纳为18点报时的背景视频，形成了靓丽的北理工名片。

（二）聚焦党建活动，支部工作有活力

围绕支部党建工作，党支部通过加强制度建设、创新组织形式等方式，提升支部党建工作质量和成效。在加强制度建设方面，针对支部党员业务工作多、教学科研任务重的实际情况，支部将主题党日活动的时间与形式规范化、制度化，保证每次主题党日活动专人负责、全员参与。在创新组织形式方面，支部将党建工作和团队教学科研工作有机结合，通过策划和开展"重庆红岩传承红色基因"主题实践培训、赴航天二院23所开展"红色1+1"师生支部共建活动、联合学院航天电子技术研究所及学生党支部开展"师情学意"主题感恩传承活动、组织参观校史馆和建校80周年成就展等活动，丰富了支部党建活动形式，提升了党建工作质量，加强了与兄弟单位间的协作交流。通过以上举措，进一步增强了支部的向心力和凝聚力，进一步提高了支部成员的使命意识和担当意识，取得了良好效果。

（三）聚焦党员发展，后续发展有保证

新党员是党组织的新鲜血液，培养发展党员是党组织永葆活力的重要保

证。按照"控制总量、优化结构、提高质量、发挥作用"的总要求和发展新党员的相关规定，党支部一直将吸纳优秀青年教师加入党组织作为核心工作来抓。近年党支部培养和发展了多名同志加入党组织，其中包含海外留学回国的国家级青年人才。在密切联系群众方面，党支部一直非常注重与团队非党员教师的沟通工作，切实做好党联系和团结非党员教师间的桥梁和纽带，扎实做好联系服务群众工作，把广大群众紧紧凝聚到党组织周围。

三、成效启示

"三个聚焦"工作法为雷达技术研究所党支部提升党建工作质量、规范组织建设提供了有力保障，助力支部党建工作取得了良好成效。支部党员的理想信念更加坚定，在教学、科研和"三全育人"工作中的先锋模范作用显著提升；支部凝聚力和战斗力进一步增强，以"延安精神"为核心的红色基因得到进一步传承和发扬；党支部的战斗堡垒作用得到了充分发挥，在立德树人、科学研究等方面取得了丰硕成果。党支部于2019年入选教育部第二批"全国党建工作样板支部"，并于2022年初顺利通过验收；2019年被授予北京理工大学"先进党组织"荣誉称号；支部所在的雷达技术研究所被评为2019年度北京理工大学"三全育人"先进集体，多名党员教师被评为校级、院级优秀共产党员。

"四讲四比四提高"工作法

信息与电子学院空天网络信息技术研究所党支部

一、背景起因

信息与电子学院空天网络信息技术研究所（以下简称"空天网信所"）党支部现有党员25名，党员占全研究所人员比例为68%。在学院党委的带领下，党支部深入学习贯彻习近平新时代中国特色社会主义思想，坚决贯彻党中央决策部署，严格落实北京市委、学校党委的工作要求，不断建立完善长效管理机制。结合具体的教学科研工作，从"四讲四比四提高"工作法出发，以"讲政治比素质、讲党性比奉献、讲学习比进步、讲责任比业绩，提高党性修养、提高专业素质、提高学习能力、提高个人品质"为指导，以党建推动学科发展、科研创新，在教学、科研、学生管理等方面发挥了战斗堡垒作用。党支部教师身体力行，不断增强"四个意识"，坚定"四个自信"，做到"两个维护"，深入践行"四有好老师"和"四个引路人"的总要求，立足工作实际，努力发挥党员先锋模范带头作用。

二、主要做法

（一）以"四讲"为中心，推进支部组织生活规范化

党支部始终高度重视支部建设，努力将党支部各项工作向制度化、规范化、科学化推进。坚持以"讲政治、讲党性、讲学习、讲责任"为中心，充分利用各种有利时机，有效宣传党支部各项活动安排，重点引导党员积极参加支部活动，接受党的教育，郑重行使讨论决定党内事务和监督其他党员的权利。党支部严格对照标准化党支部建设要求，不断规范工作流程，积极组

织理论学习、党课活动等。在学习讨论活动中做到会前有预告、会中有记录、会后有反馈，保证做到支部工作记录及时准确、完整规范。支部党员在不断提升自身党性修养的同时，勇担使命，敢于改革创新，力争在教学、科研、管理、服务等领域取得优异成绩，为推进学校"双一流"建设奉献自己的力量。

（二）以"四比"为抓手，助力支部组织生活高效化

党支部认真贯彻"三会一课"制度，按计划开展党课学习，不断搭建新平台，创新组织生活内容形式，以实际行动落实"比素质、比奉献、比进步、比业绩"。积极推进学习型党支部建设，组织支部党员积极参与学院领导、支部书记、外聘专家讲党课等多种活动；结合工作实际，丰富组织生活形式，党支部开展了"红色华诞、党旗飘扬"党史知识竞赛活动，党支部教师主动设计了微信小程序有奖问答活动，激发了全体党员学习党史的热情，增强了组织生活的吸引力和实效性。支部党员认真记录学习笔记，紧跟时事，深思细悟党的创新理论。支部委员会不断加强同研究所、学院党委的沟通联系，对学院教学、科研、对外宣传和招生工作等提出建议，切实为推进和保障学院"一流学科"建设添砖加瓦。

（三）以"四提高"为目标，确保党员教育发展实效化

党支部高度重视党员教育培训工作，近年来多次组织全体党员开展形式

多样的理论学习和实践活动，对支部党员不断"提高党性修养、提高专业素质、提高学习能力、提高个人品质"起到了积极正向的作用。支部不断推进师德师风建设，通过座谈会、谈心谈话等形式，关心了解支部教师思想政治状况，有针对性地做好思想政治工作，引导和带领全体党员和师生员工努力完成教学、科研等各项工作任务，充分发挥战斗堡垒作用。规范党员发展程序，科学制订发展党员工作计划，认真履行入党积极分子的培养、发展等工作。加强同团队内高层次人才、优秀青年教师等的联系，高度重视将其中优秀分子培养发展成党员。近年来，党支部顺利吸纳了多位青年教师，为党支部补充了新鲜血液。

三、成效启示

坚定教师党员理想信念，始终坚持为党育人、为国育才的根本宗旨。落实学校党代会精神和学校党委关于全面深化综合改革、加快推进"双一流"建设的部署，引导和带领广大党员立足岗位发挥作用，为建设中国特色世界一流大学而不懈奋斗。

树立了党的一切工作落到支部的鲜明导向，把思想政治工作落实到支部，把从严教育管理党员落实到支部，把群众工作落实到支部。优化党支部老中青同志的搭配，加强相同专业背景领域的老师间思想交流，使大家真切感受到组织生活对工作生活的指导作用，持续营造教师党员争创教学科研先锋的良好氛围，全面提升教师的工作效率和科研成绩。

坚持"党员是支部工作的主体"的理念，积极引导党员在岗位上发挥先锋模范带头作用，使党建工作有依托、业务有支撑、支部有活力，有效推动了党建工作和业务工作的良性互动，从根本上增强了党支部的凝聚力。2021年，党支部获评北京理工大学先进党支部、学校党建工作样板支部，支部书记获评北京理工大学先进党务工作者。

落实"四个强化"工作法

信息与电子学院研究生通信第一党支部

一、背景起因

信息与电子学院研究生通信第一党支部现有党员33人,其中正式党员30人,预备党员3人,涵盖硕士研究生、博士研究生及教师党员。本届支委会由4人组成,设书记1名,纪检委员、组织委员、宣传委员各1名。为进一步深入学习贯彻党的二十大精神及习近平新时代中国特色社会主义思想,进一步加强党支部标准化规范化建设,基于党支部的工作职责,支部凝练了学生党支部规范化建设"四个强化"工作法,以求充分发挥学生党支部的战斗堡垒作用,让青春在团结奋斗中焕彩。

二、主要做法

(一)强化思想引领,提升支部理论学习实效

认真贯彻落实党的路线方针政策,认真学习宣传贯彻上级文件精神,组织多种形式的理论学习,加强对支部成员的思想引领。同时,推进理论学习从形式探索转移到习惯养成,丰富教育手段,提升教育效果,推进理论学习成为支部成员的优良习惯。自2021年起,通过观看直播、录播或阅读学习材料等多种形式开展习近平总书记重要讲话精神学习20余次,覆盖560人次。开展党课5次,覆盖150人次。开展"红色1+1"共建实践活动3次,线上学习《习近平谈治国理政》第四卷,覆盖60人次。党支部积极丰富活动形式,增强党员学习积极性,提升学习效果。在对入党积极分子的培养和考察中,带动入党积极分子积极参与到支部活动中,实现学生党员和入党积极分子队伍

素质的整体提高,进而有效提升支部"三会一课"质量。

(二)强化组织建设,提升支部组织力

坚持以组织建设为重点,把传承性建设贯穿到组织建设中,充分利用好支部纵向设置的优势,认真完成党员发展、党员培训等工作。同时,支委会积极履职尽责,定期开展调研活动,主动联系党建导师参加支部活动,加深沟通交流。

(三)强化榜样引领,提升支部凝聚力

践行"我为群众办实事",开展相关主题活动3次,覆盖近100人次。开展新生和毕业生帮扶活动,落实党员责任区,并在支部内树立榜样,鼓励支部成员向榜样学习;同时要求党员在各个方面发挥党员先锋模范作用。营造支部内严肃认真、民主团结、求真务实的氛围,增强支部凝聚力,发挥党支部的战斗堡垒作用。党支部主动联系团支部开展联合活动,以党建带团建,以团建促党建。

(四)强化"党建+"工程,提升支部文化力

结合数据时代特色,充分利用线上学习平台(如"学习强国"、学校学

院公众号等）、"党建云"平台等开展学习宣传活动，运用线上交流平台（如微信、腾讯会议等）加强支部党员学习交流沟通，做到线上线下齐头并进，共同发展。创新丰富活动形式，传承发扬支部特色，激发支部成员对活动的参与性与积极性，注重北理工精神传承和家国使命担当。

三、成效启示

增强思想引领。加强支部成员思想教育，切实增强"四个意识"，坚定"四个自信"，做到"两个维护"。

将理论学习与具体实践相结合，提高开展实践活动频次。通过开展实践活动巩固学习成果，进而提升学习效果，实现学生党员队伍素质的整体提高。

提高党员素质和能力。通过在支部开展树立榜样、向榜样学习的活动，增强党员先锋模范意识；激励支部成员在学习和生活中，处处发挥先锋模范作用，服务师生、乐于助人。

支部委员充分利用学校及学院的各类线上学习平台，提高业务能力水平，发挥先锋模范作用，带动支部党员共同成长。

"巧下三步棋"工作法

集成电路与电子学院微电子技术研究所党支部

一、背景起因

北京理工大学集成电路与电子学院微电子技术研究所党支部现有正式党员20名。支部成员均为集成电路领域教师。支部在校院两级党委的领导下，以攻克集成电路领域"卡脖子"难题和培养集成电路领域高水平拔尖创新人才为奋斗目标，落实立德树人根本任务，强化党建引领，传承"延安根、军工魂"红色基因，坚持以党支部规范化建设为抓手，探索实施"巧下三步棋"党支部工作法，各项工作取得良好实效，为服务国家重大战略做出积极贡献。

二、主要做法

（一）下好"先手棋"——扎实党建工作，强化思想引领

党支部坚持以党建引领为主线，通过规范建设和创新形式不断提升支部党建工作质量和成效。在规范建设方面，支部严格落实"三会一课"制度，采用"零整互补，灵活组织"的学习方法，充分利用晚间、课余时间，采取线上线下相结合的方式开展主题党日和组织生活会，有力保证了支部党员参与全覆盖；实施"月集中学""周分散学""日打卡学"学习制度，将专用时间与碎片时间相结合，依托"学习强国""党建云"等学习平台，推动理论学习"往深里走、往心里走、往实里走"。在形式创新方面，支部将党建工作与国家集成电路产业发展和高水平人才培养有机结合，与航天九院772所开展"同铸中国芯，共圆航天梦"共建，并以此为基础推动双方签署"校企

协同育人协议";开展"党员故事我来讲"课间微党课,在课间与学生分享党史故事、党员故事和科研攻坚故事,扎实自身理论学习效果,同时引导学生传承红色基因、努力增长才干。

(二)下好"关键棋"——一手抓教书育人,一手抓科研创新

党支部始终以党建引领"培养高水平拔尖创新人才"和"解决集成电路领域关键问题"两大任务实施。

一是师生"共育"共同进步。组织教师参加学院师生理论学习和教学能力提升专题讲座,定期组织支部内教学方法交流会,增强教师教书育人的本领,近3年,支部党员申请教改立项3项,撰写规划教材4部,建设高水平课程1门;为学生党支部选配党建导师,开展学生创新创业指导,成立微系统与集成电路俱乐部,指导的"光芯绘影"学生团队科研成果作为学校唯一项目在"奋进新时代"主题成就展展出。

二是着力攻克"卡脖子"难题。党支部组织开展"忧患意识"主题教育,邀请华黎明大使开展专题讲座,教育引导支部党员树立远大理想,增强服务国家战略的责任意识,牵头申报GF"973"、GF科工局、JW科技委、国家重点研发计划,国家自然科学基金等重大重点科研项目,在新型低维量子结构与器件、智能MEMS微镜、专用芯片设计与应用等领域取得了一系列国际国内领先成果。

(三)下好"制胜棋"——破解产业难题,服务国家战略

微电子党支部以服务国家集成电路产业战略发展为最高使命,积极探索产学研合作的思政教育和集成攻关新模式。支部创新思政教育模式,邀请蔡树军、郭述文等产业界专家担任校外导师,结合国际国内形势,举行产业前沿讲座及交流活动,使产业培养与思政教育深度融合,坚定师生服务国家战略的信念。深度开展校企共建,与航天科工、中电科、华为、兵器214所、华大九天等行业头部企业签订共建协议,定期开展参观、实习、技术交流和项目合作;与中关村集成电路设计园建立校外实践基地,建立中电科38所联合实验室,合作申报"揭榜挂帅"项目,为破解产业难题,促进产业高质量发

展做出积极贡献。

三、成效启示

（一）组织保障有力，党员引领作用明显

"巧下三步棋"工作法为微电子技术研究所党支部提升党建工作质量、规范组织建设、强化政治引领提供了有力保障，党支部战斗堡垒和党员先锋模范作用得到充分发挥，党支部凝聚力和战斗力显著增强，支部各项工作取得积极成效。支部获批教育部集成声光电微纳系统工程研究中心，党员王业亮教授获评科技部中青年科技创新领军人才，沈国震教授入选教育部新世纪优秀人才支持计划；积极分子陈志铭教授入选"北京市科技新星"，马远骁教授入选"启明计划""北京市青年人才托举工程"。

（二）育人成效显著，科研创新成绩突出

支部坚持科教深度融合，不断产出一流创新创业成果。科研学术方面，支部党员在Nature子刊等主流学术期刊上发表论文200余篇，申请发明专利50余项，获中科院杰出科技成就奖1项、北京市科学技术二等奖2项、国家杰出青年基金1项、中国材料研究学会科学技术一等奖1项、茅以升北京青年科技奖1项、物理学会胡刚复物理奖1项。在教书育人方面，支部以集成电路特色赋能人才培养，荣获北京市教学成果奖1项、北京市精品教材1项、兵工高校精品教材1项，青年教学基本功比赛二等奖2项，指导竞赛获国家级奖项33项、省部级奖项107项。

学史力行"四象限"工作法

集成电路与电子学院研究生微电第一党支部

一、背景起因

北京理工大学集成电路与电子学院研究生微电第一党支部现有正式党员26名,预备党员5名,由电子科学与技术、集成电路科学与工程、通信工程三个学科方向学生构成。支部设有支部书记、宣传委员、组织委员、纪检委员,并依据实际情况划分为三个党小组,有序开展支部党建工作。党支部积极开展"党史理论教育、党史联学共建、党史联携实践、党史实地研学"党史学习教育,总结形成"四象限"工作法,营造支部党史学习教育红色氛围,构筑基层学生党支部坚强战斗堡垒,切实发挥支部政治核心作用。

二、主要做法

为回顾百年党史、从百年党建经验中汲取力量,党支部牢牢把握"学史明理、学史增信、学史崇德、学史力行"总要求,充分利用校内外红色资源,组织开展"学党史、感党恩、谋共建、务躬行"主题教育活动,传承红色基因,讲好红色理想故事,形成以支部交流广度为横轴、研学深度为纵轴的"四象限"工作法,即以自身党史理论学习为第一象限"元件夯基",以联学共建为第二象限"布线互连",以联携实践为第三象限"封装集成",以实地研学为第四象限"测试验证",开拓党支部横纵双向交流学习渠道,形成理论学习与社会实践齐头并进、深度融合的研学思路。

(一)"元件夯基"象限:抓牢党史理论学习,提升党员政治觉悟

理论就是武器,思想就是力量。党支部积极开展党史学习教育动员、党

史理论专题党课、党史书籍阅读分享等系列党史理论学习活动，从党的非凡历程中深刻认识和把握党百年奋斗的历史逻辑、理论逻辑、实践逻辑，夯实思想理论"元件"基础，构成"四象限"工作法中的第一象限。

支部内党史理论学习从三个层面同时推进。在党支部维度，落实支部书记讲党课，围绕习近平总书记在党史学习教育动员大会上的重要讲话精神，开展专题党课和知识问答。在党小组维度，由三名党小组组长牵头领学，结合集中学习与党员自学，每月组织党史理论学习交流研讨。在党员个人维度，支部党员自发进行党史学习自查与互查，以支委会、党小组为依托，相互分享党史学习心得体会，牢牢把握党史学习主线，全面提升支部党员的政治思想理论水平。

（二）"布线互连"象限：开展思想理论联学，深刻感悟榜样力量

促进学懂弄通，联学凝聚智慧。党支部积极开展思想理论联学共建，倾听汲取宝贵研学经验，开拓支部理论研学方向与视野，精细化网格化学习共建、"互连"成面，构成"四象限"工作法中的第二象限。

党支部以联动联学促进支部党建工作开展与党史理论学习，与微波第一党支部共同组织红色影片《革命者》观影活动，传承革命精神；与微电第二党支部开展线上联学，共同观看学校"青年盛典暨第十一届年度榜样讲述"活动，线下参观学习《实事求是，不自以为是——徐特立同志"谈廉洁"专题展》等，引导党员走近榜样，学习榜样，争当榜样。通过支部间的学习交流与分享，进一步推动党史学习教育走深走实，入脑入心，引导支部党员坚定理想信念，提高党性修养。

（三）"封装集成"象限：踔厉奋发联携实践，凝心聚力笃行实干

以实干创佳绩，以共建谋发展。党支部积极开展支部联携实践活动，以切实行动有力、有效学习党史，达到"力行而后知之真"。在共建实践中，学习其他党支部和党员同志在党的思想理论指导下的优秀实践方法、实践路径，"封装集成"汇聚力量，构成"四象限"工作法中的第三象限。

党支部与北航6系20065党支部联合开展"红色1+1"共建活动，一同参

观中国人民抗日战争纪念馆，追思革命先烈，铭记红色历史；联合学校物业管理与后勤服务公司第二党支部、医学技术学院2021级硕士党支部共同开展"青春美化校园、劳动实践育人"主题党日活动，促进青年党员在劳动中感悟收获，践行为人民服务的初心使命。

（四）"测试验证"象限：引领党员实地研学，切身实践探求真知

探寻红色足迹，汲取前行力量。党支部组成暑期红色实践团开展实地研学，以切身实践挖掘中国共产党精神谱系深刻内涵，于实地"验证"所学，以躬行探求真知，构成"四象限"工作法中的第四象限。

党支部奔赴陕西延安，开展主题为"追忆红色峥嵘岁月，传承百年革命精神"的党史学习教育主题活动，实地开展以"追迹梁家河村，奋进时代征程""寻迹红色圣地，探访革命军人""感悟文化力量，坚定理想信念""寻根延安自然科学院，铭记初心使命"为题的党史理论研讨与劳动实践，并走入延安"八一"敬老院，以实际行动向保家卫国的革命战士表达青年党员的敬意与关怀。支部党员在实践中汇集红色故事，撰写红色读本，在支部内开展以"弘扬延安精神，勇担时代使命"为题的专题党课，弘扬红色革命精神，赓续中国共产党的精神血脉。

三、成效启示

(一) 以党史理论学习推动党员实践服务,夯实筑牢实干本色

党支部牢牢把握"学史明理、学史增信、学史崇德、学史力行"的目标要求,以理论学习孕育实干动力,支部党员政治理论素养得到加强,实干精神与思想觉悟显著提升。党支部组建的暑期社会实践团队荣获校级优秀团队、优秀通讯稿、优秀实践视频等奖项,2人荣获"优秀实践个人"称号。

(二) 以党建携手联学促进横向聚力发展,构筑坚实战斗堡垒

党支部积极引导党员牢记党的性质宗旨,牢记党的初心使命,立足学生本职,埋头科研创造,不断拓展党员科研探索视野,提升思辨能力与综合素质。自2020年以来,党支部成员获得国家奖学金12人次,参与国家级竞赛并获奖10余人次,累计发表专业领域顶级期刊论文7篇,授权发明专利8项。

"点线面"工作法

集成电路与电子学院研究生微波第一党支部

一、背景起因

北京理工大学集成电路与电子学院研究生微波第一党支部共有正式党员32名，预备党员6名。党支部坚持以习近平新时代中国特色社会主义思想为指导，强化党建思想引领作用，探索形成"点线面"工作法，采取以点向面辐射的方法，充分发挥党支部的战斗堡垒作用和党员先锋模范作用，进一步增强党支部凝聚力和战斗力，提升支部党员政治素养，锤炼服务社会的过硬本领。

二、主要做法

（一）点——担当作为，发挥模范带动作用

党支部积极贯彻落实学校、学院党委重大决策部署，充分发挥党员先锋模范作用，号召动员支部党员勇于担当、积极作为。组织支部党员及积极分子参与防疫志愿服务工作，担任疫情防控网格员、监督员，着力增强支部党员服务意识；带领支部党员组建科创团队，面向国家经济主战场，投身关键核心技术攻坚战阵地，为服务国家重大战略贡献青春力量；立足实验室，坚持党建工作与科研学习融合促进的工作思路，搭建"党建引领，科技创新"学习交流平台，用经验分享和交流谈心的形式开展组织生活会，让党员之间充分交流、相互学习，形成政治坚定、力争上游、勇于创新的良好氛围。

（二）线——制度引领，强化党员队伍建设

党支部建立健全规章制度，落实落细"三会一课"制度，深入推进"两学一做"学习教育常态化、制度化，不断加强党员教育管理。认真开展"不忘初心，牢记使命"主题教育，定期邀请学院领导、实验室教授讲授专题党课，通过专题学习、网络考学等形式加强支部党员思想政治学习；积极开展组织生活会和主题党日活动，严格考勤记录，确保学习教育覆盖全体支部党员；定期开展理论学习交流研讨，以分组研讨、逐一发言的方式交流学习心得体会；创新开展微党课录制、网络知识学习等方式，搭建党员理论学习阵地和思想交流平台。

（三）面——党团联动，互融共促聚合力

党支部坚持"党建带团建、团建促党建"的工作理念，积极探索党团同建的工作机制，充分发挥党员与团员之间的桥梁纽带作用，相互促进,共同发展。开展"党的书记讲团课，团的成员听党课"计划，定期带领党员来到团支部讲党课、讲党史，形成党员带头学、团员主动学的良好氛围，共同提高政治素质和理论素养；定期组织开展党团一体主题实践活动，观看党的二十

大开幕式，开展书籍阅读心得交流，党建带团建，凝聚合力促进党团员共同提升。

三、成效启示

通过"点线面"工作法的开展，党支部将党建工作与党员的学习生活有效结合，支部功能定位更加清晰，队伍建设更加规范化、制度化，党支部战斗堡垒作用和党员先锋模范作用得到了更加充分的发挥，在学习、科研、实践等方面取得了良好成效。支部党员在学科竞赛中获得全国特等奖2项、一等奖1项、二等奖1项；发表SCI/EI论文14篇，授权专利4项。

"凌'波'微步"工作法

集成电路与电子学院研究生微波第二党支部

一、背景起因

北京理工大学集成电路与电子学院研究生微波第二党支部成立于2017年，现有正式党员27名，预备党员7名。党支部始终坚持以党建为引领，充分发挥党支部战斗堡垒作用和党员先锋模范作用，切实有效推动各项工作高质量开展，逐步摸索出党建工作的"凌'波'微步"工作法。

二、主要做法

（一）第一式：强化思想引领，让"思想先走"

党支部结合时事、紧扣实际，充分调动现有资源开展组织生活和理论学习，准确把握时代脉搏，确保支部党员思想始终走在时代前列。积极动员支部党员参与2022年冬奥会志愿服务，助力冬奥，彰显使命担当；开展清明节主题党日活动，观看影片《1950他们正年轻》，传承红色革命精神；开展疫情防控专题学习，积极响应国家号召，发挥党员带头作用；组织观摩《实事求是，不自以为是——徐特立同志"谈廉洁"专题展》，始终把党的政治建设摆在首位，提升党员素质。

（二）第二式：深化服务意识，让"行动先走"

党支部深扎群众，把全心全意为人民服务的宗旨意识转化为实际行动，及时有效解决身边群众反映的热点难点问题和合理诉求。针对群众反映的实验室卫生问题，党支部充分发挥党员先锋模范作用，积极开展卫生劳动实践；针对群众反映的缺少学术交流机会的问题，党支部积极联络研究所教师制订学术交流活动计划，在所内教师的帮助下定期与专业相关教师党支部开展共建交流，帮助支部党员巩固专业知识、开阔学术视野。

（三）第三式：创新工作形式，让"方法先走"

党支部不断探索新形势下党建工作开展的创新发展模式，把创新作为开创新时代党建工作新局面的必由之路，不断激发支部党建工作新活力。组织开展"运动你我他，快乐每一天"体育活动，密切联系党员群众，促进身心发展；响应疫情防控要求，与教师党支部共同举办"荧光夜跑"和"每日一跑"活动，通过线上打卡方式增强锻炼热情，强健体魄；开展"红色1+1"支部共建活动，带领支部党员将专业知识带入中学校园，以实际行动践行学生党员的责任担当。

（四）第四式：加强制度建设，让"机制先走"

党支部持续推动支部工作制度化、规范化和常态化，保障党建工作的发

展性和长效性。稳扎稳打落实"三会一课",按照"实事求是、客观真实"的基本要求,定期整理归纳支部档案资料,建立支部资料整理台账,及时查缺补漏、规范完善;制订"每月学党史"理论学习计划,每月在支部范围开展集中学习,每周在党小组范围内交流讨论,坚持原原本本学、全面系统学、深入思考学、联系实际学、融会贯通学,不断引导支部党员坚定理想信念,强化理论武装。

三、成效启示

通过"凌'波'微步"工作法,支部凝聚力和影响力显著增强,充分发挥了党支部政治核心作用,塑造了党员积极服务群众的良好形象,党员教育管理取得实效。2021年以来,支部党员发表SCI论文29篇,EI收录文章12篇,获授权发明专利4项,受理发明专利22项;在学院党委及团队教师的指导下,党支部获党建100周年"两优一先"表彰、"北京理工大学先进党组织"荣誉称号;支部党员黎梦娇、王硕光、包嘉诚荣获"北京理工大学优秀学生"荣誉称号,乔泽霖荣获"北京理工大学优秀学生干部"荣誉称号。

"筑根基、强组织、树先锋"工作法

集成电路与电子学院研究生微波第三党支部

一、背景起因

北京理工大学集成电路与电子学院研究生微波第三党支部现有党员34名,由集成电路与电子学院射频技术与软件、微波与太赫兹技术等方向的硕士、博士研究生共同组成。

一直以来,党支部坚持"筑根基、强组织、树先锋"的建设方法,以习近平新时代中国特色社会主义思想为指导,充分发挥党支部战斗堡垒作用,注重思想建设,提高党员素质,切实增强支部凝聚力、战斗力和号召力,形成了健康、有序、规范的支部发展格局。

二、主要做法

(一)筑牢思想根基,树立合格党员标准

建设政治过硬、信念坚定的党支部,必须要坚持用马克思主义中国化最新成果武装头脑,不断加强思想建设。思想教育和理论学习永远是党支部的基础性工作,为党组织建设和发展指明方向。支部坚持把习近平新时代中国特色社会主义思想作为理论学习的核心内容和主线,不断推进理论学习走深走实。结合实际,采用集中学习与个人自学相结合的方式,定期开展专题交流研讨和主题党日活动,及时跟进学习习近平总书记重要讲话精神。疫情期间,党支部停课不停学,采取线上线下相结合的形式坚持理论学习,积极邀请党建领航人参会,提升理论学习质效。

（二）巩固支部阵地，稳步推进组织建设

党支部不断规范组织体系，形成制度完善、运行规范的支部工作格局，积极创新工作开展形式，激发支部活力。实行支部委员负责制，定期开展学习思辨活动，通过分组学习辩论激发党员理论学习兴趣。严格执行"推优入党"制度，充分发挥团组织的作用，通过党团"结对子"做好推优发展工作；在确定积极分子、发展对象等各个阶段中充分发扬民主，严格公示制度，加强信息反馈；注重对积极分子的培养考察，由党性强、政治素养高的正式党员担任培养联系人，定期召开积极分子考察讨论会，着力提高党员发展质量，提升党员队伍素质。联合校内外党支部开展支部共建活动，通过共同参观校史馆、军事博物馆和观看红色电影等形式，加强支部内外党员的沟通和联系，实现资源共享和优势互补，不断提高党支部的创造力、凝聚力和战斗力。

（三）弘扬志愿精神，发挥先锋模范作用

疫情期间，召开党支部会议及时传达学校、学院关于疫情防控工作的最新要求，号召全体党员充分发挥党员先锋模范作用，同心同向，共克时艰。

支部党员积极参与志愿活动为同学们提供服务，在校园内化身防疫志愿者，开展疫情防控座谈，主动关心身边同学，体现疫情期间的温暖，形成了党员冲锋在前、同学们互帮互助的暖心局面，为身边同学在疫情期间正常开展科研学习工作创造了有利条件。

三、成效启示

以点带面抓示范，辐射带动促提升。研究生微波第三党支部时刻以建设标准化、规范化党支部为目标，不断创新工作形式，激发支部活力，切实发挥基层党支部战斗堡垒和党员先锋模范作用，构建了积极向上、温暖和谐的支部大家庭。在团结奋进的氛围下，支部党员获得"优秀学生"荣誉称号5人次，"优秀团干部"2人次；共计发表论文15篇，其中高水平论文6篇，顶级期刊2篇；在国际级竞赛中获奖1项，国家级竞赛获奖8项，省部级竞赛获奖1项，其中王沛沛、相明旭同学参与的科创项目获第十七届"挑战杯"竞赛"揭榜挂帅"专项赛一等奖。

"二密切，二促进"工作法

集成电路与电子学院研究生信电党支部

一、背景起因

北京理工大学集成电路与电子学院研究生信电党支部现有党员23人。党支部以"二密切、二促进"为切入点，以组织生活会为抓手，以"三会一课"及党日活动为基石，坚持做到密切联系党员、群众，创新活动形式，从多方面教育培养支部党员及积极分子，扎实推进理论学习，真正用先进思想武装头脑，以党建引领学习科研实践。

二、主要做法

（一）"一密切"，密切联系党员

党支部坚持"三会一课"制度，开展形式多样的支部大会和主题党日活动，严格考勤管理，促进支部党员参与活动的积极性；设置实验室"党员先锋岗"，开展"先锋带学"活动，及时了解身边党员的思想和心理状态；定期开展谈心谈话，关注支部党员日常工作和学习生活，为他们排忧解难；对接离退休教工党支部，开展志愿帮扶劳动实践，充分发挥党员先锋模范作用；鼓励支部党员与教职工党员交心交流，邀请老党员同志讲述红色故事，学习优秀革命精神。党支部通过"一密切"，增进了支部内外党员交流与了解，培养了支部党员的党性意识与责任意识，加强了支部凝聚力与向心力。

（二）"二密切"，密切联系群众

党支部积极与周边社区党支部开展联合共建，在社区中开展卫生清洁劳

动实践，通过实际行动为居民营造良好的生活环境；开展消防状况调研，查找消防安全隐患，宣传消防知识，保障居民生活安全；开展防电信诈骗科普讲座，上门帮助中老年人安装"全民反诈"App，协助社区张贴宣传海报，保护居民的切身利益。党支部通过"二密切"，积极服务身边群众，一方面让支部党员走出校园、走进基层，在注重理论学习的同时脚踏实地、服务社会，践行党员的使命担当；另一方面通过学生党员的加入，丰富社区党支部的队伍建设，增强社区党支部生机活力。

（三）"一促进"，推动党、班、团一体化建设

党支部号召支部党员积极参与学院组织开展的志愿服务工作，如疫情期间开展专题学习、担任防疫志愿者、协助发放物资等，充分发挥学生干部与党员双重身份的带头作用；在入党流程中，充分考虑团支书与班长的考察意见与推荐建议，从多方面了解积极分子入党动机、对党的基本知识了解程度以及日常生活行为习惯等，积极吸收班、团组织中的先进分子入党，为党组织注入更多新鲜血液。党支部通过"一促进"，积极探索推进党、班、团一

体化建设，不断丰富党团班级活动形式，增强纵向党团班级之间的联动性，提升党组织的凝聚力、战斗力、影响力。

（四）"二促进"，推进产学研联动融合

党支部积极与专业相关研究性企业开展交流实践，带领支部党员来到通号研究院参观产品生产线，开展专业技术交流与科研合作，帮助支部党员将所学理论知识转化为实践应用；与航天五院772研究所签署党支部共建协议，定期与研究所党员共同开展理论学习和主题党日活动，在交流学习中加深了解，提高支部党员政治素养和专业素质，以高质量党建引领科研学习实践。党支部通过"二促进"，探索产学研联动机制，帮助支部党员进一步了解集成电路领域"卡脖子"技术难点、痛点，增强服务国家重大战略的责任感和投身关键核心技术攻关的使命感，用专业知识践行学生党员的使命担当。

三、成效启示

党支部积极探索和推进"二密切，二促进"工作法，努力把优秀党员的标尺立起来，把党员的先锋形象树起来，通过开展多形式、多对象的党建活动，不断提升支部党员"知与行"的主动性和自觉性，引导支部党员运用所学服务社会、服务人民，用实际行动体现理想信念的力量。自2021年以来，党支部荣获"北京理工大学先进党组织"荣誉称号1次，支部党员在国家级竞赛中累计获奖8人次，专业领域发表论文8篇，受理发明专利2项，累计获得国家奖学金1人次。

"传帮带协同发展"工作法

集成电路与电子学院信号与图像处理研究所党支部

一、背景起因

北京理工大学集成电路与电子学院信号与图像处理研究所党支部现有党员7名,其中"60后"党员1人、"70后"党员1人、"80后"党员4人、"90后"党员1人,主要面向信号与图像处理方向开展专业基础课教学实验,同时承担学院大学生创新创业基地建设和竞赛指导工作。党支部始终坚持立德树人根本任务,传承"延安根、军工魂"红色基因,以党的政治建设为统领走好"红色育人路"。支部老中青党员协同发展,不断探索和凝练"传帮带协同发展"工作法,充分发挥党支部的战斗堡垒作用和党员先锋模范作用,在教学、科研、育人等工作中取得良好实效。

二、主要做法

(一)"传帮带"之"奉献精神传承",增强教书育人爱岗敬业意识

作为高校教育工作者组成的党支部,始终坚持把立德树人作为教育的根本任务,牢记"为党育人、为国育才"初心使命,持续开展"奉献精神传承"传帮带活动,切实增强支部党员教书育人、爱岗敬业的责任意识。党支部高度重视青年教师党员的思想教育引导,定期由老党员带领开展党的理论和形势政策学习,引导青年教师坚定理想信念,锤炼艰苦奋斗、矢志创新的高尚品质;充分发挥老中青党员队伍的特点和优势,邀请老党员针对理论学习和教学科研内容开展座谈交流,帮助青年教师提高思想政治素质和业务能力。

（二）"传帮带"之"教学业务帮扶"，提升教学科研业务工作能力

党支部坚持继承和发扬"传帮带"的优良传统，积极开展新老党员传承的教学业务帮扶活动，通过老党员的"传授、传承、帮助、帮教、带领、带动"培养年轻教师。党支部根据老教师党员的个性特点和教学特色，结合年轻教师的个性特点、学习需求，引导新老教师"结对子"开展业务帮扶，通过谈心谈话、课程观摩、集中学习等形式，在交流互学中提高教师党员能力素质和教学水平，传承优秀经验做法，持续推动"传帮带"规范化、常态化和学习型党支部建设。

（三）"传帮带"之"研究方向带动"，培养新时代拔尖创新人才

党支部以"紧抓科研文化建设，筑建创新争先文化，提升科研成果质量"为目标导向，定期召开科研进展报告会，分享近期科研进展、成果和心得，开展科研教学交流，提升支部党员科研积极性，激发科研灵感，促进科研生产力。与同研究方向学生党支部开展联学共建，将学术交流融入党建活动中，增进师生之间沟通与了解，加强生活和学业指导，守护学生健康成

长,为培养新时代拔尖创新人才奠定基础。

三、成效启示

党支部将党建融入"四有好老师"培养目标中,通过施行"传帮带协同发展"工作法,充分发挥党支部战斗堡垒作用和党员先锋模范作用,依托"老带新"联学实践机制,推动理论学习"入脑入心入行",提高支部党员的政治理论素养和教学业务能力,进一步增强了支部凝聚力、向心力,取得良好的党员教育管理实效。支部党员先后承担国家级重大科研项目50余项,发表学术论文200余篇,出版著作2部,授权国家发明专利20余项,获校级优秀教育教学成果奖二等奖;负责专业领域国家级赛事组织工作,获优秀组织奖和突出贡献奖,指导学生参加省部级以上竞赛获奖20余项。

"1234"助推模范机关建设工作法

自动化学院机关党支部

一、背景起因

自动化学院机关党支部共有正式党员13人,入党积极分子1人,支部委员会由4人组成。党支部在具体实践中对标新时代高校党建工作要求,以提高党建质量、推进模范机关建设为目标,推动机关党支部"走在前、作表率",结合岗位工作特色,党支部提出"1234"工作法,即一个思路、两种模式、三项品牌、四个聚焦,着力打造一支"政治强、业务精、作风实"的机关党员队伍,为促进学院一流学科建设提供坚强的政治保证和组织保证。

二、主要做法

(一)"一个思路"加强支部建设,夯实支部凝聚力和组织力

坚持"围绕中心抓党建、抓好党建促发展的"机关党建工作思路,突出"服务中心、建设队伍"两大核心任务。严格落实组织生活"三定三性",增强党员的归属感、责任感和使命感。定周期保证规范性:严格开展每月一次的党日活动,严格落实教师每月半天理论学习制度。定内容明确主题性:开展体现党建与工作相结合的特色活动。定要求提升创新性:结合支部成员从事的学院工作实际,及时建立各项信息台账,撰写周报,召开阶段性工作会,组织年度述职考核,合力推进学院管理工作高质量开展。

(二)"两种模式"增强业务能力,提升支部战斗力和新活力

一是常态化学习模式夯实政治理论根基。党支部构建起线上线下互相融

合，同向发力的学习方式，积极引导党员在疫情防控常态化要求下，积极参加各类实践研学活动，如赴遵义参加实践学习，参观中国共产党历史展览馆、校史馆等。二是专业化技能学习模式实现自我提升。机关党支部积极邀请学校专家，围绕公文写作、新闻稿撰写、会议组织等方面对提高机关能力建设开展培训。

（三）"三项品牌"营造特色文化，实现工作实绩创先创优

一是"党建+学科建设"，凸显组织担当力。机关教师认真做好学科建设材料的收集、整理、归档工作，组织自动化专业工程教育认证现场考察等会议，争当表率，促进一流学科建设。二是"党建+文化引领"，提升团队凝聚力。利用机关服务窗口展现学院良好形象，设立"党员先锋服务岗"，升级改造"党员之家"特色文化空间，撰写学科专业史丛书，印制带有学院文化特色的办公用品，以新媒体和网络阵地为载体，讲好自控故事。三是"党建+协同育人"，提振立德树人精气神。加强党建与育人协同推进，以主题教育为契机，以入党积极分子培训班为依托，上好学生"开学第一课"，做好学生的入党启蒙，引导学生积极向党组织靠拢。

（四）"四个聚焦"提升服务能效，展现面向师生的优质服务

一是聚焦师生需求，深入一线问需问策。坚持问题导向，把倾听师生建议需求作为办实事的第一步。深入其他学院机关、学校机关开展调研。将师生满意度作为重要考核指标。二是聚焦统筹谋划，抓纵抓横凝聚合力。突出抓好纵横两个方面："抓纵"，坚决执行学校党委、学院党委的决策部署；"抓横"，推进机关支部与专任教师支部、学生支部之间的交流，做到互促共进。三是聚焦服务效能，以降促升高效赋能。坚持"减流程不减效率，降时间不降成效"，优化机关支部办事体系。在"自控青春"微信公众号发布"校园助手"专栏，方便学生查阅就业信息，利用年终考核一站式收集教师成果信息，减轻教师负担。四是聚焦作风建设，求真务实维护形象。梳理工作流程，查找风险点，修订完善职权清单。

三、成效启示

（一）突出政治功能，做到"两个维护"

政治建设是党的根本性建设，决定党的建设方向和效果。机关党支部牢牢把握政治机关属性，坚持以政治建设为统领，把旗帜鲜明讲政治贯穿思想

建设、组织建设、作风建设、纪律建设、制度建设各方面，不断检视和改进机关党建工作。

（二）强化问题导向，以改革促落实

党支部把坚持以师生为中心的发展思想落实到解决师生急难愁盼问题上，特别是以抓好学校党委巡视指出的问题整改落实为促进，不断推进机关党建工作全面过硬，补短板、强弱项，提高党建质效。

（三）抓牢融合贯通，激发内生动力

提高机关党建质量，必须处理好党建和业务的关系。机关党支部坚持党建和业务工作有机融合，把工作实绩作为检验党建成效的重要标准，既通过发挥党组织战斗堡垒作用和党员先锋模范作用，有力保障业务工作；又通过查找工作问题根源，及时补齐党建工作短板，实现机关党建与业务工作相互促进。

"智慧红立方"工作法

自动化学院导航制导与控制教工党支部

一、背景起因

自动化学院导航制导与控制教工党支部共有正式党员17人，其中包括中青年教师党员14人，占82%以上。研究所目前有教师22人，其中有中国工程院院士1人，国防科工委"511"人才2人，教育部"新世纪人才"3人，海淀区十大杰出青年2人，国防科技"卓青"人才1人，青年"长江学者"1人，中国科协"青年托举"人才3人，国家"万人计划"科技创新领军人才1人。2018年，党支部入选北京理工大学首批"双带头人"教师党支部书记工作室，同时入选教育部全国高校首批"双带头人"教师党支部书记工作室。

党支部结合实际工作特点和已有优势资源条件，以教育部全国高校"双带头人"教师党支部书记工作室建设目标和建设内容为导向和依托，积极探索适合自身专业特点的党支部工作模式，努力创新工作思路和工作方式，提出了"智慧红立方"党支部工作法。党支部以党建工作为引领，坚持党建和中心工作相融合、相促进，同规划、同部署、同落实，在党建思政、教学科研、人才培养等领域取得突出成绩和明显成效。

二、主要做法

党支部结合工作实际进行总结凝练，提出了"智慧红立方"工作法，即运用整体系统思维思想，采用"立方体"架构模式（点、线、面、体），以党支部书记（点）为核心纽带，以支委和党支部（线）为核心团队，以研究所（面）为重要依托，将党建工作的相关方包括学校党委组织部、学院党委、党支部、群众、学生等有机地结合起来组成一个系统（立方体），采用

"系统思维三创新+立体架构三融合+核心纽带三聚力"的协同工作模式，推动党建和中心工作相融合、相促进，取得了明显成效。

（一）系统思维三创新，拓宽党支部工作思路

党支部坚持"立足实际，发挥特色优势，突出亮点"的工作理念，提出"系统思维三创新"特色做法。三创新是指教师在科研项目中坚持科技创新，在指导学生科技竞赛中坚持实践创新，在党支部活动中坚持支部共建创新。

在科研工作中，汪渤教授、陈家斌教授、邓志红教授、杨毅教授等一批团队学术带头人带领青年党员紧密结合国家重大发展战略需求申请科研项目，针对自主导航技术领域"卡脖子"技术难题，开展一系列关键技术攻关，坚持科技创新，追求卓越，取得高水平科研成果。研究所获批1个教育部工程研究中心，1个教育部"长江学者"创新团队；成立1个学科性公司——北京理工导航控制科技有限公司，该公司2022年已在上交所科创板成功上市。研究所获得国家科技进步一等奖1项、二等奖2项，国家技术发明二等奖1项，中关村十大科技成果转化奖1项。

在指导学生科技竞赛方面坚持实践创新，特别注重提高学生的应用实践

能力。杨毅教授指导学生连续参加四届全国"挑战杯"科技创新竞赛，获得1项特等奖和3项一等奖的优异成绩。他指导的大学生创新团队被团中央授予全国大学生"小平科技创新团队"称号。杨毅教授等指导学生获得ICRA 2019 RoboMaster人工智能全球挑战赛总冠军。岳裕丰和沈凯老师分别指导学生获得2021年第七届中国国际"互联网+"大学生创新创业大赛国际赛道金奖和银奖各1项。马宏宾教授指导学生获得2021年中国大学生计算机博弈大赛一等奖。2019—2021年研究所老师指导学生参加各类科技竞赛累计获奖40多项，在人才培养方面取得了突出的成绩。

在党支部活动中坚持支部共建创新。积极开展多种形式的党支部"13"共建交流活动（1+1+1），包括教师党支部与研究生党支部以及企业研究所党支部共建等。先后开展了"我的祖国我奋斗"师生党支部共建主题教育活动，"担复兴大任，做时代新人"参观中国空间技术研究院主题教育实践活动；和2020级导航方向研究生党支部联合开展党史学习教育活动，和航天三院33所20室党支部开展"一流党建引领一流人才培养"主题联学联建活动，增进了党支部之间的交流，为进一步开展多方面科研和实践合作奠定了良好基础。党支部加入了"国防七子"研究生思政教育党支部联盟，加强了与其他高校党支部的交流合作、互相学习。

（二）立体架构三融合，提升党支部工作水平

党支部提出"立体架构三融合"特色做法，坚持红色基因和事业发展相融合，科学研究与匠心育人相融合，思政工作与学术指导相融合。党员教师作为北理工人，传承延安精神，将"延安根、军工魂"的红色基因深深融入血脉，融入研究所的学科建设和事业发展中；将党建活动中学习领会的教育思想和精神融入科学研究、课程教学和育人工作中，服务和促进中心工作。教师通过指导学生参加科技创新竞赛和参加科研课题研究，将科研精神、科研方法、学术诚信等和匠心育人相融合，提高学生理论及综合实践能力，帮助学生树立为国防事业贡献青春的志向。毕业生中前往国防领域就业比例高达60%以上，为国家培养输送了高水平急需人才。在师生党支部共建活动中，将思政工作与学术指导相融合，采用自学、领学、分享等多种方式学习

党的理论思想，增加学术指导交流环节，包括科研选题、创新思路方法、撰写论文专利、出国就业形势分析、心理健康教育等，学生反响很好。

（三）核心纽带三聚力，发挥党支部战斗堡垒作用

党支部提出"核心纽带三聚力"的做法，以党支部书记为核心纽带，聚力支委和党支部，聚力党支部和研究所，聚力研究所和学院党委，同心聚力，充分发挥党支部书记的核心纽带和"双带头人"作用、支委的强力支撑配合作用、党支部的先锋模范和战斗堡垒作用以及学院党委的指导支持作用。众人拾柴火焰高，党支部努力汇聚各方智慧，统筹各方资源，发挥各方积极性，群策群力，共同促进党支部建设和研究所事业发展，在党建思政、教学科研、人才培养、学科建设、疫情防控、招生宣传等方面取得了突出的成绩，起到了较好的示范效应和辐射带动作用。

三、成效启示

党支部总结凝练提出了"智慧红立方"工作法，采用"系统思维三创新+立体架构三融合+核心纽带三聚力"的协同工作模式，不断提升党支部工作的创新意识和工作思路，不断促进党建和中心工作的深度融合，在党建思政、教学科研、人才培养等方面取得了突出的成绩，在党支部建设方面起到了示范效应和辐射带动作用。

在主要业绩方面，导航制导与控制创新团队获得全国妇联评选的2021年"全国巾帼文明岗"、2022年"全国三八红旗集体"荣誉称号，党支部被评为2019年和2021年北京理工大学先进党组织。党支部工作做法和成果被主流媒体光明日报客户端和人民日报客户端报道宣传。

"以实育人"工作法

自动化学院实验教学中心教工党支部

一、背景起因

自动化学院实验教学中心教工党支部共有党员8人,承担自动化、电气工程及其自动化相关专业的实验教学和实验平台建设工作。在支部教师共同努力下,中心入选工信部北京市实验教学示范中心。

"教师承载着传播知识、传播思想、传播真理,塑造灵魂、塑造生命、塑造新人的时代重任。"教书育人是每一位教师的神圣职责。如何将思政教育贯穿于实验教学环节?支部积极探索"以实育人"工作法,引领学生夯实理论、实事求是、踏实求精、实践求新,培养德智体美劳全面发展的一流人才。

二、主要做法

(一)思想基础筑实,认真推进课程思政建设

认真执行"三会一课"制度,每月坚持集体学习,提高支部每位党员的政治素养,用党的最新理论成果武装头脑,指导工作。为把实验课讲好,课程思政做好,实验中心支部经常在集中学习时,深入学习党的理论,开展教学经验交流,提升教师队伍思想政治和师德师风素质。

根据实验课特点,挖掘思政元素,落实课程思政到课堂中,引导学生用眼睛发现中国精神,用内心感应时代脉搏,把对祖国血浓于水、与人民同呼吸共命运的情感贯穿学业全过程,融汇在事业追求中。

（二）实验操作务实，培养学生实事求是的科学作风

"实践是检验真理的唯一标准"，这是实验教学的重要性。支部教师通过实验教学培养学生实事求是的科学态度。在实验课中，要求学生尊重实验结果，每一个数据，每一个实验现象，都应如实记录，合理的、正确的实验结果说明实验正确，不合理的、意外的实验结果需要分析原因。实验结束后，要求学生独立撰写实验报告，严格按照提供的报告模板格式，培养学生严谨认真的科研精神。当发现有抄袭报告的学生时，及时对其进行教育，帮助他认识到科研工作者求真务实的治学态度。科学需要精细，实验要精益求精。

（三）平台建设夯实，勇于实践，追求卓越

实验教学是最好的创新教育平台。与理论课相比，实验室的仪器实物及实验环境更容易营造思政情境与氛围，支部教师在日常学习中让学生沉浸式地感受和领悟实验中体现出的科学精神和人文情怀，在润物无声中实现价值塑造。

实验设备是课程思政教学的良好载体。向学生讲解实验室自制设备的研发、制造过程，鼓励学生向身边的老师学习，敢于创造；在实验设备上粘贴

安全标志，培养学生珍惜生命、安全操作意识；在实验设备上标注购买价格、使用年限，号召学生要珍惜资源、爱护设备；介绍国外先进实验设备和软件时，鼓励学生努力学习，关注一些"卡脖子"技术。

通过实验室内部、实验室走廊营造的与实验相关的展板、图片以及多媒体展示等，积极宣传面向国家经济社会发展、人民群众需求和世界科技发展等最前沿科技，培养学生关注时事、勇于担当的意识。

三、成效启示

（一）"以实育人"工作法深入支部

支部教师实验教学依据"以实育人"工作法，坚持党建引领，从理念建设、课程建设和平台建设等方面积极探索。近几年，开展蕴含思政实验教学改革2项，发表相关教改论文6篇；多次参加国内教学学术交流会，宣传实验中心的育人理念。

（二）实践课深受学生好评

实验中心开设的实验实践课在教务部的学生评教中好评率一直达到90%以上，学生普遍反映自动化实验教学中心教师教学严谨、为人朴实，在实验中心学习能够增长知识、提高能力，培养了实事求是的科学作风，增强了爱党、爱国情怀。

"三建育三心"工作法

自动化学院模式识别与智能系统博士党支部

一、背景起因

自动化学院模式识别与智能系统博士党支部共有正式党员43名，预备党员4名。本支部在不断的学习工作实践中，总结凝练提出了"三建育三心"党支部工作法，使党支部学习教育更加系统、生动和深刻。

二、主要做法

（一）支部建设育诚心

支部班子成员各司其职、各负其责，做到了支部各项工作齐抓共管。紧

紧围绕《中国共产党支部工作条例（试行）》，扎实推进支部标准化、规范化建设。严格落实"三会一课"，严格遵守规章要求，做到制度执行齐心协力，活动开展有序推进。

（二）思想建设育恒心

通过持续稳定地组织思想理论学习，培养支部成员持之以恒的学习习惯。以思想理论学习之恒心，带动支部成员科研学习的斗志，勉励支部成员在科研上攻坚克难、勇攀高峰，建设学习型支部。一是"三位一体"的理论学习。支部认真开展主题教育，加强支部党员思想政治学习，坚决贯彻落实"三会一课"制度，宣传执行上级党组织及本支部的决议。支部主题党日严格规范，探索基层党建的多种形式，注重成效和质量，逐渐形成了以个人学习为抓手、以党小组学习为纽带、以党建带动团建、以党建促进学校支部交流的"三位一体"特色理论学习体系。二是丰富多彩的实践活动。支部组织支部党员开展集体观影活动。除了支部内部的活动，支部鼓励本支部党员与其他支部党员加强交流，推动开展支部共建工作。本支部和2020级模式识别硕士党支部成立"传承红色基因，彰显时代担当"暑期社会实践团，通过现场教学、实地走访、专题党课等方式，追溯红色记忆，挖掘红色故事，感悟红色精神。在依汶镇镇委组织办的支持下，深入基层社区走访老党员和困难群众。三是党建引领的科技创新。支部立足实验室基础，搭建学习交流平台，用经验分享和谈心的形式，积极开展组织生活，让党员之间充分交流、相互学习，促进本支部的博士生投身科学研究方面做出新的成绩。近年来，支部成员多次在国际高水平期刊中发表文章，授权受理多项专利，并在"世纪杯""华为杯"数学建模、"互联网+"等竞赛中获得突出成绩。

（三）先锋建设育爱心

支部引导党员争做先锋的意识，鼓励大家积极参与到志愿活动中，将服务意识根植于党员心间，走进群众，服务群众。以先锋建设之爱心，凝聚榜样力量，建设服务型支部，助力支部和支部党员共同向上、稳健发展。一是参与志愿活动，彰显时代担当。本支部积极参与防疫工作，参与社区或村委防疫志愿者工作，积极捐款，在疫情防控中发挥党支部的战斗堡垒作用和党员先锋模范作用。支部党员积极参加建党百年庆祝活动、冬奥会志愿服务等活动，弘扬志愿服务精神，发挥模范作用，彰显新时代青年共产党员的担当。二是发挥学科优势，助力"翱翔计划"。作为博士支部，支部成员具有较强的学科理论知识基础，支部成员将所学知识发挥实际作用，依托实验室"翱翔计划"平台，积极开展科普教育，为北京市中学生带来浅显易懂的科学知识宣讲与科学实验演示，将所学为所用的同时，不断加强自我学习。三是获得多项表彰，树立先锋榜样。支部获批北京理工大学第二批"党建工作样板支部"，获评自动化学院先进党支部，在主题教育实践活动发挥榜样示范作用。党员充分发挥先锋模范作用，在科研工作、学术交流、志愿服务等方面表现突出，奖学金比例达100%，获得"优秀共产党员""优秀研究生"等多项荣誉称号。

三、成效启示

（一）强化规范标准，树立模范标杆

支部班子齐，制度执行齐，坚决落实上级党组织的各项方针政策和决策部署，对开展的各项支部活动，指定专人做好会议记录，并交由专人保管，存档备查。通过严格的制度管理，加强了对党员的教育和监督。

（二）提升思想觉悟，培养坚韧意志

培养支部党员持之以恒的品质，推动实际工作出成效。支部活动中注意加强党员之间的交流沟通，在科研工作中互帮互助，攻坚克难。用党建工作促进科学研究工作，力争发表高水平论文，提高学术成绩。

（三）树立先锋意识，凝聚榜样力量

支部成员积极参与志愿服务，走进群众，服务群众。在党员的日常学习

生活中，注入使命责任感，提高其水平，增强其能力，树立学习榜样。党员在实现个人价值的同时，助力支部成为一支信念坚定、素质过硬、品质优良的模范支部。

"党建引领新动能"工作法

自动化学院智能感知与运动控制博士党支部

一、背景起因

自动化学院智能感知与运动控制博士党支部认真学习贯彻习近平新时代中国特色社会主义思想，认真学习习近平总书记系列重要讲话精神，巩固拓展党史学习教育成果，弘扬"北京理工大学精神"，传承"延安根、军工魂"红色基因，充分发挥基层党组织的战斗堡垒作用和党员先锋模范作用。本支部现有正式党员9人，具有相同的专业方向背景。本支部立足实际，坚持党建引领，努力探索党建创新品牌，打造党建工作新亮点。

二、主要做法

（一）党建引领，促进创优争先

博士研究生党员要充分发挥先锋模范带头作用，在大学生群体中引领科技创新。为此，支部立足实验室基础，坚持党建工作与科研学习融合、双促进的工作思路，树立"党建引领，科技创新"的理念，探索"党建引领科创"的工作模式，形成党员创优争先的良好科创竞赛氛围。

（二）党建引领，构建支部治理新格局

支部按照"坚持党建引领，以党建带团建、促班建"的工作思路，探索党支部、团支部和班委会的协同工作机制。党支部积极引导学生党员在日常学习、生活以及班级事务管理等活动中做出表率，鼓励党员同志积极担任团支部委员和班级委员；同时，为促进党支部、团支部和班级的充分互动，采

取党日活动、团日活动相结合，积极开展党、团班共建相关活动，为党支部建设、团支部建设和班级建设贡献党员的力量。在党支部主导和积极筹备下，与班级、团支部一起开展了"重温功勋事迹，不负使命担当""认真学习领会十九届六中全会精神"等活动。

（三）党建引领，筑牢防疫"红色堡垒"

为落实国务院关于疫情的防控部署和学校党委疫情防控相关要求，支部强化党建引领，构筑疫情防控"红色堡垒"，加强对疫情防控工作的正确宣传和引导。一是党支部坚持学习不间断，战"疫"不放松，充分利用学习强国等新媒体方式，定期组织支部党员集中学习党的方针政策。二是坚持"党员引领"的思路，建立党员责任区，要求党员带领同学做好责任区内的卫生和消毒工作，对同学进行心理疏导，宣传正确的防控理念。三是定期开展主题党日，学习习近平总书记的重要讲话精神，宣传学校疫情防控措施，辅导班级成员的心理建设等，强化支部党员的责任心和使命感，鼓舞斗志，促进党员发挥先锋模范作用。

三、成效启示

该工作模式充分彰显了党支部的政治功能，发挥了党建引领作用，在支

部的带动下,支部党员努力创优争先,在各方面均取得了优异成绩。2021年以来,支部党员先后参加"华为杯"中国研究生数学建模竞赛、Mathorcup数学建模竞赛等多项学科竞赛,获奖共计3人次;个人获奖和荣誉共计22人次。

该工作模式,推动了党支部、团支部和班级的互动交流,党建带团建、促班建,有力促进了党、团、班的共同进步。

该工作模式,有效避免了党支部活动的单一枯燥的现象,充分调动了党员的积极性,增强了党员的责任性和使命感,有效地发挥了党员的先锋模范带头作用。

"抓好党小组,推进五个一"工作法

自动化学院智能信息处理与控制博士党支部

一、背景起因

北京理工大学自动化学院智能信息处理与控制博士党支部(以下简称"智信博士党支部")隶属于自动化学院党委,成立于2014年4月,目前拥有党员33名,其中正式党员30名,预备党员3名,划分了三个党小组。在支部党员的共同努力下,支部取得了一定的成绩,分别于2019年、2021年两次获得"北京理工大学先进基层党组织"荣誉称号,2021年入选北京理工大学第二批"党建工作样板支部"。

党小组会已成为本支部组织生活的重要载体,如何以党小组会为有力抓手,着力打造信念过硬、政治过硬、责任过硬、能力过硬、作风过硬的党员队伍成为关键问题。在此基础上,经支委会开会讨论并经过支部党员大会全体党员举手表决,本支部制定并实施党小组会"五个一"活动体系。

二、主要做法

(一)共树一位榜样,筑牢理想信念

对于改革开放和社会主义现代化建设时期的党史,支部决定结合博士党员的身份,以"共树一位榜样"的活动形式开展活动:以党小组为单位,对于敏、孙家栋、吴良镛、南仁东、钟南山、袁隆平、程开甲、王选、潘建伟等100位"改革先锋"的人物事迹进行学习。每个党小组分为三个学习小组,每次党小组会上,每个学习小组分享1~2位榜样人物的先锋事迹。每位党员不仅仅是学习者,同时还是组织者,极大地提高了支部党员学习的积极性。

（二）共读一本好书，提升政治素养

2021年，支部各党小组采用"共读一本好书"的方式，对习近平总书记系列采访实录《习近平的七年知青岁月》《习近平在正定》等进行学习。2022年，多个党小组对《习近平治国理政》（3卷）进行系统学习。每次党小组会上，都安排专人做读书心得分享。每次党员大会由党小组派代表进行分享。每次党小组会结束前，党小组组长明确学习要求，合理安排进度。通过组织集体学习，支部党员对习近平总书记治国理政的方针政策有了更为深刻的了解，不断增强"四个意识"，坚定"四个自信"，做到"两个维护"。

（三）共看一部电影，创新活动形式

对于新民主主义革命时期的党史，支部采取"共看一部电影"的方式来开展活动。同时为了方便开展活动，支委会提前发放问卷，让支部党员推荐红色电影，同时统计空余时间，确保每次观影活动能"全员都参与，全体受教育"。

（四）共办一件实事，突显青年担当

支部第二、第三党小组分别于2021年12月11日和18日赴三义庙社区，开展"智能手机培训班"志愿服务，教老年人使用智能手机，为周围群众办实事，进一步提高服务意识与服务水平，锤炼党员党性修养。

（五）共上一堂党课，深化理论学习

支部采用"共上一堂党课"的形式，以党员同志喜闻乐见的形式，创立公用B站账号，在网站上订购课程，对"中共党史专题讲座"的12集课程进行系统学习。同时，支部还以党小组为单位读原著，学原文，对《关于若干历史问题的决议》《关于建国以来党的若干历史问题的决议》等进行深入学习。

三、成效启示

（一）理论学习有收获

在自动化学院党委组织的建党百年征文活动中，支部党员有11篇文章入选（总共24篇），占比45.83%，远超其余学生党支部，另有3篇文章入选校级党建丛书《沃土培苗》；支部书记黄腾担任《赤心采撷》《党建经纬》两本书的编委。

（二）思想政治受洗礼

支部党员积极响应学院党委号召，投身"七一"专项志愿服务任务中。支部4位党员同志担任文艺汇演服务保障志愿者（自动化学院共派出10人，占比40%），2位党员同志担任文艺汇演志愿者（自动化学院共派出22人，占比9.1%）。

（三）学生党员作表率

多位党员参与国家重点研发项目并担任骨干，在科研创新方面取得丰硕成果。近两年，支部党员发表多篇高水平论文，获得国家发明专利5项，取得省部级以上学科竞赛奖励17项，其中国家级6项；获批研究生创新项目3项（累计资助金额12万元）；获得校级以上荣誉称号26项。

"点亮五颗星"工作法

自动化学院智能信息处理与控制教工党支部

一、背景起因

自动化学院智能信息处理与控制教工党支部(简称"智信党支部")共有党员22人,其中教师党员16人,博士后研究助理流动党员6人。智信党支部参与了北京市高校党建难点项目和北京理工大学党建样板支部建设项目。围绕党建思政和业务工作,党支部开展了以政治学习、师德师风、人才培养、学科发展、中心工作等为主要内容的"点亮五颗星"活动。

二、主要做法

(一)开展红色主题学习活动,坚定党员初心使命,点亮"东方星"

支部党建工作始终将政治建设摆在首位,通过开展多种形式的理论学习

与参观实践，坚定党员的理想信念，不忘初心，牢记使命。支部组织学习传达党的重要文件精神，理论学习活动采用支委领学文件、党员谈心得体会、领导总结点评的方式进行认真学习。2020年6月11日，党支部书记李原采用线上媒体形式作了题为"向毛泽东学管理"的微党课，分享了在学习毛泽东思想过程中对党的群众路线的理解，并结合自己的实际介绍了在科研工作和人才培养中如何实践党的群众路线。通过这些学习活动，党员从革命历史和社会主义建设成就中学习思考，增强"四个意识"，坚定"四个自信"，自觉做到"两个维护"，提高了政治觉悟。

（二）教师现身说法，传承师德师风，点亮"北斗星"

支部坚持不懈地加强师德师风建设，立师德、传师道、铸师魂，传承"延安根、军工魂"红色基因。为了提高教师立德树人的使命感，帮助青年教师成长，支部邀请了教学名师为大家现身说法，从教学工作实际来分享如何提高教师自身的师德师风和业务水平。2018年3月28日，邀请自动化学院退休教师、教学督导专家李庆常教授，为大家作了"智于行·慧于思——北京理工大学自动化学院专业发展历程"主题发言，让大家深刻领会了控制学科发展的光荣传统和历史使命。

（三）师生对面谈心声，春风化雨助成长，点亮"启明星"

支部教师紧紧抓住培养社会主义建设者和接班人根本任务，党员教师引领学生担复兴大任，做时代新人。支部近3年每年都有一次和学生支部的联合党日活动，为师生提供交流心声的平台，发现和解决学生学习、生活、就业、发展中的困难。2021年6月19日，教工党支部和硕士党支部进行"红色1+1"活动，集体参观校史馆和"庆祝中国共产党成立100周年党建与思想政治工作专题展"，更加深刻地体会到了作为北理工人的使命担当。

（四）开展联合主题活动，交流融合促创新，点亮"智慧星"

促进学科交叉融合，实施创新驱动发展，服务国家重大战略需求。为了拓展思路，支部采用了"走出去"的形式，和企业、研究所党支部开展联合主题党日，交流学科研究成果，探索校企联合创新的途径。2018年4月27日，支部赴航天科工集团二院二十三所，与伺服系统室党支部共同举办了"创新融合"主题党日活动。2019年9月18日，支部赴联想研究院开展调查走访，与中共联想控股股份有限公司第一委员会（联想集团分党委），共同举办了主题党日活动。联合支部活动，交流党建经验做法，了解行业发展前沿和企业用人需求，使校企合作向深度、广度拓展。支部充分发挥战斗堡垒作用和党员先锋模范作用，努力创造新的成绩，为"双一流"建设贡献力量。

（五）发挥党支部战斗堡垒作用，支持学校重大中心工作，点亮"定盘星"

坚持党建工作与业务工作相融合、双促进的工作思路。在学校的重大中心工作面前，党支部对党员进行号召和动员，通过党员先锋带头作用，引领各项工作的开展。在抗击疫情期间，支部全体党员坚持日报告制度，开展防疫工作。2020年11—12月，组织参加自动化专业工程教育认证和教育部第五轮学科评估。在每年高考招生季，组织党员骨干教师参加"领航人计划"，赴四川、重庆招生宣传。党员克服教学科研任务繁重等各种困难，积极承担和支持学校工作，助力学校"双一流"建设。

三、成效启示

"点亮五颗星"主题活动充分彰显了高校党支部的政治功能，围绕思政建设、立德树人、人才培养、学科发展、科技创新等高校中的多维工作，提供有力的支持。张金会老师入选国家"万人计划"青年拔尖人才；崔灵果老师获得"北京理工大学教学名师"称号和第三届"迪文"优秀教师奖；戴荔老师入选中国科协青年人才托举工程，获国家自然科学基金优秀青年科学基金项目；翟弟华老师入选中国电机工程学会青年人才托举工程；博士后张元的论文"网络化系统拓扑结构失效的一般可检验性与可分离性"获评"2020年度博新计划十大创新成果"；夏元清教授培养的博士生获得中国自动化学会优秀博士学位论文奖和中国指挥与控制优秀博士学位论文奖；获批北京高校优质本科课程、教育部来华留学研究生英语授课品牌课程；获第八届吴文俊人工智能自然科学奖、中国指挥与控制学会科技进步一等奖等。

"一线两面"工作法

计算机学院数字媒体与仿真研究所党支部

一、背景起因

计算机学院数字媒体与仿真研究所党支部是一支以科研创新为核心的、服务于国家重大需求的科技创新团队，先后承担和参与了建党百年庆祝大会、2022北京冬奥会冬残奥会、北京理工大学80周年校庆、校"智云"毕业典礼等技术研发与保障工作。

"一线两面"中一线指的是以发挥党员模范先锋带头作用为主线，两面分别指全面贯彻课程思政，坚守三尺讲台，以及全面贯彻科研创新，坚守服务初心。在党支部带领下，研究所在人才培养和科研工作方面取得了多项成果。连续2年科研经费总量全学院排第一；支部党员获评北京市青年教学名师；支部老师指导学生获得中国"互联网+"大学生创新创业大赛金奖、"挑战杯"中国大学生创业计划竞赛银奖、"北京地区高校大学生优秀创业团队"等荣誉称号。

二、主要做法

（一）以发挥党员模范先锋带头作用为主线

支部始终将政治建设摆在首位，以科学态度、严谨精神、细致方案践行党的宗旨，在工作、生活各方面发挥党员先锋作用。支部要求各位党员在日常的工作和教学中，要以身作则，敢于亮出党员身份，遇到困难冲锋在前。如面对突如其来的疫情，百年党庆活动多个节目因防控需重新制作，时间紧、任务重、在京人员少，作为支部党员的学院党委书记丁刚毅同志带领支

部老师坚守岗位,和参加服务的学生同甘共苦,加班熬夜往前冲。

(二)全面贯彻课程思政,坚守三尺讲台

立足"立德树人"这一根本任务,构建全员、全程、全课程育人格局,将计算机科学和软件工程专业课程与思想政治理论课同向同行。立足国家战略,以培养具有行业背景的软件工程人才,解决自主产权数字芯困境。帮助学生正确认识本专业面临的国际国内形势,树立软件报国的理想和抱负。在课程中突出隐式思政教育,将思政理念融入教学内容,将团队承担的国家重大重要活动技术保障任务教学案例化,重点培养学生坚毅的科学品质、技术的法律边界、政策的主流认知、红色的爱国品质,让学生理解国家科技体系安全和稳固的基础,激发学生爱国及学习热情。支部的黄天羽老师荣获2020年"北京市优秀思想政治工作者"称号。

(三)全面贯彻科研创新,坚守服务初心

支部在学校"延安根、军工魂"红色基因的熏陶和培养下,解放思想,大胆创新,充分发挥在科研上的技术积累和创新能力,为北京理工大学建校80周年、疫情下的云毕业典礼提供了技术创新和服务保障。支部全程协调参与了北京理工大学建校80周年大型晚会《光荣与梦想》,精彩呈现北理工砥砺奋进八十载的红色育人路。支部老师和学生为2020年毕业典礼研发了"智云"学位授予仪式平台，给毕业生们带来第一视角的360度全景学位云授予体验，让因疫情无法回到学校的毕业生也能聆听校长祝福，感受"云拨穗"，为同学们打造了一个充满仪式感的毕业典礼。

三、成效启示

党支部充分发挥战斗堡垒作用，团结凝聚师生。党员先锋模范作用突出，在教学、科研、管理、服务等领域取得优异成绩。在支部的带领下，支部党员获2020年"北京市优秀共产党员"、第十五届"北京市优秀思想政治工作者"等荣誉称号。

针对学院优秀青年教师和海外归国人才，党支部组织开展理论学习、培养培训，教育引导教师在教育教学、科学研究、管理服务中坚持正确的政治方向、政治立场、政治原则。着力推进课程育人、科研育人等育人体系建设，增强思想政治工作针对性和亲和力，提高人才培养质量。

"多通道"工作法

计算机学院体系结构所与软件智能所联合党支部

一、背景起因

计算机学院体系结构所与软件智能所联合党支部由体系结构与高性能计算研究所和软件智能与软件工程研究所的教师党员共同组成,现有党员11人,其中体系结构所党员6人,软件智能所党员5人。本支部基于研究所成立两个党小组。本支部根据两个研究所的人员构成、教学和科研等异同点,有效组织教师党员发挥先锋模范带头作用,发挥作为党组织工作基本单位的教工党支部的战斗堡垒作用,有效组织师生群众、凝聚师生群众和服务师生群众。本支部实行的"多通道"师生党支部共建工作法,包括师生党支部面对面通道、主题活动通道、实验室学习和生活交流通道。

二、主要做法

(一) 通过师生党支部面对面渠道,掌握师生所思所惑所行

与学生党支部多次开展"为学生科研、学习、就业等解惑"党支部活动,教师党员为共建学生支部党员解答学习、科研、就业等方面疑惑,以及如何处理好师生关系等。通过面对面渠道能够更加密切联系学生,了解学生的思想、疑惑和言行,为帮助学生解决思想、科研和就业等实际问题提供有价值的建议和探索。师生党支部面对面渠道的特点是学生党员能够畅所欲言,教师能够有针对性解答疑惑,包括如何做出高质量的研究成果,如何了解国内外前沿技术动态等。

(二)通过主题活动渠道,加强师生沟通广度

本支部支委成员作为指导老师多次参加学生党支部的辩论赛等主题活动。辩论赛主题为学生学业、就业等学生高度关心的话题。通过点评交流方式,教师党员帮助学生树立正确的世界观、人生观、价值观。习近平总书记在中国人民大学考察时的重要讲话精神谈到,广大青年要立志民族复兴,不负韶华、不负时代、不负人民。本支部在培养学生过程中着力探索如何面向青年大学生切实加强党的思想建设、宣贯党的方针政策,充分发挥学生党支部的战斗堡垒作用,如何在学生中发挥学生党员的先锋模范作用和示范作用。当前,社会思潮多元化产生,青年大学生群体思想和观念受到影响,因此,培养青年学生正确的世界观、人生观、价值观是大学教师的重要责任。

(三)通过实验室学习和生活通道,加强师生沟通深度

研究生的主要活动场所是实验室,如何通过实验室通道加强教师党员和学生党员的沟通,是本支部开展活动探索的重要内容。导师与学生之间除了学术科研的沟通,还应该加强思想动态的沟通和交流。同时在科研、学习和日常生活中,还应加强实验室不同年级学生党员之间的交流。师生交流、朋辈交流的加强,有助于帮助学生全面发展。

三、成效启示

(一)掌握学生的学业和就业思想动态,解决学生思想意识问题

通过面对面通道、主题活动通道、实验室通道,能够及时了解学生的学业和就业思想动态,重点关注毕业和就业等问题,解决学生在思想、学习和生活多方面的问题,特别是学生对于就业信息和就业选择等问题。

(二)提高学生党员思想觉悟,起到更好的带头模范作用

通过本实验室老师、非本实验室老师、朋辈、学长学姐等不同群体的沟通渠道,鼓励学生积极向上、取长补短,拓宽科研视野,增强集体观念,培养学生成为本专业的复合型优秀人才。师生党员多方面联系师生群众,起到了先锋模范作用,党群同心、师生同行,为学校发展凝聚了奋进力量。

"虚实相济三作用"工作法

计算机学院数字媒体研究生党支部

一、背景起因

计算机学院数字媒体研究生党支部成立于2018年6月,现有20名正式党员,1名预备党员,其中博士研究生党员3名,硕士研究生党员17名,成员全部来自数字表演与仿真技术北京市重点实验室。党支部所在团队多次承担国家重大活动的科技保障任务,截至目前,已为2008年北京奥运会、庆祝中华人民共和国成立70周年大会、建党百年庆典、2022年北京冬奥会等活动提供了极具科技含量的支持和保障。

二、主要做法

（一）突出政治功能,发挥支委的核心作用

党支部及时召开支委会,准确理解上级决策,支部委员互相充分沟通,确保在支部内分配任务时减少差错。在理解决策的基础上,支委会认真仔细研究,分解任务目标,制订出理解性强、执行性高的具体计划条目,使党员高效便捷配合并完成工作,也便于支部干部与上级党组织掌握工作任务完成进度。

（二）突出组织功能,发挥支部的战斗堡垒作用

在保障各项重大任务过程中,通过完善支部阵地建设、党建文化活动等方式进一步推动支部党建与业务相融合。在建党百年庆典中,数字媒体研究生党支部与共建党支部通力协作,顺利完成了面向7万余人的复杂人群仿真建

模工作,这是每位党员同志充分理解并认真完成自己任务目标的结果。在每次完成上级党组织部署的重大任务之后,支部会适时召开总结大会,回顾从任务安排到目标实现的全流程,归纳闪光点,指出不足处,将优秀经验保留到支部工作法中,对表现优异个人予以表彰。

(三)突出服务功能,发挥党员的科技保障作用

自上而下端正态度,在服务保障任务过程中,支委成员主动承担责任,支部党员始终不骄不躁踏实工作,为身边群众做好榜样。支部党员在软件工程、仿真技术、数字表演等专业领域各有所长,面对复杂的重大任务通力合作,将学习积累的专业技能充分体现在任务实践中,并在实践过程里论证自己的学术思想,精进自己的技术手段,为之后的服务保障工作积蓄力量。例如在科技冬奥项目中,支部成员协力同心,延续在百年党庆服务保障工作中的优良传统,推动党建工作和科研实践同频共振、相互促进。

三、成效启示

(一)"三个作用"夯实组织建设

数字媒体研究生党支部突出"三大功能",发挥"三个作用",推动党

建工作和科技创新融合发展，继续深入探索支部建设新形式，充分发挥党员的先锋模范带头作用，形成"实践·科研·报国"为内核的学生创新氛围，鼓励党员成为堪当民族复兴重任的时代新人。党员同志身体力行、勇当表率的作风得到了身边群众的赞许，向党组织提出入党申请的积极分子持续增多。

（二）"三个作用"引领服务共建

在北京市委教育工委公布的2021年北京高校"红色1+1"示范活动获奖名单中，数字媒体研究生党支部的共建成果获一等奖。这一奖项既是对支部工作法的认可，也是对党支部发展建设的鼓舞。实验室党员群众团结一心，立志做有理想、敢担当、能吃苦、肯奋斗的新时代好青年，让青春在提升知识本领和开拓服务创新的实践中绽放绚丽之花。

"一库一图一步"工作法

计算机学院数据科学研究生党支部

一、背景起因

计算机学院数据科学研究生党支部成立于2016年，现有38名正式党员，5名预备党员，其中博士研究生党员19名，硕士研究生党员24名，目前有11名积极分子正在接受支部培养。党支部认真落实新时代党的组织路线，全面提高发展党员工作的规范化水平，严把发展党员质量关，将党建与计算机专业特色相融合，总结提出"一库一图一步"发展党员标准化建设工作法，为打造高质量党员队伍奠定坚实基础，建好人才"数据库"，绘好业务"流程图"，走好思想"训练步"。

二、主要做法

（一）做好考察工作，建好人才"数据库"

一是早选苗早培养早发展。在研究生新生入学时做好宣传工作，让党组织的影响力和党员的先锋模范作用在新生的心目中进一步加强，促进新生尽早"入库"。二是积极引导，打破坐等入党积极分子提交入党申请书之后再培养的思维定式。从提高认识、改变观念入手，与积极分子多进行交流，着力提升新生入党积极性。三是关注日常细节。在学习和生活过程中关注发展对象品格，重点关注发展对象真正的入党动机是什么，对党是否忠诚，是否以一名正式党员的标准要求自己，是否按时参加所在支部组织的学习教育活动，是否定期主动汇报思想工作等。四是严格标准。坚持宁缺毋滥，重质不重量，打造高质量学生党员队伍。

（二）规范业务流程，绘好业务"流程图"

一是做好流程梳理。明确各阶段中包含的各个环节，详细列明各环节需要提供的材料及其撰写要求，确保流程更规范。二是做到智慧管理。使用"党建云""学习强国""党员e先锋"等党建管理平台，将党员发展工作中的每个环节都及时线上更新同步，同时保留好相关纸质材料，保证每一步操作都有据可循、有迹可查。三是保证材料质量。对入党材料严格审核把关，强化党员发展全链条监督管理。

（三）加强教育培养，走好思想"训练步"

一是加强理论培养。鼓励培养对象积极参加院校各级党课，加强理论学习，切实提高培养对象政治站位，树牢"四个意识"，坚定"四个自信"，坚决做到"两个维护"。二是开展经常性、迭代性的交流谈心活动。对入党积极分子在学习、生活中给予更多的关心、支持和帮助，及时指出并纠正他们的缺点和不足。三是开展形式多样的实践活动，将党的教育培养工作融入喜闻乐见的活动当中。例如组织了主题为"大数据技术给人们的影响利大于弊还是弊大于利"辩论赛，通过活动激发了党员思想活力和政治分辨力，并

吸引了更多同学向党组织靠拢，提交了入党申请书。

三、成效启示

（一）推进了党员素质素养全面提升

一是创新的"数据库"模式促进党员队伍结构持续优化，党员整体素质持续提升。二是明确的业务"流程图"给予了党员和积极分子清晰统一的指引，提高了党员发展工作效率。三是经常性、迭代性的"训练步"增强了培养教育效果，有效加强了党员综合素质，提升了党员党性修养。

（二）推进了党员质量数量共同提高

做好入党积极分子进入"数据库"时的考察和培训是前提和基础；利用好"流程图"，保证发展党员的质量是关键和核心；重复迭代"训练步"，加强党员的教育和培养是保持党的先进性和生命力的源泉。三个环节的紧密结合有效提高了学生党员发展工作质量。

"加减除乘"工作法

网络空间安全学院机关党支部

一、背景起因

为服务国家战略、贯彻落实总体国家安全观,网络空间安全学院于2020年6月成立。学院为国家安全战略而生,与国家安全同行,肩负历史使命,承载宏伟愿景。网络空间安全学院机关党支部作为学院桥梁和纽带,是贯彻落实党的部署、团结凝聚师生、服务学院中心工作的重要基层力量。

党支部于2021年6月成立,现有党员5名,平均党龄11年,青年党员占比100%。支部以"讲政治、强队伍、聚师生"方针为主线,创立并实施"加减除乘"工作法,以起步就要提速、开局就要争先的精气神创造性地开展工作,坚决将支部建设成为坚强的战斗堡垒。

二、主要做法

(一)在赋能支部成员上做"加"法,"微课堂"激发"大动能"

在思想认识上"加码"。支部以政治建设为统领,深化理论武装,规范组织生活,将组织生活扩大到全体入党积极分子,对标学院理论中心组学习内容开展专题学习;优化主题党日形式,开展支部联建,组织同过政治生日、重温入党誓词、猜党史灯谜等红色活动。

在业务储备上"加深"。支部以建强队伍为目标,将党建工作与业务工作同谋划、同部署,依托理论学习机制,增设"网安小课堂"月度业务分享会。分享会既有学校各职能部处领导老师现身说法,也有学院业务能手现场教学。

(二)在高效服务师生上做"减"法,"微实事"撬动"大幸福"

在业务流程上"减跑腿"。支部着力推动机关流程"集约化、精准化、平台化、数字化"改造,在学校率先推行学院用章用印线上审批,做到让教师最多跑一次。推进"靠前服务、精细化服务",以问题为导向编写科研业务手册、学院一站式入职导引单,减少教师重复性咨询。

在疫情防控中"减接触"。支部突出疫情防控风险意识导向,在学校内率先推行离京/返京线上审批机制,在学校职能部门力量支持下,开发线上审批流程。上线一年来处理审批一百余条,有效减少了接触传播风险。

(三)在优化内部治理上做"除"法,"微行动"展现"大担当"

在行动落实上"除障"。为机关人员"除障",以促进互相支持为目标,建立月度交流制度,打破不同业务壁垒;为教师"除障",以解决教师不同阶段发展问题为目标,申报获批教师发展分中心,举办专题分享沙龙,主题包括职能部处政策解读、教师教学能力培训等。

在作风建设上"除陋"。改进支部工作作风,向学院建议并建立了院级常态化关心和慰问机制。在疫情防控阻击战中,支部党员"守思想阵地、发正能量声音""三个第一时间处置危急学生""做朋友圈里有心人、促成5万元校友捐款",有力筑牢师生安全防线。

(四)在凝聚学院师生上做"乘"法,"微形象"成就"大认同"

在党员形象上"倍乘"示范作用。支部党员充分发挥党员先锋模范作用,强化履职担当,将提升新学院凝聚力作为大事来抓,创造性破解如何让新学院形象一新、如何解决论坛技术和经费支持等难题。

在学院形象上"累乘"品牌效应。支部党员坚持以精品意识推动学院文化建设,推进学院网站/新媒体平台、视觉形象识别系统、宣传册、教师形象四大文化工程建设,高品质完成学院重大品牌活动及文创产品,增强师生的价值认同、使命认同和情感认同。

三、成效启示

(一)讲政治是党支部建设的首要原则

支部党员旗帜鲜明讲政治,推进将政治建设成效转化成引领学院师生成长的动能。支部成员作为骨干申报并获批学校第三批党建工作室、学校社会主义核心价值观新媒体传播工作室。

(二)强队伍是党支部建设的核心保障

支部党员通过微课堂、微实事、微行动、微形象,不断磨砺党员的先锋模范作用,以务实行动感染和带动身边人,发展入党积极分子3人。

(三)聚师生是党支部建设的落脚点

支部党员通过实施"加减除乘"工作法,切实将党支部的战斗堡垒作用转化成凝聚师生的强大力量,服务学院中心工作取得良好成效。

"同屏共振，同向聚合"工作法

网络空间安全学院密码技术与数据安全研究所党支部

一、背景起因

网络空间安全学院密码技术与数据安全研究所党支部有教师及博士后党员16人，均为工作在教学和科研一线的专任教师和科研人员。支部成员不仅作为导师指导研究生的学术工作，且作为本科生的班主任、学育导师直接参与学生管理工作，与学生交流密切，承担着学生的思想引领、学业引导责任。思想政治工作是党的建设的基础工作，要把思想政治工作贯穿党的建设始终。疫情给我们的学习、生活带来了不利影响，也给思想政治工作的开展带来了挑战，支部成员面对面交流、共同参加活动的机会相对减少，部分党内的组织生活转为线上进行。为提高线上工作的有效性，促进党建和中心工作紧密结合、同向进步，提升支部的凝聚力和向心力，凝练出了"同屏共振，同向聚合"工作法，引导支部成员树立共同的奋斗目标，为落实立德树人根本任务、加快建设一流网络空间安全学院聚合力量。

二、主要做法

（一）同屏共振——理论学习不断线

高校教师要坚持教育者先受教育，努力成为先进思想文化的传播者、党执政的坚定支持者，更好担起学生健康成长的指导者和引路人责任。为使本支部党员坚定政治立场，提高政治站位，支部以党员大会、组织生活会、主题党日等为思想政治建设主阵地，定期召开会议，学习领会习近平总书记系列重要讲话精神，深刻进行批评与自我批评，持续学习思政相关文献，实时传达学校、学院相关政策，领悟传达抗疫有关文件精神并做好抗击疫情等相关工作。疫情期间，采取线上形式组织开展各项工作，保证理论学习不断线，做到"同屏共振，同向聚合"。

（二）寓教于学——立德树人在平时

密码是国之重器，关乎党和国家安全，是我们党和国家的"命门""命脉"，是国家的重要战略资源。密码技术是解决当前网络空间安全保障最有效的关键核心技术，而核心技术是买不来、要不到的，买来也不敢用的，必须靠自力更生、自主创新。支部成员坚持在教育教学中引导学生，如在"侧信道分析实验"培训中，支部书记王安老师在与同学们深入交流时，从简单能量分析、示波器操作两个基础知识点开始讲解，把同学们引进了侧信道分析的大门；通过对同学们关注度很高的人工智能侧信道分析、国密算法侧信道防护、侧信道分析测评标准、硬件木马侧信道检测等前沿专题的讲解，引入信息安全对国家安全的重要性、密码芯片领域作为"卡脖子"领域对人才的需求，引导学生为建设网络强国而努力奋斗，聚合青春力量。

(三)以点带面——教学思政相融合

支部成员充分发挥党员的先锋模范作用,在行动中引导学生践行社会主义核心价值观。在与学生线下交流、言传身教的基础上,做好对学生的线上指导,关心关爱学生学习成长。如张子剑、乔珂欣作为学育导师,除了日常对学生进行当面指导外,暑期也会以线上周会的形式了解学生思想动态。支部成员还担任暑期社会实践指导老师,在实践中融入思政元素,开展生动的思政教育。如乔珂欣老师在与学生王文正等一起采访北理工1994级校友、三云软件科技有限公司董事长赵建光时,通过其奋斗过程引导同学们学好专业知识,耐得住寂寞,不要投机取巧。作为教师党支部,支部成员始终坚持在实践中教育引导学生,将党的思想理论作为教育教学工作的行动指南,在潜移默化中做好学生思政工作,在见证学生成长的同时,引导他们树立远大理想,为实现中华民族伟大复兴的中国梦凝聚智慧和力量。

三、成效启示

研究所党支部作为教师员工群体的最基层党组织,发挥的作用最能直接服务于师生、服务于群众。通过"同屏共振,同向聚合"党支部工作法,调动起支部党员的主观能动性,推动常态化疫情防控背景下教学、思政工作创新开展,融入式、嵌入式、渗入式做好支部党员教育引导工作,有效增强了支部的凝聚力和号召力。支部优秀党员充分发挥带头作用,如盖珂珂入选国家级青年人才计划,沈蒙获得国家自然科学基金优秀青年科学基金资助,杨晨获批国家重点研发计划重点专项青年科学家项目,为支部成员和所带学生起到表率作用,聚合起密码强国的青春力量。

"一健三优"工作法

网络空间安全学院网络攻防对抗技术研究所学生党支部

一、背景起因

北京理工大学网络空间安全学院网络攻防对抗技术研究所学生党支部于2021年9月24日正式成立，目前有正式党员12人，支委3人。针对如何更好提升学生党员的学习动力，营造浓厚的教育学习氛围，培育优秀的基层党员力量，支部在落实"三会一课"制度的基础上凝练了一套"一健三优"党支部工作法，即"建立健全党建工作制度，学习优秀党员先进事迹，打造优秀志愿服务团队，发挥优秀模范先锋作用"，进一步深化党员教育管理，确保学有规范、学有指导、学有实践、学有所得，着力打造一支信念过硬、政治过硬、责任过硬、能力过硬的学生党员队伍，以优秀之风带动优秀党建，为服务网络强国战略贡献力量。

二、主要做法

（一）建立健全党建工作制度，把合格党员标准立起来

坚持建立健全制度体系，通过制定学习规范、严格考核措施，引导学生党员养成自觉学习习惯。一是把党员学习教育纳入党支部年度重点工作，建立学习制度，根据上级部署和工作需求制订学习计划，分步骤开展学习活动。二是开好"三会一课"，围绕集中学、分组学、讨论学、自己学等方式逐级开展学习，并做到有记录、有考勤、有考核。三是依托网络空间安全学院学生党员考核细则，制定党员学习教育积分制度，对无故不参加集中学习和连续2次以上请假的党员同志进行支部内通报批评，积分累计情况作为党员

年度测评的重要依据。

(二) 学习优秀党员先进事迹,把工作能力素质学起来

在落实"三会一课"、完成党建工作基础上,坚持学习优秀党员先进事迹,让广大党员同志学有所悟、学有所感。一是根据上级要求确定年度必修内容,制定学习清单下发给各位党员同志,并根据每月阶段性学习主题,选派2名党员同志播放与该主题相关的先进党员事迹,利用"三会一课"等各类会议开展学习研讨,引导党员同志们相互交流学习心得。二是充分利用新媒体平台,采用线上线下学习相结合的模式,拓宽学习途径,把主题教育方式用活用好,确保常态化疫情防控期间的党建工作顺利进行。

(三) 打造优秀志愿服务团队,把无私奉献精神做起来

学习教育基础在"学",关键在"做"。支部高度重视学习成效,组织参与志愿服务活动,旨在引导和发扬学生党员的无私奉献精神。一是每半年组织支部党员外出实践1次或参与1项志愿服务活动,让党员同志们在实践和志愿服务的过程中感受到帮扶他人的快乐。二是引导支部内党员同志积极参与网络空间安全学院每年举办的网络安全宣传周,将防诈骗小知识与网络安全意识普及给更多的人,避免电信诈骗案例的频繁发生。三是组建护网小分队,学习网络攻防对抗知识,参与护网行动,为国家的网络安全贡献自己的一份力量。

（四）发挥优秀模范先锋作用，把先进榜样力量树起来

在督导党员发挥先锋模范作用上下功夫，通过树立典型，引导党员自觉参与学习教育，积极参加社会实践，营造比学赶超的良好氛围。一是树立正面标杆，每季度公示1次考核细则参与度，日常记录参会情况与行为表现，每次检查评选优秀党员3名，并上报支委会审议表决，对优秀党员考核奖励1分并颁发支部优秀党员奖状及奖品。二是通报反面案例，对于考核细则参与度低于20%的党员同志进行支部内通报批评，连续两次被通报人员予以谈话教育。经过一段时间的实践，支部内党员同志在学习教育和志愿服务上的积极性有显著提高。

三、成效启示

网络空间安全学院网络攻防对抗技术研究所学生党支部通过"一健三优"工作法，规范了会议制度，提升了党员的积极性，形成了浓厚的学习氛围，增强了党员的向心力和凝聚力。支部成员奋发有为，取得佳绩。在科研创新上，多名党员同志参与国家重点研发项目并担任骨干，发表SCI论文18篇，申请发明专利5项，取得省部级以上学科竞赛奖励7项；在学生工作上，多名党员同志担任学院重要职位，其中包括研代会常任代表、研究生会主席、班长等职务，占比50%；在志愿服务上，多名党员同志积极参与北京冬奥会场馆志愿服务、网安学院疫情防控志愿服务、无偿献血等活动，占比75%，充分发挥党员先锋模范带头作用。

"三步并联"工作法

网络空间安全学院空天网络信息技术研究所学生党支部

一、背景起因

网络空间安全学院空天网络信息技术研究所学生党支部成立于2021年9月，现有党员8名。作为一个新成立的党支部，针对如何更好地规范党支部建设，提升学生党员队伍学习动力，强化党员的先锋模范意识，空天网络信息技术研究所学生党支部全面推行"三步并联"支部工作法，通过"立标准、抓学习、倡实践"三步联动，规范党支部管理建设，促进党员联学，密切联系群众，提升党员工作学习能力，强化党员服务群众意识，有效落细落实上级党组织的各项任务。

二、主要做法

（一）立标准，推进党支部标准化规范化建设

通过制定学生党支部管理办法，严格考核措施与标准，将党支部的各项工作内容制度化、规范化。一是建立党员学习考核制度，将学习强国、支部党课学习、志愿服务、主题党日实践等活动纳入考核范围，促使党员形成自觉学习、积极服务的习惯，树立合格党员标准。二是坚持"三会一课"制度，做好考勤与考核记录，建立规范的支部活动运行标准。三是以学生党支部管理办法为抓手，采用积分制将各项考核标准进行量化，对无故不参加支部会议与请假多次的党员进行扣分，对积极参与党支部各项活动的党员进行加分，并在年终做党员积分统计，作为党员年度测评的重要依据。对考核不合格的党员在支部内部进行通报，对考核优秀的党员进行奖励与表扬。

（二）抓学习，促进党员联学提升能力水平

狠抓培训学习，通过多种形式开展集中学习和联学活动，让党员有兴趣、积极地参与到支部的学习活动中来，强化党员工作能力与政治水平。一是根据学校每月下发的师生理论学习指南，确定每月学习重点与目标，向党员发放学习材料，利用"三会一课"等机会开展学习。二是将理论学习形式多样化，如采用视频+PPT的形式学习习近平总书记系列重要讲话精神，邀请党建导师对支部党员进行学习指导，采用专题视频的形式学习榜样党员事迹，通过"共读一本书"活动与其他支部开展联学共建，通过读书会+读后感分享交流的形式学习理论书籍，利用支部书记讲党课的形式学习历史上重要会议与历史事件等。三是将线上和线下活动形式结合，灵活开展活动。

（三）倡实践，强化党员联系服务群众意识

千里之行始于足下，实践出真知。在理论学习的基础上，支部提倡党员参与主题党日、志愿服务等实践活动，将学习成果进行转化，促使党员在日常学习生活中积极展现党员的先锋模范作用。一是为支部党员举办政治生日，提醒党员同志不忘初心，铭记入党誓词，履行党员义务，增强党员意识。二是开展志愿服务。疫情期间，支部党员积极参加疫情防控志愿者服务队，在校园封闭期间参与了物资分发、校园值守、宿舍人员统计等工作，密切联系群众，充分发挥了党员的模范带头作用。

三、成效启示

通过"三步并联"工作法，网络空间安全学院空天网络信息技术研究所学生党支部建立了可量化的支部管理运行规范，制定了严格的党员考核标准。通过学生党支部管理办法的积分量化制度和多种多样的学习活动形式，激发了党员们的学习动力，形成了浓厚的联学氛围。在学习思想理论的过程中，党员们也进一步坚定理想信念，增强了党性修养。疫情期间，支部党员积极参与志愿实践，时刻牢记党员身份，密切联系并引领群众积极参与、配合校园疫情防控工作，将学习的理论运用到实际工作和生活当中，保障了校园疫情防控工作的顺利进行，充分发挥了党员的先锋模范作用。

"小我融大我，三力促育人"工作法

网络空间安全学院空天网络信息技术研究所党支部

一、背景起因

网络空间安全学院空天网络信息技术研究所党支部努力打造"学习型、服务型、创新型"支部，从"三会一课"到多元化学习方式，从主题党日活动到课程思政建设，从师生服务走向广大群众，在实践中充分发挥支部教育党员、管理党员、监督党员和组织群众、宣传群众、凝聚群众、服务群众的作用，积极提升组织"凝聚力、战斗力、创造力"。

二、主要做法

（一）把党的思想建设放在首位，打造学习型支部，增强组织凝聚力

着力打造学习型支部，严格落实"三会一课"制度，坚持用党的创新理论武装头脑、指导实践、推动工作，持续推动理论学习制度化、国情教育系统化、谈心谈话常态化、服务群众具体化。

强化理论学习，增强党性意识。对照《2022年工作要点》制订年度支部工作计划；召开组织生活会，认真开展党员批评与自我批评；持续学习领会习近平总书记系列重要讲话精神，学习思政相关文献；实时传达学校、学院相关政策，做好抗击疫情相关工作，组织支部教师参加"同心战'疫'"专题党课等。通过开展系列主题党日活动，帮助教师党员了解学科前沿和发展动态，提升专业素养，更好地服务学院教学科研，并能在研学中不断强化党员的党性修养，拓展学习方式，将理论学习与工作充分结合，开阔思路、打破思维局限，促进党建与业务工作的深度融合。

（二）落实立德树人根本任务，建设服务型支部，提升组织战斗力

奋力创建服务型支部，始终坚持"全心全意为教职员工和同学服务"的宗旨，始终做有温度、有鲜度、有纯度的教师思政和服务群众工作。

学生工作是人才培养的重要工作。潘高峰、苗夏菁、叶能、柯晟等支部成员积极担任睿信书院班主任和学育导师，做好学生工作。通过召开班会、宿舍走访、当面谈心、电话回访等形式与学生们开展近距离沟通，并进行面对面指导，见证了学生刚入大学最关键一年的成长，在学生的思想认知形成过程中起到重要作用。在导师的指导下，李奕霖获得全国大学生数学竞赛一等奖，郭睿获得美国大学生数学建模竞赛+S奖，龚畅获得全国英语作文大赛一等奖等奖励；吴启迪等8名学生在新生数学竞赛、物理竞赛、"挑战杯"校级初赛、北京市大学生物理实验竞赛校内选拔赛等比赛中获得佳绩，杨悦等8名同学获得校级和院级奖学金。

（三）高质量党建引领高质量发展，塑造创新型支部，增强组织创造力

努力塑造创新型支部，坚持支部活动与专业发展相结合，发挥党建引领作用，创新课程思政教学方式方法，实现党建引领教学科研事业发展。

在创新中求发展，在发展中提质量。支部坚持"党建促发展，发展推党建"的工作理念，积极为教师个人教学、科研、育人等业务的发展提供良好

环境，精准地为每位成员提供个性化定制的方法性指导与协助。支部书记带领教师党员积极发挥实验课程的主渠道作用，构建专业课和思政课同向同行的"三全育人"思政教育新格局，推动思政元素和专业课的相互融合，引导学生在专业学习中增强理想信念，提升工作实效。

三、成效启示

支部成员将自己的学术方向同国家发展的需要有机结合，用优秀的科研水平和学术成果为团队青年教师做出了表率。如王帅老师在入选教育部"长江学者"青年项目后，又成功获批国防科技卓越青年科学基金项目；丁海川与高晓铮分别成为中国通信学会和中国电子学会青年托举人才工程的入选者等。空天网络信息技术研究所党支部通过"小我融大我，三力促育人"工作法，坚持用高质量党建引领教学科研事业发展，高质量地提升了党员工作能力，高质量地提升了学生培养质量，高质量地提升了教师队伍水平。

"支部建在实验室上"工作法

材料学院金属与无机非金属材料系党支部

一、背景起因

材料学院金属与无机非金属材料系党支部(以下简称"金属系党支部")现有正式党员26人,正式党员占全系教工的76%,其中青年教师党员在党员教师中占比约58%,实现老中青三代"材料人"接力"育材"事业。2021年,金属系党支部荣获"北京理工大学优秀党支部"称号。

金属系党支部坚持以习近平新时代中国特色社会主义思想为指导,把支部建在科研一线实验室上,将支部建设与冲击环境材料技术国家级重点实验室(以下简称"重点实验室")建设相结合。在党员才鸿年院士、王富耻教授的带领下,发扬"传承—创新—进步"精神,凝练"JING"字文化,即静(静心治学)、敬(敬业爱岗)、净(干净研究)、竞(鼓励竞争)、镜(经常反思)、境(学术环境),构建传帮带良好机制,打造科研优质梯队。立足教育,育人为本。金属系党支部围绕立德树人根本任务,坚持为党育人、为国育才,同学生党支部开展共建活动,努力培养红色革命接班人。持续推进党建与业务的深度融合,党支部立足重点实验室,聚焦武器装备和新材料研发,加强同校内外相关科研单位党支部联合共建,形成党建工作与科研工作相互促进的良好局面。

二、主要做法

(一)注重凝心聚力,加强科研梯队建设

金属系4年内引进了12位青年教师。为了帮助青年教师更好地传承和发扬

"延安根、军工魂"精神,支部汇聚党员教师力量,充分发挥党员的先锋模范作用,开展了"聆听师道""青椒面对面"系列活动:在材料学院建院20周年之际,邀请退休教师、中青年教师共话材料学科史;组织人才培养、教育理念、教学方法研讨;组织研讨海外归国青年教师如何做好科研,如何更好地融入本土教学科研;邀请资深海归教师冯长根教授谈青年科研人员的责任与担当;邀请人民大学王海军教授讲授"百年风华正茂时——学党史悟思想"党课等。

支部书记王琳和党员刘金旭主任经常与青年教师谈心,倾听青年人的心声,帮助青年教师打造个性化发展平台。目前青年教师逐渐成为金属系教学和科研的骨干力量:梁耀健和贺川分别担任本科和研究生教学主任,马兆龙、孙世海、张帆先后入选国家级青年人才项目,入党积极分子李泽洲入选海外"优青"。

(二)注重示范引领,重视红色人才培养

培养出爱党爱国爱人民的合格人才,是人民教师的职责所在。金属系支部注重与学生支部的"红心结"共建活动,包括赴北京市爱国主义教育基地"一二·九"运动纪念亭开展"追忆光辉党史,共话使命担当"主题党日活动,赴香山革命纪念馆为祖国母亲献礼,探访故宫传统文化活动等。在"聆听师道"老教授—青年教师—青年学生面对面主题活动中,吕广庶老教授曾赋诗一首:"聆听教导六支部,青老一堂畅所言,老有学经少有志,记牢共创'双一流'"!师生支部通过共建、共学、共议、共进,使"延安根、军工魂"的红色基因代代相传。

(三)注重交叉融合,推动党建业务并进

基于学科方向具有应用型和基础研究型的特点,在重点实验室工作中,金属系党支部与材料加工系党支部密切配合,形成科研攻坚合力。支部与航天八院北京研究所支部、北京微电子技术研究所封装支部、红宇精工集团研究一所支部等校外党支部积极开展交叉融合共建,取得实效。在与红宇精工集团研究一所支部共建过程中,以"党建赋能聚合力,校企共建促创新"为主题，助推科研项目合作，努力构建"资源共享、优势互补、共同提高"的党建工作新格局，激发党组织共建新活力。

三、成效启示

（一）"支部建在实验室上"工作法实现了师生同进步

聚焦"双一流"新起点，金属系党支部以教师队伍、人才培养、教育教学和科研工作为抓手，带领全体教师投身教育和科研事业，建立了一支党性强、奉献精神强、具有现代教育理念、师德高尚的教师队伍，以充满朝气、奋发有为的精神面貌影响着学生，使党组织充满生机和活力，为学科发展提供政治引领和坚实保障。

（二）"支部建在实验室上"工作法提升了支部战斗力

发挥金属系和冲击环境材料技术国家级重点实验室特色，结合毁伤与防护材料研究特点，金属系党支部成为教师在人才培养、学科发展、科研工作、教师成长等方面的坚强后盾，实现了党建工作与育人育才、教学科研高效统一的目标，以实际行动学习、宣传、贯彻党的二十大精神。

"铸材"工作法

材料学院2020级硕士第二党支部

一、背景起因

北京理工大学材料学院2020级硕士第二党支部现有党员25名,由材料学院金属材料及无机非金属材料、材料加工等研究方向的2020级硕士研究生组成。

党支部自2020年9月成立以来,坚持以习近平新时代中国特色社会主义思想为指导,强化思想政治引领作用,迅速凝聚新生党员力量,探索形成新生党支部"铸材"工作法,力争把支部建设成为"为党育新人、为国铸重材"的坚强战斗堡垒。

二、主要做法

(一)强化"基体材料"——夯实党建基础,注重思想引领的前瞻性

党支部按照党史学习教育的要求,通过开展集体研学、书籍领读、党课宣讲等形式,形成了"支部集中学习—支委带头学习—党员自觉学习—积极分子跟进学习"的"铸材学习矩阵",以学促思、以思促行,不断提升支部党员党性修养和政治能力。

在党支部成立的一年内,组织召开党员大会专题学习8次、开展主题党日学习9次,及时跟进学习习近平总书记的重要讲话和批示指示精神。专题学习习近平总书记在庆祝建党100周年大会上的重要讲话精神、在党史学习教育动员大会上的讲话精神等内容;坚持支委会每月集体学习制度,组织支部委员就《论中国共产党历史》等党史学习书籍以及相关党务知识等开展定期学

习研讨15次；在全体党员中组织开展"党史我领学"专题活动，每位支部党员以"溯一段党史简表、学一个重大事件、识一位重要人物、赏一张历史照片、访一个红色地点、忆一段红色校史"为主线领学一段党史，形成"党员个人主动领学、党员之间分工合作"的学习新形式；在积极分子中组织开展"微党课"讲述比赛等，推动政治理论学习教育常态化、长效化，充分发挥理论指导实践作用。

（二）善用"添加元素"——谋划特色共建，注重组织生活的创新性

党支部按照"党建共促、资源共享、优势互补"的目标，主动联系教师党支部、校外党支部、高年级党支部、团支部等创新开展多形式特色共建活动，构建起"教师引导、朋辈引领、聚焦发展、知行合一"的共建创新机制。

党支部联合教师党支部与校外党支部中国航天北京微电子技术研究所封装党支部开展"红色1+1"共建活动，围绕"航天精神""军工精神"等主题开展交流；与教师党支部共赴北京市爱国主义教育基地"一二·九"运动纪念亭，开展"追忆光辉党史，共话使命担当"主题党日活动，师生联学党史、共悟思想，进一步坚定初心使命，砥砺家国情怀；与博士党支部联合开展"歌曲中的党史、电影中的党史、诗词中的党史"党史特色学习活动，支部党员在唱红色歌曲、观红色电影、诵红色诗词中讲述党史故事，赓续红色血脉；与团支部开展"初心向党奋进当时"主题共建活动，党员团员共同参观校史馆并开展"北理工精神"专题讨论，激发新生党员爱国荣校热情。

（三）提升"键合强度"——强化支委建设，注重支部建设的系统性

党支部坚持民主集中制原则，充分发挥支委分工协作、集体决策的党内传统，不断增强支委会整体合力，起到了较好的先锋引领作用。支委每月轮流开展主题领学并进行重点发言，不断提高自身党性修养。建立支委联系党员制度，定期组织开展谈心谈话，了解新生党员思想动态，凝聚思想共识。组织支委探索党员发展量化考核体系，对积极分子政治品质、平时表现、党员群众基础等进行多维度量化考察，注重发挥政治把关作用，提高党员发展

质量。组织支委会开展主题读书实践活动，阅读和研讨习近平总书记成长历程的系列书籍（《习近平的七年知青岁月》《习近平在正定》《习近平在厦门》《习近平在宁德》《习近平在福州》《习近平在福建》《习近平与大学生朋友们》），从源头上把握习近平新时代中国特色社会主义思想的历史逻辑、理论逻辑和实践逻辑，通过学思悟践将学习成果转化为坚定信仰和自觉行动。

三、成效启示

新生党支部"铸材"工作法的核心在于以理论学习为引领、以特色活动为载体、以支委建设为抓手，不断强化支部建设、夯实党建基础，引领支部党员及积极分子发挥先锋模范作用。在未来的工作中，党支部将不断完善支部工作法，引导支部党员学百年党史、悟初心使命、做时代新人，坚定"为党育新人、为国铸重材"的建设目标，努力把支部建设成为坚强战斗堡垒。

结对共建，同心发展

化学与化工学院2021级硕士第三党支部

一、背景起因

化学与化工学院2021级硕士第三党支部成立于2021年8月，共有19名党员，支委会共4名成员（党支部书记、组织委员、纪检委员、宣传委员）。为提升支部党员的服务意识及社会责任感，强化党员的先锋模范作用，党支部在不断探索中形成了"结对共建，同心发展"支部工作法。

二、主要做法

（一）"党群"结对传薪火，共话成长谱新篇

2021级硕士第三党支部采用"结对子、传帮带"工作模式，党员自愿报名与群众结成对子，双向选择，支委会指导把关。

支委会同党员及群众进行一对一谈话，鼓励优秀党员主动发挥先锋模范作用，积极带领群众在思想上取得进步。在党员和群众深入沟通了解后，自主自愿确立"结对"关系。党员根据群众的不足之处、困难之处，制定具体措施，帮助群众在思想、行为、生活、学习等方面取得进步。开展"党员领学"活动，每名党员就重要讲话精神与群众展开交流，分享学习心得，提升学习效率；开展"北湖打卡"活动，通过每周2次的夜跑运动，增强身体素质；开展"课程串讲"活动，通过有针对性地梳理学习中的重点难点知识，提高学习系统性。

（二）党团共建促发展，焕发青春新活力

党支部积极实施党建带团建工作计划，与团支部开展了多次共建活动。发挥党团特色教育，巩固和扩大党的青年群众基础，增强青年向党组织靠拢的信念和动力。

开展"红日初升其道大光"活动，重温中共一大精神，在历史规律中汲取智慧，党员分享自己的入党初心、入党历程，与团员开展深入的交流。开展"红心向党科技强国""疫情防控青年在行动""缅怀历史不负韶华"等活动，追溯红色记忆，挖掘红色故事，感悟红色精神，并在活动中拉近党员与团员之间距离。开展"盛夏新征程支教逐梦行""书香浓情你我同行"等活动，弘扬志愿服务精神，发挥模范作用，彰显新时代青年担当。

（三）特色共建提效能，引领党建聚合力

2021级硕士第三党支部按照"党建共建、资源共享、优势互补"的目标，主动联系学生党支部、教师党支部、校外党支部等开展创新共建活动，加强支部建设，增进学习交流。

与本学院2020级硕士党支部、马克思主义学院2021级硕士党支部共同开展"学史明理，崇德增信"党史学习活动。联合离退休教师党支部开展"读懂中国"采访活动，冯长根教授寄语广大青年：把青春献给祖国，让岁月融

入时代,将追求变成现实!联合悦佳苑社区党支部丰富社区居民文化生活,开展"喜迎二十大,巧手编织中国结"活动,感受中国传统民间艺术魅力;开展"阳光健步走,快乐伴我行""爱心义诊进社区,便民服务送健康"等活动,传播全民健身生活理念。联合清华大学、复旦大学、西北工业大学等多所高校开展"赓续红色基因,讲好时代故事"高校宣讲社会实践,将红色号角传得更远,让红色光芒更加耀眼。

三、成效启示

"结对共建,同心发展"支部工作法自实行以来,服务体系运行良好,效果显著。党员与群众紧密联系,有效提升了学生群众参与班级工作、班助工作、帮扶工作的积极性,强化了党员的责任意识与服务水平,实现了党员和群众的共同进步与全面发展。在关工委"读懂中国"活动中,《上下求索酬家国,弦歌不辍传薪火》采访稿作为精品征文报送北京市。在北京理工大学"青春献礼"微党课大赛中,支部荣获优秀奖2项。

党支部将不断完善"结对共建,同心发展"支部工作法,创新支部活动形式,提高党员党性修养,加强党员服务意识,提升支部凝聚力和战斗堡垒作用。

"三化三力"工作法

化学与化工学院有机化学教工党支部

一、背景起因

化学与化工学院有机化学教工党支部成立于2012年,当前共有正式党员8人,均为教学科研一线教师。党支部自成立以来,在工作实践中积极加强组织建设,探索以党建推动业务发展新路径,逐步形成了特色鲜明的"三化三力"工作法。

二、主要做法

(一)化整为零,提升思想政治引领力

有机化学教工党支部充分发挥党组织政治核心和保障监督作用,深入学习贯彻习近平新时代中国特色社会主义思想、党的十九大及十九届历次全会精神及习近平总书记的系列讲话精神,牢固树立"四个意识",坚定"四个自信",做到"两个维护"。

长期以来,党支部书记和支委带头讲党课,开展形式多样的主题党日活动,将会议精神及讲话精神融入"三会一课"之中。如开展"永远跟党走、奋进新征程"追忆红色足迹环湖健步走、"学党史,强信念,跟党走"赴平西抗日纪念馆和香山革命纪念馆参观学习等特色支部活动,活动邀请非党员教师参加,不仅进一步加强了党员的理论水平与思想政治觉悟,更增加了有机化学教工党支部和研究所的凝聚力。

(二)春风化雨,提升服务育人原动力

有机化学教工党支部始终把强化支部的政治理论内核与研究所的发展紧密结合,在加强组织建设的同时,着力开展富有学科特色的主题党日活动,注重党建工作与教书育人、人才培养、学科建设等方面的深度融合,不断增强党员教师的使命感与责任感,达到润物无声的效果。

开展"师德传承"活动,邀请支部有经验的优秀党员教师为大家讲专题党课,在强化教师党员的使命担当中传授教学教改经验;开展"匠心育人"活动,将学习教育与解决学生的需求相结合,在推动"我为学生办实事"中提高教学、科研、学生培养质量;开展"创新融合"活动,组织跨学科的联合支部共建,充分调动党员和群众干事创业的积极性、主动性和创造性,讨论并推动学院两个研究所的教师在教学科研中的深度合作,实现理工融合,促进共同快速发展,实现双赢。

(三)出谋"化"策,提升支部组织战斗力

有机化学教工党支部始终坚持建设服务型党支部,深入基层、深入师生、深入实际,强化服务意识,真抓实干。协助学院帮助师生解决实际困难、认真听取群众的意见和建议,特别是青年教师的意见和建议,有针对性地开展思想政治工作。注重师德师风和教学教风建设,强化党员的先锋模范作用,加强党支部的政治核心与战斗堡垒作用。

疫情期间,有机化学教工党支部与研究所教师积极参加抗击疫情活动,为毕业生打包行李,积极报名参加核酸检测志愿者工作;积极谋划组织并推进研究所的教学、科研、人才引进工作,注重提升教师的内生动力;积极参与绩效分配、评优选优、教学教改、研究生培养、实验室管理与安全培训等各项工作,提高人才培养质量,推动研究所的快速发展。

三、成效启示

(一)加强党支部规范建设,充分发挥党支部的政治核心与战斗堡垒作用

通过"三化三力"工作法,扎实推进支部的规范化建设,强化党员的教育管理,加强师德师风建设,持续提高教师的理论水平与思想政治高度,不断增强党员的使命感与责任感,把合格党员标准立起来。有机化学教工党支部荣获"北京理工大学先进党组织"称号,并获批第二批"党建工作样板支部"。

(二)强化支部政治理论内核,推动有机化学研究所的各项工作快速发展

有机化学研究所在党支部的带领下,近五年引进海外优秀青年人才2人、青年骨干教师3人;组织研究生论坛,逐步提高人才培养质量;组织实验安全培训,提高教师和学生的安全意识,确保实验安全,推进研究所的整体发展。党支部在组织开展研究所的各项工作中注重提升教师的内生动力,强化教师的师德师风建设。2022年,王金亮和李晓芳两位老师荣获2022年北京理工大学教书育人奖,支俊格荣获第七届优秀教师奖。

四个狠抓,"碳"索未来

化学与化工学院化学工程教工党支部

一、背景起因

北京理工大学化学工程专业的前身是1940年设立的延安自然科学院化学工程科。化学工程教工党支部秉承"延安根、军工魂"红色基因和光荣传统,始终坚持以习近平新时代中国特色社会主义思想为指引,围绕立德树人根本任务,充分发挥党支部战斗堡垒作用和党员先锋模范作用。党支部在工作实践中积极探索创新,持续加强组织建设,立足新发展阶段,围绕国家双碳战略背景,充分发挥学科特色优势,逐步形成了具有化学工程学科鲜明特色的"四个狠抓,'碳'索未来"工作法。

二、主要做法

(一)狠抓思想引领,深化理论学习

化学工程教工党支部聚焦学习贯彻习近平新时代中国特色社会主义思想这条主线,创新方式方法,深入学习习近平总书记的重要讲话精神,领会双碳战略的重要性与实质内涵。不断深化拓展党史学习教育,丰富理论学习形式,读原著、学原文、悟原理,鼓励党员使用"学习强国"App充分利用碎片化时间学习,使党员教师进一步提升理论素养和政治站位。联合学生党支部开展师生共建,形成理论学习长效机制,共同学习、共同进步。

(二)狠抓交流融合,创新驱动发展

化学工程教工党支部积极拓展思路,组织双碳主题交流活动,强化支部

党员对国家重大战略的理解和创新服务能力。聚焦国家双碳战略需求,促进学科交叉融合,与矿冶集团冶金所党支部开展交流共建,探讨新形势下如何实施创新驱动发展,邀请有经验的专家学者,组织主题研讨会、"青椒沙龙"、百家讲堂等活动,服务国家战略。

(三)狠抓作风建设,牢固树立良好师德师风

化学工程教工党支部牢记高校教师立德树人根本任务,为党育人、为国育才。扎实推进师德师风建设,激发教师树立崇高的职业理想,严守教育教学纪律和学术规范。坚持学术研究无禁区、课堂讲授有纪律,明确新时代教师职业行为规范。组织学习习近平总书记关于教育的重要论述,通过黄大年等模范人物宣传片、专题讨论等形式进行师德师风反思,引导化学工程研究所教师以高尚的情操和人格去影响和熏陶学生,切实当好学生成长的引路人。

(四)狠抓组织建设,促进党建与业务工作深度融合

化学工程教工党支部创新党建引领业务发展新思路、新途径。面向国家双碳战略需求,充分发挥专业特色优势与研究优势,强化党建引领,激励党员担当作为,致力于碳中和相关技术的科研攻关。加强党支部组织建设,创

新支部活动形式，推动党建与业务工作深度融合，协助教师开设碳中和相关课程，制作独具特色的双碳特色党课，加强对双碳战略政策的宣贯，将化学工程教工党支部建设成为双碳特色党支部。

三、成效启示

（一）切实提升理论水平

通过深化政治理论学习，引导党员教师进一步提高自身政治素养，将学习成果内化于心、外化于行，切实把学习成果转化为服务国家"双碳"战略需求的工作思路和发展良策，解决教学科研中遇到的实际问题。

（二）显著强化业务融合

党支部组织开展主题党日活动、交流研讨、论坛，使研究所的教师更加深刻理解双碳战略的重大现实意义，更清晰了解当前碳捕集与利用领域的最新研究进展和技术需求，启发教师将自身研究方向与双碳战略相结合，服务国家重大战略需求，灵活运用自身专业知识和优势解决双碳相关问题，为双

碳目标的实现提供"北理方法"。

（三）牢固树立良好师德师风

化学工程教工党支部扎实开展师德师风建设，形成了崇尚师德的良好氛围。在疫情期间，研究所教师克服各种困难为学生远程上课，坚持科研教学不掉线；在招生工作中，各位党员教师踊跃参与，所负责地区生源质量不断提升；老一辈教师带动着青年教师，不断成长为理想信念坚定、师德师风优良、学术能力出众的教学科研骨干。

"基因扩增"工作法

生命学院空间生物与医学工程研究所党支部

一、背景起因

生命学院空间生物与医学工程研究所党支部(以下简称"空间所党支部")现有党员16人,全部来自空间生物与医学工程方向教研一线,其中教授5人、副教授6人、博士后及其他5人,是一支老中青梯队特色鲜明的党支部队伍。面对疫情严苛挑战形势,如何通过形式创新,从活动和氛围层面进一步增强党员的身份意识、担当意识和使命意识,激发广大党员勇于创新、敢挑重担、冲锋在前、无私奉献的航天报国情怀,是支部工作思路的重中之重。创新是引领发展的第一动力,持续用力实践"基因扩增"工作法,创建"拓点成面、争优创先"党建品牌是支部工作的基本思路。

二、主要做法

(一)输入"聚力基因",齐头并进担使命

通过"三会一课"引导党员深学笃用习近平新时代中国特色社会主义思想,推动政治理论学习教育常态化、长效化、自觉化。发挥党员先锋模范作用,以支部建设带动团队建设,建成特色课程思政等教研团队2个、空间生物与医学工程科研团队4个、载人航天重大工程创新项目团队3个、大学生创新创业类大赛指导团队5个。党支部中教授为本科生上课率为100%;支部成员和创新团队承担"生命科学基础""航天医学与宇宙生物学""空间医学生理学与天体生物学"等30余门线上线下课程(获首批国家一流本科课程一门),年授课800余学时,覆盖4 000余人次;支部成员担任本科班主任、学育

导师、学术导师等16人次。支部成员开设慕课2门,主持参与各级教研教改项目6项。

(二)接续"红色基因",坚定信念守初心

红色资源是我们党艰辛而辉煌奋斗历程的见证,是最宝贵的精神财富。通过组织"访学校旧址、续红色血脉""建党百年重温入党誓词""观校史、诉心声""送思想到手边"等特色党日活动,形成线上线下齐抓共推、集中与碎片化学习紧密结合的工作思路,使党员们在潜移默化的教育中学党史、悟党恩、跟党走。常态化疫情防控期间,积极配合院校各级政策宣讲,坚决做到"思想疏导不缺一人、日报检测不漏一位",组织年轻党员做"最美大白"志愿者,在思想和行动上形成"我为北理一员,即为北理一天"的统一思想,有效强化了教师党员的责任意识。

(三)培育"创新基因",天地协同谱新篇

深刻研读加快实施创新驱动发展战略,面向载人航天工程国家重大需求,培育创新文化,营造创新氛围。日常工作中党员坚持师德师风第一标准

和航天人才培养第一要务,以航天报国精神为牵引,凝练出党支部精神内核,即发扬勇攀空间生命科学一流高峰的"开拓创新精神"、突破空间极端环境确保实验成功的"勇于挑战精神"、多学科交叉融合协同攻关的"团结协作精神"、老中青甘为人梯悉心育才的"无私奉献精神"。同时,注重建立"本硕博+青年教师"贯通培养体系。支部党员率先垂范,发挥引领作用,坚持在大项目中锻炼人、在大投入中培养人,既在多项空间飞行搭载任务中完美诠释了北理工"敢为人先"精神,又在空间站首批航天医学项目、核心舱和梦天舱空间站建站项目中留下北理工的浓重一笔。

三、成效启示

深入学理论,提升政治素养是核心。既要全面系统学,务求学懂弄通,入脑入心;又要突出重点学,确保学有所获;更要围绕中心学,抓好学习促发展。

深刻悟思想,提升系统思维是关键。完善学习机制,坚持学在前、每会必学制度。充分发挥党支部的示范引领作用,营造浓厚科创氛围。用好"学习强国"等学习平台,积极开展研讨交流等形式多样的活动,增强党员的活动互动性、参与性。

深入践初心,务实干事创新是成效。在人才培养、科技创新和社会志愿服务等方面做出更多的贡献,永葆党员先进性和纯洁性,将支部打造成具有蓬勃生机的创新团队。

"三心铸魂,医心向党"工作法

医学技术学院教师党支部

一、背景起因

医学技术学院教师党支部承袭校机关党委医工融合研究院党支部。目前支部共有党员30人,核心力量是清一色的新体系专任教师,以海归青年学者为主,学科背景均为理工科,其学科涵盖了机械、电子、生化、材料等广泛领域。

承载学校"发展新兴医工,筑牢特色医科发展根基"的建设使命,医学技术学院教师党支部贯彻"政治引领、坚定拓医、潜心育人"的思路,团结带领一支平均校龄不足2年的青年教师党员队伍,坚持科技发展服务人民生命健康,着力发挥基层党组织的战斗堡垒作用和党员先锋模范作用,探索形成了葆"初心"、塑"师心"、凝"聚心"的"三心铸魂,医心向党"支部工作法,率领全院师生凝心聚力、团结奋斗,努力担当学校拓医建设使命。

二、主要做法

(一)葆"初心",同心协力培育医工特色学科

1. 坚定党员初心使命,传承红色育人理念

牢牢把握党建育人方向,全面贯彻党的教育方针。支部通过内外联学联建等途径创新教师培养及其教育教学能力提升的学习与实践方法,引领教师走好"红色育人路"。

2. 发挥思政领航效应,践行强工拓医使命

党建扎根,政治领航。支部通过多种形式的党建活动与学术研讨,团结

带领全体教师探究并逐步认同学科特色与学科内涵,激励教师"医工协同"发展,勇担学校"拓医"使命。

(二)塑"师心",多方协同提升教育教学能力

1. 加强师德师风建设,坚定为国育才决心

面对初为人师的"青椒"队伍,以"立师德、树师风、塑人师"为党建工作目标,推崇"全员、全程、全方位"育人,鼓励新开特色课程,强力推进课程思政建设,着力提升教师教育教学能力。

2. 强化团队环境依托,助力青年教师成长

依托青年教师所在医工融合科研团队,发挥团队"资深教师+青年教师"的内部传帮带优势,通过团队协作培养、项目申报指导、教学能力帮扶等促进措施,着力提升青年教师的业务水平。

(三)凝"聚心",合纵连横促进医工协同发展

1. 发扬艰苦奋斗作风,内外合作克服资源困境

带领教师克服办学初期资源短缺的困难,通过与校内团队及学院协作、与医院联合研究等途径积极争取外部合作资源,弥补科研条件的欠缺,形成合作共建基础,努力构筑发展合力。

2. 发挥支部感召作用,联学联建增强合作共进

在有组织地开展与航天中心医院、三博脑科医院业务交流合作的基础上,进一步通过支部间的联学联建活动,增强教师的学习交流,夯实内外合作基础,增强支部的感召作用。

三、成效启示

(一)教师的学科认同显著增强

新进30余名理工科背景的青年教师高度认同并积极投身医学技术学科建设,硕博研究生生源质量持续提升。

（二）教师的科研能力显著提升

专任教师国家自然科学基金项目主持占比达81.25%；5名青年教师入选国家青年人才计划；2022年项目申报获批率33.3%（7/21）。

（三）教师的教学短板加快补齐

青年教师全新开设医工融合研究生专业课程14门（其中2门入选研究生院课程思政示范课），完成第一轮教学任务。

（四）"三全育人"事业全力担当

27名青年教师申请担任徐特立学院学术导师。教师担任班主任、学术/学育导师占比55%。所指导学生斩获10余项创新创业成果。

（五）支部标准化建设做实做细

青年教师担纲支委；按照学科方向、人员岗位分设"4+1"个党小组，强化组织建设；已发展教师入党积极分子2人。

"四象限"课程思政建设工作法

数学与统计学院数学系党支部

一、背景起因

数学与统计学院数学系党支部共有党员15人，包括7名教授、5名副教授、2名讲师、1名博士后，其中1名国家自然科学基金杰出青年项目获得者，2名国家自然科学基金优秀青年项目获得者，2名"新世纪优秀人才"，1名校"数学分析"课程负责人，1名校数学类大学生竞赛负责人。

数学系党支部成员承担着"高等代数""数学分析"等全校基础数学公共课。鉴于教学覆盖面比较大，支部坚持以课程思政建设为牵引，有效促进党建与业务深度融合，建立了"四象限"党支部工作法：通过夯实理论基础、树立师德典范、主题党日实践、师生密切交流、科学服务社会等活动形式，结合数学专业特点、教学特点，使数学类课程与思想政治理论课同向同行，形成协同效应。

二、主要做法

数学系党支部"四象限"课程思政建设工作法围绕"党建+课程思政"主题，从"理论象限""传承象限""服务象限""创新象限"四个维度开展各类支部工作，以不断增强全体党员政治理论水平为宗旨，共同为数学类课程思政建设指明方向，为党建和业务融合提供有效工作途径。

（一）"理论象限"多维度提升教师党员政治站位，构建知识体系

数学系党支部通过开展"共克时艰、战'疫'党旗红""讲战'疫'故事、悟初心使命"等主题党日，开展"守纪律、讲规矩""北理工精神和疫

情防控保卫战"主题党课等形式,将课程思政沿历史维度、党史维度、社会维度、哲学维度多维度拓展。在聆听党课和研讨交流过程中,注重以我国古人的数学成就、中华人民共和国成立以来的经典事件为例,以中国制造、国家重器为牵引,把政治认同、国家意识、文化自信等思想政治教育导向与数学基础课程教学有机融合,不断提升支部党员思想政治觉悟,构建党员政治理论知识体系。

(二)"传承象限"凝练"数学三代人"思想,传承北理工红色基因

数学系党支部教师结合"数学三代人"思想,传承"延安根、军工魂"红色基因,组织开展了"重要的日子"联学联动、"传承理工红色基因,创新数学思政育人""课程思政信息化建设"等形式多样的主题党日活动。支部党员联合博士生党支部开展课程思政与北理"π计划"研讨交流活动、课程思政教学能力提升交流研讨活动等,凝练出了"爱国情怀、北理工精神""中国制造、大国重器""辩证唯物主义"三类课程思政建设主题,大大促进了北理工人矢志国防、科技报国的精神有效融入数学类课程教学。党建不断引领数学类课程思政建设向内涵式发展。

(三)"服务象限"将课程思政教育效果落到实处,为学生提供思想洗礼

数学系党支部全体党员常年全员驻扎"红数林"学生成长社区,在社区为学生提供答疑、串讲等多类服务工作。全体党员以身作则,充分发挥了党员先锋模范作用,切实将思政教育落到实处。党支部组织开展了"青教有我 思政强基"主题党日活动,为支部青年教师提升政治理论水平、快速理解课程思政建设重要地位起到了很大指导和帮助作用。

(四)"创新象限"推动课程思政信息化建设,结合新媒体提升教育质量

数学系党支部通过组织参观网上展览馆等主题党日活动形式,定期进行支部内外交流研讨,创新性地将网络信息技术应用于课程思政建设,使得课程思政建设有了新的发展。利用动态图技术展示五星红旗与线性代数的联系,增加学生的爱国热情以及对党史的理解;利用H5交互网页技术展示加

密、解密过程，展示生态变化过程，增加学生投身科研的热情以及了解"绿水青山就是金山银山"的国家政策。充分发挥新媒体在学生中的宣传作用，提升学生学习的积极性，一定程度上提升了数学类课程思政的教学效果。

三、成效启示

目前，数学系党支部已经形成了包含课程思政的"高等代数"课教学大纲以及若干经典案例。教改论文《将党史教育融入线性代数课堂的实践探索》获得了第十二届北京高校青年教师教学基本功比赛论文比赛二等奖。融入信息技术课程思政案例"可逆矩阵"将在近期上线新华网课程思政专栏。数学公共课程本科育人团队荣获北京高校优秀本科育人团队。党支部书记张杰荣获北京高校大学数学课程教学创新示范交流活动一等奖。

"四象限"课程思政建设工作法坚持党建引领，聚焦课程思政，有效组织党员发挥先锋模范作用，将党建工作与课程思政建设深度融合。数学系党支部将持续拓展"四象限"工作法内涵，秉承"党建+课程思政"工作目标，努力带动数学与统计学院全体教师开展课程思政实践，力争取得更大的成绩。

"九个主动作为"工作法

数学与统计学院机关党支部

一、背景起因

数学与统计学院机关党支部共有党员7人,包括学院党委书记、副书记、副院长及办公室行政人员,是一支由青年党员组成的队伍。机关党支部坚持秉承"全面加强支部全员思想政治建设,夯实党建责任落实,不断提升支部各项建设的科学化水平"的总体要求,树立"连心、强基、模范"三大发展目标,不断激发机关党建活力,全面提升服务工作质量。鉴于支部党员全部为青年党员,拥有思维活跃、学习能力较强、可塑性强等特点,支部坚持打造学习型党组织,在支部内开展"九个主动作为"系列活动,从九个方面明确了每名党员的主动服务事项,切实全方位提升支部每名党员的行政工作服务质量与服务能力,着力打造信念过硬、政治过硬、责任过硬、能力过硬、作风过硬的党员干部队伍。

二、主要做法

"九个主动作为"系列活动包括:衔接一个系(中心),联动一个党支部,服务一名重点教师,领学一次理论知识,宣讲一份制度文件,实现一项工作创新,解决一个突出问题,参与一项教研项目,树立一个工作标杆。支部围绕"九个主动作为",全方位开展了支部党员素质提升相关工作。

(一)狠抓思想建设,提升党员政治站位

围绕"领学一次理论知识",支部组织开展《马克思主义哲学十讲》浸入式学习活动,每名党员轮流领学,加强系统学习,注重将马克思主义立场

观点方法与工作实践相结合,提高机关人员服务师生的能力。

实施月度集体学习制度,固化每月部分学习内容;抓好党课教育,打造支部"全员讲党课"品牌活动。通过开展"我和党的十九届五中全会""传承理工红色基因,创新数学思政育人""红色基地云打卡"等主题党日,培养青年党员家国情怀,提升青年党员综合素养,传承北理工"延安根、军工魂"精神,深入贯彻落实党的发展目标和改革举措,在思想上助力学院发展。

(二)强化宗旨意识,发挥机关纽带作用

围绕"衔接一个系(中心)""联动一个党支部",学院领导班子和行政管理人员每人联系或对接一个系(中心),及时通过谈心谈话、参加系务会等方式,深入系所(中心)、深入大课教学团队、深入竞赛指导团队、深入科研团队,全面了解基层教师的困难与困惑;围绕"宣讲一份制度文件",结合教师日常学习活动,机关工作人员深入各系、中心宣讲《习近平总书记关于师德师风的重要论述摘编》《新时代高校教师职业行为十项准则》《研究生导师指导行为准则》《教育部关于高校教师师德失范行为处理的指导意见》等多项制度文件精神。

围绕"服务一名重点教师""解决一个突出问题",机关工作人员对学院"杰青""优青"等重点教师实行一对一服务,减轻高层次人才行政事务的工作负担,为其教学科研工作保驾护航。

(三)强化"一流意识",树立"一流标准"

支部认真落实"三会一课"制度,严格考勤纪律,机关党支部党员出勤率常年保持在接近100%。围绕"实现一项工作创新""树立一个工作标杆",支部开展"我为一流做贡献"、工作流程化座谈会、机关业务工作坊等系列活动,党员结合学院"双一流"建设和综合改革总结、思考自己工作方面的问题与不足,规范工作流程,分享工作创新点,在支部内建立起常态化、高效性的沟通交流机制。

打造机关系统化办公平台,不断提高学院各项行政办公业务的科学性、

便捷性、规范性。注重支部共学共促共建,加强师生党支部的联动机制:党史教育期间联动多支部赴香山双清别墅开展"重要的日子"主题党日,重温入党誓词,回顾历史上的今天;联动马克思主义学院机关党支部,聆听主题党课,共同探讨机关业务工作经验,不断提升机关党员工作质量,提高工作效率,增强一流意识。围绕"参与一项教研项目",支部党员根据工作中实际遇到的困难,每人主持或参与了至少一项教改项目或党建课题研究,时刻保持积极向上的学习状态。

三、成效启示

(一)开展支部特色理论学习系列活动,提升党员政治站位和理论水平

以党史教育为契机,坚持固定化理论学习模式。以《马克思主义哲学十讲》浸入式学习活动为起点,组织开展理论学习系列活动,将学习"四史"列为全年固定学习内容。丰富学习载体,充分利用"学习强国"、共产党员网在线教育平台等新媒体载体,抓住支部全体党员均为青年党员的特点优势,激发党员学习热情,做到及时跟进学、全面系统学、深入细致学,注重学习成果的转化。

（二）细化机关服务工作事项，全方位提升服务能力和服务质量

机关党支部承担着学院几乎全部的党建行政运行工作，通过"九个主动作为"系列活动的开展实施，全体党员在协调推进学科建设、专业建设、人才培养、科学研究、社会服务、群众工作中充分发挥了党员先锋模范作用，提升了机关党员服务能力，树立了学院机关的良好形象，展示了优良作风，加强了机关党员队伍建设，提高了新时代机关党建工作质量。

"连线式"工作法

物理学院2019级博士党支部

一、背景起因

物理学院2019级博士党支部成立于2019年9月，隶属于物理学院党委，目前共有党员16名。支部坚持理论联系实际，秉承"物理报国强国"思想，充分弘扬"为祖国健康工作"理念，把服务师生和党建工作融合起来，逐渐探索形成"筑信仰"连线"创实践"、"健体魄"连线"强科研"、"小半径"连线"同心圆"的支部工作模式。通过树立共产党员标杆模范，支部不断引导博士生做敢想敢为又善作善成的新时代好青年，为全面建设社会主义现代化国家赓续奋斗、勇毅前行。

二、主要做法

（一）"筑信仰"连线"创实践"

党支部深入学习贯彻习近平总书记系列讲话精神，严格遵守党章党规党纪，扎实开展"两学一做""党史学习教育""六个一"行动主题教育实践，逐步形成了"支书带头讲党课、支委先锋模范学、党员每月集中学、党团结对互助学"的理论学习制度。支部设有党史学习角，积极联系马克思主义学院教授和党委委员讲党课，以思想引领为党支部浇筑信仰之魂。举办"家乡党史知多少"党课评比，开展"党员领学四史"主题学习会……不断创新学习形式。思想是行动的先导。支部坚持用习近平新时代中国特色社会主义思想指导实践、推动工作。2022年上半年，北京理工大学打响了疫情防控阻击战，支部党员响应号召，迎"疫"而上，奔向疫情防控第一线，在抗疫战场上，书写属于北理青年的青春答卷。此外，支部组织开展《长津湖》红色电影观影等主题教育实践活动，积极参与学院"天地之美万物之理"公众科学日和专业科学日物理科普服务，立足学科特色，永葆初心使命，充分发挥服务师生的志愿精神和党员先锋模范作用。

（二）"健体魄"连线"强科研"

面对理科博士生科研压力大，实验工作饱满，只"静"不"动"的情况，支部以习近平总书记关于青年的重要讲话为指引，破除困境，落实"全面发展、健康成长"理念，努力营造积极向上、乐观开朗的学习和科研氛围。支部于2020年开始策划并组织开展覆盖全体党团员的羽毛球体育运动。在学院党委的支持下，羽毛球运动现已辐射到全院师生，形成"固定时间、固定地点、固定强度"的"支部健康计划"，塑造了强健的体魄和清醒的头脑。全体物理学院2019级博士生在实验室撸起袖子加油干，牢记党的教诲，立志物理报国，科研成果和各项荣誉显著提升，在青春的赛道上奋力奔跑，充分展现新时代中国青年的精神和力量。

（三）"小半径"连线"同心圆"

为拓展博士生活动半径，增强党建工作活力，本支部与物理学院2020级

博士党支部、2019级硕士党支部一起组织红色电影观影和红色主题教育活动；与2021级博士党支部共同开展线上疫情防控专题组织生活会，践行"六个一"，学习贯彻《让党旗在战'疫'一线高高飘扬——致北京理工大学全体共产党员的一封信》；与管理与经济学院应用经济研究生第二党支部共同举办"我为群众办实事"实践活动，构建了支部共建、资源共享、优势互补、协同促进的联动机制。这些共建活动充分利用双方的优势资源，"集中力量干大事"，增进了不同年级、不同学生之间的交流互动，丰富了组织生活的内容和形式，提高了支部党员服务群众的理念意识，以共建融合促进了党建业务交流和支部纵深发展。

三、成效启示

（一）党建引领，先锋示范，锻造团结有力、担当有为的坚强战斗堡垒

"连线式"工作法用先进思想武装头脑，为支部党员锻造了健康的体魄，营造了凝心聚力的工作氛围。党支部连续3年获评物理学院优秀党支部；支部党员发扬服务精神，永葆初心使命，充分发挥先锋模范作用，共获评北京理工大学优秀研究生、优秀研究生干部、优秀学生9人次，1人获评北京理工大学2021年度优秀共产党员，3人获评物理学院优秀党支部书

记、优秀共产党员。

(二)扎根祖国,服务人民,做有理想、敢担当、能吃苦的新时代北理工人

在党支部和标杆党员的辐射带动下,物理学院2019级36名博士生中共计25人次获得国内外各项表彰。他们立足学科特色,淬炼青春底色,为校内外大中小学生提供科普知识,其中,王欣欣获评北京理工大学"科普达人"银奖;他们坚持"国家最大",彰显时代担当,博士生王宪双获第五届"互联网+"大学生创新创业大赛全国铜奖(第一作者)、北京市金奖,北京理工大学青春榜样、优秀研究生和IAAM创新奖等;全体学生文章发表率接近100%,发表在国际顶刊共计30余篇。

"点点面"工作法

物理学院2020级博士党支部

一、背景起因

北京理工大学物理学院2020级博士党支部成立于2020年9月，隶属于物理学院党委，为横向设立的党支部，现有党员24名。党支部结合博士生科研压力大和两校区分布的特点，逐渐形成"点点面"工作法：以党建活动促进学生党员先锋模范作用发挥，建立党支部"战斗堡垒"和团支部"坚强屏障"，"一对一"覆盖全体2020级博士生，保障党员群众科研生活工作的顺利开展。

二、主要做法

（一）有作为、敢担当、树标杆，打好群众基础据点

党支部建立之初共有党员13名，其中正式党员10名，预备党员3名，分布于中关村和良乡两校区及学院各科研实验室。考虑到组织生活的覆盖面和党支部的长期发展，党支部不断探索能够增进两校区党员交流、覆盖到每名党员的工作方法。党支部结合两校区特点分别开展主题党日和组织生活，保证将"三会一课"制度植入每名党员的心中；积极联络高年级学长学姐，结对互助，提高支部成员对新的学习生涯的适应性。在支部委员的带领下，成立之初的13名党员在言行和生活上处处严格要求自己，主动对接和融入学院各项工作，积极主动参与志愿服务，尊敬师长，关爱同学，产生了良好的群众反响，为党支部打下良好的群众基础，做到了全体党员在群众中"不隐身有作为"，在学院大事活动中"能冲锋敢担当"，同心协力打好群众基础据点。

（二）守纪律、讲规矩、做表率，筑牢党员发展基点

在党支部良好作风和党员标杆作用影响下，班级同学纷纷向党组织递交入党申请书，至今共有11名优秀学子加入2020级博士党支部这个大家庭中。这11名新进党员包括年级骨干、学生干部，他们将支部结对帮扶的光荣传统传递给更多的同学，在疫情防控、学院科普志愿和迎新志愿服务等工作任务中表现突出。在日常科研实验中，他们能够以党员标准严格要求自己，营造风清气正干事的工作氛围和细致严谨刻苦的学习氛围，不断发扬党支部优秀传统，守纪律、讲规矩、做表率，筑牢党员发展坚实基点。

（三）规模成型，以"点"射"面"，形成辐射带动覆盖面

经过两年的发展，支部实现了党员在两校区各实验室、各寝室"一对一"的全面覆盖，即一名党员带动一名群众。党支部坚持以党建带团建，以旧带新，"一对一"进行结对互助。在这种工作模式下，小到日常科研生活，大到参与学院重要活动和承担学校保障工作，党支部都能够做到及时、有效、高速、高质量地完成。此外，支部也积极开展联结共建活动。与物理学院2020级硕士党支部及法学院第四党支部共同参观中国共产党历史展览馆；与物理学院2019级博士党支部联结互助，分别作为羽毛球、乒乓球的牵

头支部在学院师生中开展体育特色活动。党支部以"点"射"面"形成辐射带动覆盖面,有效发挥了坚强战斗堡垒作用。

三、成效启示

"点点面"工作法核心在于发挥党支部政治引领作用和党员骨干"传帮带"作用,关注博士生学习、工作、生活难点,"一对一"结对帮扶,全面提升党建质量和党员素养。党支部连续3年荣获北京理工大学物理学院"优秀党支部"荣誉称号,多名党员担任学校学院学生骨干相关职务,并荣获校级"优秀学生干部"称号。

此外,"点点面"工作法将党建融入业务发展全过程,充分发挥战斗堡垒作用,营造了良好的学术科研氛围。目前,支部党员文章发表率接近100%,发表文章达40余篇,其中包括Nature Communications,Nano Research,PHYSICAL REVIEW B等国际顶级期刊共计30多篇;共获得国防专利2项,普通专利5项;获国家级奖项4项(包含2个国家奖学金),省部级奖项1项;获校级"优秀团员""优秀学生""优秀学生干部"等荣誉称号11项。

"1+1同向合力"工作法

物理学院大学物理教学与实验中心党支部

一、背景起因

物理学院大学物理教学与实验中心（以下简称"中心"）党支部成立于2011年6月，隶属于物理学院党委，现有党员9名。大学物理教学与实验中心是以教学为主的单位，主要承担全校每年3 300多名学生的"大学物理"和"大学物理实验"两门公共基础课的教学任务，同时承担学院大学生创新创业基地建设和创新竞赛指导工作，具有教学任务量大、课程重要性高、接触学生面广的特点。支部在教书育人工作中以立德树人为根本任务，秉承"延安根、军工魂"的精神，发挥支部队伍"精干"的优势，结合一线教学的特点，并注重融合与联合，采取"支部+支部""传承+创新""立足+辐射""能力+思想"等特色做法，不断探索和打造"1+1同向合力"工作法，围绕立德树人中心任务发挥战斗堡垒作用，为学校"双一流"建设和拔尖人才培养提供坚实支撑。

二、主要做法

（一）"1+1同向合力"之"支部+支部"，提升党建活动质量

中心支部致力于与各师生党支部联合开展各项活动，交流党建成功经验，提升党建教育效果。中心支部与信息学院雷达所党支部联合，共同开展了赴重庆寻找革命先烈"红岩精神"的主题党日考察实践活动，两支部在活动中互相交流促进，沟通教学育人，党建学习效果显著提高；中心支部与

学院机关党支部共同赴山西吕梁开展"红色扶贫活动",与吕梁学院协商对口帮扶,向麻地会寄宿小学捐赠校服、书包等物资,深入开展送"智"扶"志"的教育扶贫。

(二)"1+1同向合力"之"传承+创新",提高党员能力觉悟

一个有持续战斗力的队伍离不开新老队员的精神传承与经验传授。党支部致力于为年轻教师的发展进行指引培育,以"师德传承"主题党日活动为牵引,经常邀请经验丰富的退休教师讲座交流,与青年骨干结成帮扶对子,推动学校"延安根、军工魂"的红色基因在年轻教师中传承与创新。在老党员的带领下,中心把集体备课作为一项制度一直长期保持下来。在新老切磋交流中,一批青年党员骨干快速地成长了起来,业务上能够独当一面、勇于创新,思想上做到立场坚定、冲锋在前,中心队伍建设得到不断加强。

(三)"1+1同向合力"之"立足+辐射",扩大支部表率影响

支部充分发挥自身的特点和优势,从工作面向教学一线的特点出发,立足自身工作,把教书育人的使命不断落实到实际工作中。针对本科生支部举办"博约成长沙龙"系列特色活动,以培养优秀社会主义建设者和接班人为立足点,给学生以学业指导和人生指导,帮助学生走出成长中的困惑,为他们的成长指引方向。针对研究生支部举办"匠心育人"特色党日活动,激发研究生勇挑重担、攻克科研难关的信心和勇气。

（四）"1+1同向合力"之"能力+思想"，培养新时代建设人才

支部党员积极承担班主任、学育导师和学术导师等育人工作，不断创新育人理念和方法，深入落实习近平总书记"把思想政治工作贯穿教育教学全过程，实现全程育人、全方位育人"的重要指示，打造学术能力和思想品质两个培养目标并重的"两目标三阶段一流人才培养模式"，将踏实勤奋、锐意进取、爱国敬业等价值观的塑造融入知识能力的培养中，为学生成长为拔尖创新人才助力引航。

三、成效启示

"1+1同向合力"工作法显著提升了党员教育效果，促进支部党建工作跃上新台阶。支部先后获评北京理工大学先进党支部、首批"双带头人"教师党支部书记工作室、"党建工作样板支部"，北京高校先进党组织。

"1+1同向合力"工作法充分发挥了支部在中心工作中的战斗堡垒作用，使一批年轻党员快速成长为先锋模范。近年来，共获国家级教学成果和奖励7项、省部级成果和奖励20余项，获批4位北京市教学名师（含1位青年教学名师），多名党员教师获校教书育人奖、迪文优秀教师奖等荣誉。

"1+1同向合力"工作法将"育人为本，德育为先"的理念有机融入新时代建设者和接班人的培养中。支部党员以"学高为师，身正为范"为准则，践行"燃烧自我，照亮别人"的誓言，全心投入育人工作中。在支部带领下，中心团队近年来指导本科生获全国及省部级竞赛奖119项，本科生以第一作者发表论文64篇；培养出了2021年徐特立奖学金第一名获得者李靖、2019年"青春北理"年度榜样人物之"品学兼优榜样"获得者黄诗淇等大批品学兼优的拔尖人才。

"一体四维"工作法

管理与经济学院管理工程系党支部

一、背景起因

管理与经济学院管理工程系党支部现有党员22人,设支委3人,党支部成员含教授6人,副教授8人,助理教授5人,博士后3人。党支部突出学科特色,充分发挥党支部书记"双带头人"作用,在教学、科研、学生管理等各方面充分发挥战斗堡垒作用。支部教师党员身体力行,牢记使命担当,践行"四有好老师"和"四个引路人"的要求,秉承延安精神,将科研学术、人才培养、师德建设相结合,为党和国家建设培养优秀人才。

二、主要做法

(一)以习近平新时代中国特色社会主义思想引领支部建设,开展主讲制度,发挥党支部战斗堡垒作用

党支部旗帜鲜明讲政治,在理论学习的过程中,开展主讲制度,即根据学校党委宣传部师生理论学习指南,在支部党员认真学习基础上,每月由2~3名党员结合自身工作对理论学习内容进行讲解。

党支部在学院党委的支持和指导下,将建设政治素质过硬、业务能力精湛、育人水平高超的高素质教师队伍作为发展的根本基础;通过基层党支部建设统筹推进"两学一做"学习教育制度化、常态化,开展"不忘初心、牢记使命"主题教育和党史学习教育活动,为建设一流教师队伍、办好中国特色社会主义大学、推进学院"双一流"建设提供坚强的思想政治保证。

（二）通过党支部"共建"和成员"共享"，提升支部成员和群众党建参与度

以师生党支部共建以及校内外党支部共建为发力点，进一步加强全体成员积极参加党建工作积极性，推动党建高质量发展。本支部的一大特色是注重师生党支部共建，其中三位支委会成员分别担任管理工程系研究生第一、第二、第三党支部的党建指导教师，深度指导督导学生党支部工作。支部定期组织师生党支部共建主题党日活动，积极组织本支部教师参加"经管院有约——师生下午茶"交流活动，为学生支部成员提供党建、理论学习、科学研究、思政建设等各方面的指导。结合党史学习教育，支部成员组织师生党支部和本科生团支部共同参观鱼子山抗日战争纪念馆，深入了解抗日战争期间我党干部带领群众如何在艰苦卓绝的环境中浴血奋战，最终取得抗战胜利，让党史教育更立体，在全体师生心中树立更坚定的形象。

管理工程系党支部还密切与校外兄弟机构党支部开展共建活动。本支部与北京市大数据中心数据管理部党支部进行了多次支部共建活动，进一步提高了支部成员参与党组织活动的积极性，强化了支部成员对理论知识的把握程度，更好地用理论指导教学、科研、育人等实践工作。

(三)以四维共享激励党支部成员立德树人、为党育才,牵引党支部建设

支部从"榜样引领人、历史见证人、政策解读人、支部引路人"四个维度,充分发挥榜样力量,激励全体党员了解历史、鉴古知今、立德树人、为党育才。

"榜样引领人"是指支部所在院系在发展历程中涌现出来的卓越典范。2019年,支部邀请管理与经济学院原党委书记方嘉洲教授举办"聆听师道"主题沙龙,并分享了管理与经济学院的创建历史和发展历史,2022年,邀请原院长、党委书记李金林教授举办管理科学与工程学科发展史交流会。会上,李金林教授站在学校发展的五个重大转变的历史高度上,向支部成员及管理科学专业学生支部成员讲述学科发展史,并勉励大家顺应时代潮流,助力学科、学校发展。

"历史见证人"是指亲身经历特定时期,见证党、国家、学校发展的见证人。党支部积极组织支部成员参加学院组织的学校校史馆馆长讲座,使师生了解我校一路跟随党的步伐从延安到北京,扎根教育事业,为祖国建设培养人才的光荣历史,指引和激励全体师生投入"双一流"学校建设中来。

"政策解读人"是指马克思主义学院相关任课教师。党支部积极组织支部成员参加马克思主义学院教师举办的习近平新时代中国特色社会主义思想理论体系的专题讲座,要求全体党员参加"党员e先锋""学习强国"平台的专题讲座,深刻、系统学习理论。

"支部引路人"是指为新引进教师搭建新老教师交流的平台。以支部成员为核心成员,成立了学院青年教师委员会,以思想政治建设为引领,促进青年教师间的沟通与交流;支部与所在管理工程系合作,定期举办青年教师分享会,由青年教师就自己的科研工作进行汇报,助力新引进教师更快地融入集体。

三、成效启示

2021年管理工程系党支部获评北京理工大学先进党组织;以支部成员为核心的管理科学与工程学科团队于2021年获得学校"三全育人"先进集体。

党支部"一体四维"工作法为高水平师资队伍建设提供了有力支撑。支部党员中，教育部青年"长江学者"入选者1人，优秀青年基金获得者1人，"万人计划"青年拔尖人才入选者1人，北京市自然科学基金杰出青年科学基金获得者1人，北京市教学名师1人，北京市优秀人才青年骨干人才计划入选者1人，中国科协中外优秀青年交流计划入选者1人。

"贯通"工作法

管理与经济学院体优班党支部

一、背景起因

管理与经济学院体优班党支部成立于2015年。党支部积极发挥战斗堡垒作用和党员先锋模范带头作用，坚持以立德树人为核心，聚焦人才培养中心工作，抓牢抓好体育育人特色工作，顽强拼搏、学训兼顾。党支部结合"不忘初心、牢记使命"主题教育，努力争创先进，构建了主题教育、学生发展、赛事活动、机制保障的"贯通"党支部工作法。党支部着力将爱国荣校、为国争光落实到向上的理想信念层面，将实践研学、校园体育文化及支教落实到向下的实践担当层面，将跨校交流、校企共建落实到双向交互的播种培育层面，努力建设一个管理制度可复制，教育活动可借鉴，育人方法可学习的样板支部。

二、主要做法

（一）主题教育，实现理想信念教育贯通

党支部协同扎实推进"五色"组织生活：铸造"红色堡垒"，扎实开展"三会一课"和系列微党课录制；编织"蓝色天空"，积极参观红色教育基地、展馆及文艺展演；争当"橙色先锋"，积极参加重大节日庆典志愿服务和社会公益活动；培育"绿色苗圃"，力争重大体育赛事中顶尖体育人才辈出，着力培养荣校爱国的责任感与使命感；推行"黄色警告"，强化队伍建设，严肃整顿在学风、班风、队风中出现的违规违纪现象。

疫情以来，支部在全国高校中首批推出了一套居家健身方法，内容涵

盖田径类、武术类、足球类，以大众参与挑战的方式"宅掉无聊、宅出健康"。通过推广线上健身活动，凝聚北理工师生，辅助开展学生远程心理辅导工作，助力科学防疫，获新华社等官方媒体转载报道。在庆祝建党100周年活动中，支部全员扎实开展党史学习教育系列活动，着重强化党建工作与人才培养工作紧密结合。

党支部遵循价值塑造、能力培养、知识传授"三位一体"核心教育理念，致力于将体育赛事和社会实践打造为第二课堂，如开展助力学校招生宣传工作，联合校企共建，带动附小附中足球队建设，做好社区敬老院服务及校社团精英体育带动大众体育等实践活动。

（二）学生发展，实现人才培养模式贯通

发挥学院人才培养主体作用，以学生为本，小班教学，灵活教学，模块授课，灵活学分管理，量身定制课程。发挥体育部高水平训练主体作用，以赛事为导向单独编队，配足配齐高水平教练团队，配好配全高水平训练装备，固定时间开展教学训练、科学训练、科学管理，开展体育"三分钟"的特色思政教育工作。发挥高水平运动队在高校体育圈的引领作用，近五年不断探索与各省市重点中学人才培养合作模式，"朋友圈"越来越大。2021

年，支部书记协助团队成员深入研究并获校级教育教学成果二等奖。

（三）赛事活动，实现思想锤炼过程贯通

多年来，支部在国内外各项大赛中培养出近百名国家队运动员。目前，田径队学生正在中国田径队备战2024巴黎奥运会。近五年，75名高水平运动员赴美、西班牙、土耳其、加拿大、泰国等地进行文体交流。

（四）传承交融，实现机制体制保障贯通

加强支部和班级机制共建，分管校领导主抓，学院与体育部共同实施，注重教学质量、训练质量两手抓，形成新时代背景下《北京理工大学高水平运动员训练与管理实施方案》和《北京理工大学高水平运动员人才培养实施方案》。同时，立足学生群体特点，以思想政治教育为抓手，以"三全导师"为育人机制，聘请校部处领导、学院教授、体育部教授、学生榜样为德育导师或朋辈导师，重点在赛事体验、学训心得、创新创业、人生规划等方面进行交流分享，不断增强党支部凝聚力和战斗力。

三、成效启示

思政引领守初心，实践育人射靶心。党支部精准凝练出体优特色：爱国荣校、追求卓越、团结拼搏、无私奉献、使命担当、善于学习。通过持续实践"贯通"工作法，发挥红色育人培养特色模式，为国家重大战略和体育人才培养提供新思路、新路径，把校园体育打造成为新时代全面推进体教融合创新人才培养的综合改革的探路工程，努力做好中国高校高水平运动队的"排头兵"，为建构中国特色世界一流大学人才培养新范式贡献力量。

党支部2021年荣获"北京理工大学先进党组织"称号；6人曾荣获运动健将和国际级运动健将，1人曾荣获中国大学生年度人物提名奖，1人曾荣获高校辅导员年度人物提名奖，1人曾获省部级"暑期社会实践优秀个人"称号，1人曾获校级"优秀党支部书记"称号，5人曾获校级"优秀学生干部"称号，1人曾获北京市"庆祝中华人民共和国成立70周年阅兵工作先进个人"荣誉称号、部队单位授予"预备役部队方队训练标兵"荣誉称号；1人协助指导

学生作品曾获全国"挑战杯"总决赛三等奖；7名学生参加国家重大活动志愿服务。足球队第11次加冕全国大学生足球联赛总冠军并重返中甲联赛。田径队110米栏项目学生备战2024年巴黎奥运会；田径队投掷项目学生蝉联7年首都高校运动会铁饼冠军，武术队项目学生曾50余次获全国各项冠军。

"'管'筑五心'理'活五力"工作法

管理与经济学院组织与人力资源管理系党支部

一、背景起因

管理与经济学院组织与人力资源管理系党支部现有党员13人,其中3位教授,7位副教授,3位助理教授。本支部的工作职能主要包括"为理论学习深度添柴、为思政工作落实供能、为学术水平提升助力、为主题实践教育铺路"。党支部提出"五心—五力"工作法,分别从五个方面,通过五种机制,为支部党员提供资源,涵养"五心",助其最大化融合党员与其他工作和生活中的角色,形成国家、学校、学院的重大需求与支部优势特长的有机结合,进而充分激发支部的学习力、行动力、影响力、创新力与战斗力,努力打造出一支为党育人、为国育才的先进队伍。

二、主要做法

(一) 党建引领筑丹心,增强党员理论学习力

支部采用名师宣讲强理论、自学互讲务实效、参观学习守初心、党刊发表学典范等多种形式开展党史学习教育活动和理论学习。通过丰富理论学习形式,充分激发支部党员理论学习动力与能力。在活动中注重理论学习对教学科研工作的引领作用,助力支部党员自然地将理论学习入脑、入心。支部成员邓剑伟"学习强国"累计达到63 533分。支部书记王瀛在北京市委主办的党刊《前线》发表多篇论文,其中一篇被"学习强国"转载,阅读量超十万。

（二）榜样作用筑信心，推进思政教育行动力

支部党员全力落实立德树人根本任务，力争做到"经师"和"人师"相统一。支部积极推动课程思政建设，打造出国家级课程思政教学名师共7人；支部着力打造精品教材和"金课"，构筑"三全育人"教育格局。1位老师获评北京市教育教学成果一等奖；1位老师获得"青教赛"一等奖；1位老师获得工信部"十四五"规划教材项目，多名老师获得校级"十四五"规划教材项目，获评数占学院各支部第一；多名老师承担班主任工作、获评优秀学育导师等。团队成员主力打造"新华思政"经管红色育人示范课程和北理工人力资源管理系列教材，不断塑造北理工的课程思政品牌，做到"课程门门有思政，教师人人重育人"。

（三）共建共享筑热心，拓展支部社会影响力

创新工作载体，支部同中软国际党总支建立了共建关系。中软国际是一家约九万员工的云技术领域上市公司。共建支部开展传承"延安根、军工魂"校史学习、"以史为鉴、开创未来"十九届六中全会精神专题学习活动，双方围绕人才培养"共融共通、搭建人才培养与党建发展平台"主题交流。党员老师积极参与学生主题党日活动，为学生就业、科研等提供指导。

（四）群策群力筑齐心，提升党员团队创新力

支部充分调动、团结党员全面支持"双一流"建设工作。在学校建设方面，支部多位老师参与招生领航工作，两位老师担任福建省和江西省的招生

组长，为学校的招生工作做出重大贡献。多位老师发挥人力资源管理专业特长，积极参与学校人才引进和教师培训工作，为学校人才建设做出贡献。支部老师人均授课5门，年度发表论文30+，多人获得全国百优案例，多篇论文在管理学顶级期刊发表，多人获批省部级以上人才，培养的学生多次获得大学生人力资源职业技能竞赛全国一等奖等省部级以上奖项。在社会服务方面，老师们积极参与疫情防控服务工作和社会工作，入选全国百强共建美好家园案例，担任首都女教授协会会长和两个省部级社科基地负责人等工作，呈送的多篇专报获得国家和省部级领导签阅批示，并在《人民日报》《光明日报》发表文章，为国家和北京市的发展与建设贡献科技力量。

（五）规范发展筑恒心，铸就团队发展战斗力

支部认真学习党的最新理论成果，及时贯彻落实学校和学院党委工作部署，继承支部优良传统，促进支部党建工作水平的提升。支部支委密切合作、共同协商，其他党员积极参与、主动配合，支部全体党员不断沟通交流、凝聚共识。教授全员参与组织生活，组织生活严肃性、创新性双提升。同时，支部积极与对口学生支部联动，组织学术讲座十余次、就业指导讲座多次，并就理论结合实践的方法等提出建议和帮助，指导学生支部申报北京市"红色1+1"活动，支部和共建学生支部的战斗力不断增强。

三、成效启示

支部以"党建引领为旗帜，规范发展为基础，群策群力为源泉，榜样作用为引擎，共建共享为抓手"，将支部的特色与党和国家的需求结合起来，帮助党员在工作、生活的其他角色中形成优势互补，不断筑造丹心、信心、热心、齐心、恒心等"五心"，充分激活支部党员的学习力、行动力、影响力、创新力和战斗力等"五力"，在职责履行中践行理论，实现理想，不断激发党员先锋模范带头作用。

"师生共融共建"工作法

管理与经济学院国民经济动员中心党支部

一、背景起因

管理与经济学院国民经济动员中心党支部是由4名教师和14名学生组成的师生联合党支部。广大师生党员在学习、科研、教学等各项工作中开拓进取,确保了各项任务的顺利完成,营造了锐意进取的良好氛围,为中心的教学及科研工作奠定了良好基础。经过多年建设,支部已经建设成为政治功能突出、基础工作扎实、党员作用明显、服务师生有效的战斗堡垒,在建设过程中也形成了师生支部共建、党建动员共融的工作方法。

二、主要做法

(一)思想引领,沁心铸行

支部在每月进行的党日活动中带领广大师生党员共同学习重要会议和文件精神以及习近平总书记系列讲话精神,同时组织各位师生党员交流学习体会,促使支部师生党员在日常学习工作中将理论学习转化为实际行动。在集中学习中央政治局常委会关于新冠肺炎疫情防控形势研究部署的会议精神后,支部广大党员积极参与学校防疫工作,积极发挥党员带头作用。教师党员积极为学校防疫管控建言献策,参加核酸检测志愿者工作,助力学校防疫工作;学生党员加入校区核酸检测秩序维护,撰写防疫公众号推文,向广大师生宣传。

(二)实践求知,凝心铸身

支部带领广大师生党员在实践中求真知,在实践中悟真理,强信念。支部与军事科学院战略评估咨询中心建设管理评估部重大决策评估室党支部共建,组织师生党员徒步从驼铃古道模式口大街一路北上至翠微山顶,共计15公里,在徒步中切身体会历史记忆,感悟爱国主义精神。组织师生党员参观《实事求是 不自以为是——徐特立同志"谈廉洁"专题展》,通过学习徐特立老校长对廉洁的思考和观点,党员同志们认识到要进一步筑牢理想信念,树牢廉洁思想,在新时代更好地继承和弘扬延安精神,传承红色基因。

(三)教学相长,立心铸魂

支部师生结对,举办读书会、论文研讨等活动提升党员科研水平,培养学生科学严谨的科研态度。疫情暴发之初,孔昭君教授的学生张宇萌关注疫情发展,撰写文章系统分析新冠疫情下我国应急动员能力建设问题,运用所学专业为疫情防控阻击战助力,展示了支部教学相长的成果。

支部教师党员围绕国民经济动员学科建设,在各门专业课中贯彻新时代习近平军民融合思想,主持学校的学科育人项目"军民融合发展理论与实践",初步构建了辐射全校本科生,学术、专业硕士,学术、工程博士的军

民融合课程体系。"军民融合发展理论与实践"课程被认定为校级课程思政示范课。

三、成效启示

"师生共融共建"工作法是管理与经济学院国民经济动员中心党支部在工作中不断探索、发展、总结、优化形成的有效方法。该方法紧紧围绕师生共建,注重党建工作和国民经济动员的有效结合,在党员培养、组织发展、社会示范等方面取得了较好成效。2021年,支部获"北京理工大学先进基层党组织"称号,入选第一批"北京理工大学样板党支部"建设项目。2名教师获评北京理工大学优秀共产党员,1名教师两次获得"全国国民经济动员先进工作者"称号。支部师生成员在学习、实践、教学、科研等方面都起到了模范带头作用。通过师生帮扶共进,党建业务深度融合,支部师生党员党性不断增强,支部凝聚力和战斗力不断提升。

"三力交汇,活力叠加"工作法

管理与经济学院管理科学与物流系研究生第一党支部

一、背景起因

管理与经济学院管理科学与物流系研究生第一党支部现有党员22名,其中,硕士研究生11名,博士研究生11名。党支部传承"延安根、军工魂"的北京理工大学红色基因,凝聚出"团结、认真、勤奋、务实"的党支部文化,通过"理论与实践交汇,传承红色基因""专题与重点交汇,丰富理论学习""创新与笃实交汇,挖掘培育典型"等特色做法,从充分发挥信仰力量、强化提升政治能力、树立学科榜样力量多个维度,不断探索"三力交汇,活力叠加"工作法。

二、主要做法

（一）理论与实践交汇，传承红色基因，充分发挥信仰力量

党支部传承"延安根、军工魂"的北京理工大学红色基因，从理论与实践多个层面，积极开展红色教育，学习习近平总书记系列讲话，传达党的路线、方针、政策，并结合时事政治开展爱校荣校教育。

党支部邀请学院副院长、党支部学生党建引航人赵先教授作分享。他以"坚持党的领导，传承红色基因，扎根中国大地，走出一条建设中国特色世界一流大学新路"为题，分享习近平总书记讲话精神、北理工红色育人路与文化内核。

党支部开展"敬党漫漫革命路"主题红色之行。党支部成员参观中国人民革命军事博物馆，了解人民军队武器装备发展史，见证峥嵘岁月，激发爱国热情。

（二）专题与重点交汇，丰富理论学习，强化提升政治能力

党支部提出"党员活力提升"理论学习方案。

以党小组分享和"专题+重点"形式开展党课，让每位党员同志都参与其中。围绕"同心战'疫'，共克时艰，科学防疫，从我做起""学习习近平主席的讲话精神""在历史和现实的交响中眺望香江之美"等专题，从多个角度凝练重点，采取视频、汇报、分享等多种形式，开展理论学习。

对党员活力指标进行多层次量化。从加强理论学习、积极参加组织生活、认真学习专业知识、积极参加实践活动、遵守各项规章制度等方面对党员同志高标准、严要求。党支部全体党员签署党员承诺书。支委成员每周对各项党员活力指标的完成情况进行提醒监督。

（三）创新与笃实交汇，挖掘培育典型，树立学科榜样力量

党支部充分发挥学科的特点和优势，持续推进党支部成员学术科研创新工作。支部吴丛珊在博士期间，以第一作者发表SCI论文6篇。支部党员参与

国家自然科学基金重点项目1项、面上项目1项，北京市社科项目2项；先后多次荣获国家奖学金、"北京理工大学优秀研究生标兵"荣誉称号和奖励。党支部通过老带新及挖掘培育典型等方法，发挥党员同志的引领示范作用。

三、成效启示

在政治理论学习方面，"三力交汇，活力叠加"党支部工作法有效提升党支部党员理论学习热情。党支部全体党员每周坚持在"学习强国""青年大学习"等平台开展政治理论学习。在激发党员活力方面，党支部通过让党员同志参与筹划、充分讨论等形式，让每位同志都参与到党课设计与分享过程中，用青年人喜欢的方式、容易接受的方式来讲述故事。党课形式更加多样，党课内容更加丰富，党员参与积极性大大提升。在树立先锋方面，党支部不断挖掘培育典型，党支部涌现出一批思想先进、积极进取、学术扎实的优秀学生。多位同学在 *IISE Transactions*，*European Journal of Operational Research*，*Risk Analysis* 等TOP期刊及权威期刊上发表论文，多人参加多项国家自然科学基金重点项目、面上项目以及其他军工类科研项目；获第十一届"挑战杯"首都大学生课外学术科技作品竞赛专项赛三等奖及其他学科竞赛奖项；多人作为志愿者参与北京理工大学80周年校庆活动。

"多维共建+"工作法

管理与经济学院应用经济系研究生第一党支部

一、背景起因

管理与经济学院应用经济系研究生第一党支部共有27名党员,涵盖学院应用经济、能源与气候经济专业,支部成员以博士为主,共20名全日制在读博士,7名硕士。党支部不断完善工作方法,推进与兄弟院校支部共建、师生支部共建、党团共建,将严格落实党支部组织生活与解决师生学习工作的实际问题结合起来。党支部提出了"多维共建+"党支部工作法,开展了系列共建活动,将教育管理学生党员与提升人才培养能力相结合,不断提升党支部组织力、凝聚力、战斗力。

二、主要做法

(一)"多维共建+"之"支部+支部",提升党建活动质量

本支部与北京交通大学经管学院2108班专硕生党支部,紧密围绕高校防疫、重温入党誓词、社区共建展开交流分享:开展"永远跟党走,同心共抗疫"主题党日活动,高校间支部共建加深了双方党员的交流和学习,深化对疫情防控重要政策精神的理解和感悟,通过理论结合实际,认真领会"伟大抗疫精神"的丰富内涵;通过开展"请党放心,强国有我——纪念中国共产党成立101周年"主题党日活动深入解读党章内涵,强化责任意识;前往通州区潞城镇参观调研,增强理论联系实际能力。两支部持续组织联学共建,在主题党课、特色实践、专业领域等多维度加深交流,进一步实现党建优势互补,通过党建联动促进学习交流、专业发展。

（二）"多维共建+"之"传承+创新"，提高党员能力觉悟

党支部将党史理论、学校红色历史学习，与了解能源与气候经济专业相关发展历史相结合，组织师生支部共建。通过与党建指导教师沟通，协商党课讲授内容；结合课题组组会邀请学术导师担任党支部理论学习老师，为学生党员讲党课，将理论学习与专业学习深度融合。支部党员一起学习讨论，一起交流心得，一起理论联系实践，取得扎实成效。

（三）"多维共建+"之"立足+辐射"，扩大支部表率影响

党团支部联学，主题党日实践研学党史。发挥学校周边爱国主义教育基地、纪念场馆等红色资源富集的独特优势，组织党支部和团支部联合开展实践研学活动。组织参观军事博物馆，了解抗美援朝期间中国人民志愿军为了国家大义舍生忘死的英雄事迹，让支部党员更加珍惜国家和平；参观国家博物馆专题展览，重走复兴之路，了解改革开放以来发生的伟大变迁，激励党员为实现中华民族伟大复兴贡献自己的力量；参观宋庆龄同志故居，回顾革命先辈为发展妇女儿童文教福利事业呕心沥血的艰难历程，重温优秀革命传统。通过实践研学，传承红色基因。同时，组织党团共建，一同前往鼓楼社区，开展服务群众的主题活动。支部成员在社区垃圾桶站轮番值守，开展垃圾消毒、分类引导与分拣工作，同时向社区居民分发垃圾分类的宣传手册。

活动前注重思想教育，活动后组织党员撰写学习实践感受，做到有准备、有反馈、有收获。

三、成效启示

"多维共建+"工作法实施以来，党员教育效果显著提升。党支部成员积极学习党的最新理论成果和国家应对气候变化政策，积极参加导师研究课题，在服务国家能源与应对气候变化领域屡创新功，为政府制定能源气候战略、规划和政策提供科学依据，为能源企业发展提供决策支持。在 *Energy*，*Applied Energy*，*Journal of Cleaner Production* 等高水平期刊发表最新研究论文多篇。

"特色学习型"工作法

管理与经济学院组织与人力资源管理系研究生党支部

一、背景起因

管理与经济学院组织与人力资源管理系（以下简称"人力资源系"）研究生党支部现有32名正式党员，2名预备党员，由人力资源系硕博研究生组成。支部成员在科研学习不断发力的同时，不断凝聚共识，在组织内部建立共同学习意识，形成"特色学习型"工作法，确保支部建设更规范、党员理想信念更坚定。

二、主要做法

（一）学习型党支部之"建立愿景"，充分发挥党支部政治功能，坚定理想信念

坚定一致的愿景可以凝聚组织上下的意志力。党支部充分发挥政治功能，开展了一系列高质量的理论学习活动，建立了"坚定不移跟党走，勇担青年重任，为实现中华民族伟大复兴持续学习奋斗"的支部工作愿景。支部书记和支部党建指导教师定期上党课，创新形式，深入学习习近平总书记系列讲话精神和党内重要文件，开展了学习"两会精神"、面向2021级硕士新生做入党启蒙、观看专题纪录片《巡视利剑》、重温"觉醒年代"、追寻"赶考"足迹，继承红色基因等特色理论学习活动。

（二）学习型党支部之"团队学习"，党团共进提升学习效能

作为学生党支部，与团支部紧密结合，形成党史学习团队，充分发挥党

支部的带头作用和学习效能。支部开展了一系列党团共学活动：参观香山革命纪念馆，共同学习体会党的伟大革命精神；共同走进什刹海街道，学习老北京传统民俗，写福字、做精绣，了解中轴线上著名历史文化景点的历史故事，共同学习北京社区基层党团建设特色工作。

（三）学习型党支部之"自我超越"，师生共学超越知识能力界限

支部成员通过与师长交流学习不断提升自身的能力，超越知识和能力界限。支部密切联系人力资源系教师支部，开展系列"师者讲党史故事"活动。教师支部杨添安老师以自身科研求学经历为主线，与党员们一起学党史、话科学；教师支部刘平青老师带领即将毕业的学生党员开展重温入党誓词活动；教师支部高昂、王瀛老师深入学生支部组织生活，就学业发展和职业规划进行深入交流指导。

（四）学习型党支部之"系统思考"，校企党建共享，搭建新平台

2021年，北京理工大学管理与经济学院党委与中软国际党委签订了党委共建协议。人力资源系研究生党支部与中软国际北京支部举办多次联合党课活动，交流党史学习心得。开展"以史为鉴，开创未来"共学共建活动，双方对十九届六中全会决议内容有了更为深刻的理解；通过开展系列党支部

"红色1+1"活动,全方位在人才培养、党建业务交流和理论学习等方面共学共进。

(五)学习型党支部之"兼学别样",社会公益活动、体育活动,拓宽交流形式

支部注重党员的全方位发展,在理论与科研学习之余,支部举办了一系列的文体活动,鼓励同志们积极投身社会公益活动。在疫情期间勇担重任,增强党支部凝聚力。

三、成效启示

创建学习型党支部,是保持党支部组织力和凝聚力的重要途径。经过支部全体成员的共同努力,"特色学习型"工作法实现了党支部的"整体凝聚、个体主动"良性互动,党支部在发挥战斗堡垒作用方面取得了显著成效。

"融起来活起来"工作法

管理与经济学院技术经济系研究生第一党支部

一、背景起因

管理与经济学院技术经济系研究生第一党支部有党员32人。为进一步探索党建工作新思路，丰富和拓展组织建设形式，推进党建工作与专业学习深度融合，发扬博士生党支部科研工作优势，本支部与校外能源行业企业党支部成立产学研小组，组织一系列生动的红色文化与学术交流活动，让红色血脉传下去，让理论知识走出去，让科研能力活起来。

二、主要做法

（一）亮剑长城之巅，传承红色基因

在建党百年之际，支部共建小组开展了长城红馆"庆祝建党100周年"主题体验课程：穿一次红军装、重温一次入党誓词、读一封"家书"、参观一次长城红馆、走一段"挑粮小道"、听一堂"平北抗日第一枪"的红色故事。支部成员瞻仰英雄纪念碑、敬献花篮、举行廉政宣誓，并在活动后进行了交流发言。长城脚下听党课，长征路上再出发。筑牢中华民族的精神长城。

（二）观看红色电影，重温革命记忆

支部组织共建小组成员观看红色电影《金刚川》，全体党员被片中人物满腔热血和铮铮铁骨所触动，为国家命运赴汤蹈火的革命情怀所感动。学生党员纷纷表示：要继承革命先辈伟大的爱国主义精神，弘扬攻坚克难、不怕

牺牲、敢于奉献的精神，在以后的学习过程中刻苦努力，以更加昂扬的斗志投身科研事业，努力为国家的发展做出新的贡献。

（三）加强科研学习，科技助力党建

为提高我国能源资源的可持续使用，缓解我国面临的气候问题，支部成员积极参与导师们的国家杰出青年基金、国家自然科学基金重大研究计划重点项目等课题，深入实地调研。在项目开展的过程中，掌握了第一手的数据资料，与共建支部密切联动，相关工作得到了工信部、国家自然科学基金委的肯定。支部成员发表相关学术论文30余篇，切实解决了我国当下面临的许多能源方面的问题，为我国的能源体系建设添砖加瓦。

（四）增强区域合作，促进科技用电

为实现优化区域居民用电行为，支部依托专业优势，与共建支部党委进行合作，完成重大类课题"低压公变台区用能优化关键技术研究与应用"。在用电高峰季节，实现对台区负荷的监测、预测、预警。当特定研究对象触发负荷调控需求预警后，辅助决策邀约用户参与需求响应，实现台区尖峰负荷柔性治理，构建台区能源业务发展新模式。支部成员积极参与课题工作，深入共建企业所在地基层进行调研工作，工作成果得到高度评价。

三、成效启示

支部深入学习贯彻习近平总书记推动产学研深度融合讲话精神,弘扬科研工作者优秀传统,不断推进以产学研小组为基础的支部共建活动,多年来扎根党员红色基因培育、国家建设科技助力、区域发展理论提升,形成以红色文化为根基、以科研工作为保障、以支部共建为抓手的研究生党支部工作体系。

"五阶红塔"工作法

人文与社会科学学院机关党支部

一、背景起因

人文与社会科学学院机关党支部现有教职工党员19人,党员占学院机关总人数比例达95%。2021年5月,机关党支部入选北京理工大学第二批"党建工作样板支部";2021年9月,换届选举新一届支部委员。在支委的带领下,全体党员勠力同心,探索实施"五阶红塔"工作法,促进了党支部高质量建设发展。

"五阶红塔"工作法中"红塔"源自革命圣地延安重要标志宝塔山,象征着支部传承学校"延安根、军工魂"红色基因的精神内核,坚持全心全意为人民服务,不断开拓创新。同时,"延安寻根"教育实践也是人文学院党委每年组织开展的党建品牌。支部建设坚持"一个目标"任务,围绕"二个品牌"打造支部特色,引导党支部"三个亮出"塑造精神风貌,号召每个党员做到"四个一"要求,每年动态更新"五个创新"实践环节,实现以党支部规范化建设为"基",以创新和品牌建设为"梁",以服务学校学院"双一流"建设为目标"塔顶","五阶"逐层提升支部建设质量和水平。经过近2年的理论与实践,支部形成了具有系统性的"五阶红塔"工作法,工作成效突出,不断丰富。创新的组织生活赋能支部强有力的发展,为打造学院模范机关奠定扎实基础。

二、主要做法

"五阶红塔"工作法具体围绕以下几个方面开展实践。

（一）一个目标：打造与一流学院相匹配的服务型党支部战斗堡垒

机关党支部在学院党委的指导下，坚持党建工作与服务师生和学院发展相融合，坚持服务师生为首要，打造与一流学院相匹配的服务型党支部战斗堡垒。

（二）二个品牌：创建党支部理论学习与教育实践双品牌

以样板党支部的建设标准，打造理论学习与教育实践两个主线活动品牌。做到"一党日、一策划、一品牌"，实现"组织有清单、活动有方案、学习交流有材料、活动开展有记录"。

丰富理论学习形式，通过党课、专家讲座、视频微党课、党员重点发言等形式，让理论学习更加走深走实。开展"喜迎二十大：机关党支部先锋学习小组"活动，组建"敏学""睿学""博学""研学""智学"5个学习小组，创新理论学习"比学赶帮超"模式。

追寻红色足迹，赴延安进行为期4天的研学营；赴宁夏六盘山组织主题实践活动；组织集体参观北大红楼、中国共产党历史展览馆等；组织参观庆祝中国共产党成立100周年主题展等。通过走出去理论联系实践，真正做到脑、心、口、行之统一。

（三）三个亮出：树立机关党支部整体精神风貌

以"亮承诺，亮身份，亮形象"的号召打造机关党支部整体精神风貌。亮出创优承诺，机关党支部新一届支委上任发布并宣读《人文学院机关党支部——样板党支部建设宣言》；亮出党员身份，积极服务学校大局工作，特别在学校发布组建志愿服务队第一时间，机关党支部第一批奔赴抗疫一线，且长期以来在志愿者人数、次数上都走在前列；亮出先锋形象，通过党员先锋岗等选树，号召创优争先，强化服务意识，打造服务型党支部。

（四）四个一：激发支部全体党员示范引领活力

一个党员，一面旗帜，发挥每个党员的先锋模范作用，机关党支部号召每个党员做到"四个一",即一次重点发言、一次实践教育、一次先锋模范、一次领学示范。

(五)五个创新:赋能党支部"五阶红塔"战斗堡垒建设

武装头脑:共学"先锋工作坊"。与学生支部共建共学,"先锋工作坊"邀请马克思主义学院专家讲授二十大精神。铭记初心:同过政治生日。组织"初心如磐使命在肩"主题党日活动,联合退休第24党支部同过政治生日,进行了"入党为什么,在党干什么,给党留什么"讲述活动,重温入党誓词,颁发政治生日贺卡。凝聚共进:共建"党员之家"。关心关爱每位党员发展,积极规范做好党员发展工作,2022年转正教师党员1人,发展教师入党积极分子1人;通过创新喜闻乐见的"温暖环节",开展"关爱·凝聚·共进——党员守护者活动"。比学赶超:齐赢"学习强国"榜单争位赛。组织了2021年度"学习强国"之星颁奖仪式暨2022年"学习强国"年度榜单争位赛活动。协同共建:联学联建党支部。围绕中心服务大局,与学生党支部(理论经济学硕士生党支部)、教师党支部(经济系党支部)、退休党支部(退休第24党支部)、兄弟党支部(马克思主义学院机关党支部,筹划)开展共建活动。

三、成效启示

（一）提升机关党支部全体成员凝聚力

新一届支委通过理论与实践相结合，系统总结、实施"五阶红塔"工作法，大大提升了机关党支部的团结力、向心力与凝聚力，党建工作辐射带动业务工作卓有成效。

（二）增强基层党支部组织生活吸引力

"五阶红塔"工作法源源不断带给党支部每位党员丰富的组织生活体验，每位党员都乐于参与且充满期待。充实的党支部工作方案，使党支部组织生活吸引力骤升。

（三）促进机关人员岗位争先战斗力

"五阶红塔"工作法致力于打造与一流学院相匹配的服务型党支部战斗堡垒，通过党建与业务融合，立足机关行政人员岗位实际，大大提升了管理服务效能。

"四位一体聚合力"工作法

人文与社会科学学院社会工作系党支部

一、背景起因

人文与社会科学学院社会工作系党支部成立于2006年3月,现有教师党员7人。支部自成立以来,工作成果丰硕。支部入选首批"北京理工大学样板支部"、北京理工大学第二批"双带头人"教师党支部书记工作室,并获学校"先进党组织"称号;1名党员获"北京高校优秀共产党员"称号。

社会工作系党支部增强党支部政治功能,聚焦基层党建主题,提升党支部组织力,以党建为引领,发挥教师党员立德树人、思政育人榜样模范作用,开创思想聚力价值、实践聚力民心、培训聚力共识、组织聚力先锋"四位一体聚合力"的党支部工作法。

二、主要做法

(一)思想聚力价值:筑牢课堂教学主阵地,突出专业思政

支部深入开展集体学习、备课会,将学习成效及时融入课堂教学,完成"中国化马克思主义与社会工作"课程教学和教材编写,教材入选校"十四五"规划教材,落实习近平新时代中国特色社会主义思想进教材、进专业、进学生头脑。支部带领教学团队推进专业思政提升计划,团队每年承担校级公共课"研究生心理健康",疫情防控期间为全校1 900余名研究生提供心理指导,凸显了学科和专业价值。

（二）实践聚力民心：投身社会实践主战场，彰显专业价值

党支部带动师生参与汶川地震、疫情防控等重大事件心理援助，在实践探索中凝练构建"实践、学术、创新"的实践育人长效机制。围绕社会工作教学示范实践基地建设，激励师生以人民为中心，脚踏实地工作。党支部通过与西城区天桥街道和延庆后黑龙庙村等社会工作实践基地共建，发挥专业优势。通过社会实践和社会服务，党员进一步坚定理想信念，练就过硬本领，服务基层人民，投身强国伟业，把学习成果转化为不可撼动的理想信念。

（三）培训聚力共识：强化党史学习主动性，淬炼党性修为

组织中国共产党历史博物馆之旅、延安之旅、校史之旅等研学活动，引导教师、学生党员学习党史，不忘初心，永葆赤子情怀，体悟"延安根、军工魂"，了解学校发展史，使党员心灵得到净化，思想得到洗礼。邀请院长、书记讲党史，马克思主义学院专家讲长征精神，年轻党员教师讲延安精神，专业教师课堂分享视频微党课。在课程培训方面，支部有计划、按步骤地带领教师参加"社区工作""社会保障"等思政课程；支部书记参加高校基层党支部书记网络培训示范班。学史明志，支部党员通过学习与培训，进一步深刻认识中国共产党为什么"能"、马克思主义为什么"行"、中国特色社会主义为什么"好"的"时代密钥"。

(四)组织聚力先锋:发挥优秀党员示范性,树立标杆引领

以北京高校优秀共产党员、社会工作系责任教授贾晓明同志为身边典型榜样,开展向榜样学习系列活动,向身边榜样学新时代优秀党员的坚强党性,学习赓续红色基因、落实立德树人的榜样示范。党员在学习榜样的过程中,不断提升党性,以实际行动服务师生,形成"身边人带身边人",在担当中创一流的支部氛围。

三、成效启示

(一)一名党员就是一面旗帜

旗帜无声,鼓舞磅礴斗志。社会工作系党支部坚守责任和使命,通过支部成员的努力,两门协作共创课程获校优秀思政课程建设;在疫情防控期间开展心理援助,发挥国内心理抗疫的引领与指导功能。支部"北京高校优秀共产党员"和多名校级、院级"优秀共产党员"冲在第一线,发挥先锋模范作用。

(二)一个支部就是一座堡垒

堡垒无言,凝聚强大力量。社会工作系党支部坚持党建工作与教学、社会服务相融合、双促进。无论是疫情期间线下线上的教学提升，还是同心抗疫时期的心理辅导，还是团队的自身建设，都体现了支部的战斗堡垒作用。建党百年之际，社会工作系党支部荣获校"先进党组织"称号。

（三）党建引领专业思政发展

党建引领，思政融入专业。支部坚持党建引领，打造"三全育人"新格局，形成专业思政模式。由团队教师联合撰写的《中国化马克思主义与社会工作》是国内首部社会工作专业思政教材，具有广泛推广价值。课程"中国社会问题研究"2018年获评北京市特色示范课堂，2019年获得北理工本科生课程思政教学设计优秀案例奖，2020年获评北京市优质本科课程。

"培根固本铸魂"工作法

马克思主义学院马克思主义基本原理教研室党支部

一、背景起因

北京理工大学马克思主义学院马克思主义基本原理教研室党支部成立于2016年9月。教研室现有教师15人,党员比例100%。本支部在2020年被评为校级先进党支部、2021年被评为校级样板支部,且被推荐参评全国样板支部。

党支部以习近平新时代中国特色社会主义思想为指导,以扎实的马克思主义理论功底落实立德树人根本任务,以高质量党建提升高质量理论创新能力,服务国家重大理论实践需求;把党建优势转化成学科发展优势,服务学校"双一流"建设;在教学科研等各方面充分发挥党支部战斗堡垒作用和党员先锋模范作用。

二、主要做法

党支部发挥理论优势,结合工作实际,确立了"培根固本铸魂"工作法。

(一)"培":多样化活动,彰显组织凝聚力

"培"即积极培育人才队伍,聚心凝力,提升综合能力。

积极开展"思政课不能离开马克思制造精彩"的案例—教材—原著"三位一体"的读书研学活动。发挥支部党员理论优势,创新开展"马克思主义与资本""马克思主义与新时代中国""马克思主义与社会发展"等主题沙龙与原著品读会,年均覆盖本科生、硕士生、博士生1 000余人次,引起学生

热烈反响。

(二)"根":持续化红色育人,彰显文化传承力

"根"即延安根,筑牢红色基因,传承红色文化,坚定理想信念。

坚持开展"重走长征路"等主题实践活动。组织党员三次"重走长征路",参观中国共产党历史展览馆、李大钊纪念馆,收看国庆直播,参加国庆志愿服务,录制国庆微视频,参观新中国成立70周年大型成就展,以伟大人物、历史事件、红色文化为载体帮助教师党员筑牢信仰之基。

(三)"固":固定化学习机制,彰显政治引领力

"固"即"四个固定":固定时间、固定地点、固定对象、固定内容,建立固定化学习机制。

党支部通过开展"党言党语讲理论""党言党语说业务"的党课形式建立"四个固定"的常态化学习机制,严格落实"三会一课"制度。把党的思想政治建设抓在日常、严在经常,提升政治站位,增强党支部政治功能,引导支部成员加强党性修养,坚定政治信仰,做有政治觉悟的先锋教师,在思想上、政治上、行动上同党中央保持高度一致。

(四)"本":纵深化理论武装,彰显思想影响力

"本"即发挥马克思主义本学科优势,强化理论学习,增强理论影响力。

抓好科学理论武装,加强理论研究阐释,推出高水平理论成果。通过为每位党员配备《马克思恩格斯文集》《习近平谈治国理政》等学习资料,促进将马克思主义理论学深悟透。形成了《资本论》传播史研究、国企党建研究、文化自信研究、党的建设与国家治理理论研究等具有鲜明特色的研究方向,已获批国家社科基金和教育部人文科研课题12项。

利用理论优势,积极服务四大平台。积极动员骨干教师投入全国高校思政课虚拟仿真体验教学中心(北京理工大学)、北京理工大学党建研究中心、北京高校思想政治理论课首批名师工作室——崔建霞案例教学工作室、北京理工大学课程思政教学研究中心四个平台建设,推进思想政治理论课改

革创新。

（五）"铸"：创新化品牌建设，彰显党建传播力

"铸"即打造"明理共进"品牌支部，创新开展特色支部活动。

充分发挥每位党员同志的核心业务能力，坚持开展"月月上党课，人人登讲台"的特色支部活动，积极打造"北湖论剑""北湖闻道""好奇微沙龙"系列"明理共进"支部品牌。通过视频、文章等在主流媒体、网络宣传平台、理论大讲堂、党建论坛等介绍建设经验，打造党支部品牌效应。

（六）"魂"：实践化爱国教育，彰显精神感召力

"魂"即军工魂，用红色基因筑牢思政工作主阵地，积极弘扬精工爱党报国精神。

秉持"让有信仰的人讲信仰"，通过扎实开展党史校史学习教育、"不忘初心、牢记使命"主题教育、"两学一做"学习教育等活动，坚定马克思主义信仰，培养报党报国情怀。通过组织主题征文、北理工精神大讨论、师德师风大讨论，做到知行合一。开展行走学校"红色中轴线"、参观校史馆等特色活动，注入强有力的红色基因。为发改委、工信部等单位进行丰富多彩的理论宣讲，积极开展爱国主义教育，薪火相传。

三、成效启示

（一）为党建研究工作开创新局

党支部针对新时代各领域对党的创新理论的重大需求，为各领域讲授专题党课数百场，覆盖万余人次。承担工信部重点课题及其他国企、央企党建课题12项，党建课题总经费超过500万元。党建研究、咨询与宣讲覆盖的单位有国家发改委、中国葛洲坝集团、中国兵器工业集团、中铝集团等。

（二）助力思政"金课"建设形成品牌，人才队伍能力稳步提升

党支部在北京高校优秀党员崔建霞教授的带领下，探索创新出适应新时

代、新要求的教材—案例—原著"三位一体"思政课案例教学新模式,案例教学成果纳入2019教育部一省一策思政课,获北京市教育教学成果奖二等奖。崔建霞教授作为专家组成员编写的中央马克思主义理论研究和建设工程重点教材《马克思主义基本原理概论》(2018版)服务于全国高校思政课教学,并获首届全国优秀教材(高等教育类)特等奖(2021年)。本支部获国社科、教育部课题人数比例92%,其中包括国社科重大课题1项。

(三)助力学科建设内涵发展

刘新刚教授团队持续耕耘,推动成立工信部部属高校首个党建研究中心、党的建设与国家治理学科群。孙利教授承担北京理工大学校庆文化建设专项工作,凝练"延安根、军工魂"的新时代丰富内涵和文化价值;同时她还担任北京理工大学课程思政教学研究专家、教育部《兵器类专业课程思政教学指南》研制评审组专家。

(四)服务学校服务首都有力

通过理论宣讲,打造高质量马克思主义学院党课,服务全校学生入党培训、党员教育、社团指导等育人环节,引导学生勇担复兴大任,做时代新人。与学校基层党组织联合开展共学共建,提升学校党员干部理论素养。赴发改委、工信部等国家部委,央企、民企,海淀区、房山高教园区、社区街道等单位积极开展宣讲、党建共建。

"战'疫'时刻"工作法

马克思主义学院马克思主义中国化教研室党支部

一、背景起因

马克思主义学院马克思主义中国化教研室党支部共有17位教师党员,支委会成员3人。党支部工作职能特点:一是政治性。党支部工作突出马克思主义学院特色,发挥好高校教职工党支部的战斗堡垒作用。二是服务性。党支部工作围绕学校教育教学科研中心工作,服务学校"双一流"建设发展大局,服务教师发展,服务学校疫情防控等特殊工作的开展。三是协同性。党支部工作立足高校立德树人目标,做好与学院、教研室以及与学生党支部的协同工作,发挥好高校党支部协同育人功能。

"战'疫'时刻"工作法是党支部在北京理工大学疫情防控的关键阶段根据教研室的特点开展的一系列特色实践工作的经验总结,是全体成员集思

广益、切身实践的理论成果。通过制作战"疫"微课、开展志愿活动、服务三类状态、推送微信栏目等，为学校疫情防控工作贡献一份力量。

二、主要做法

（一）制作一堂战"疫"微课，增强师生战"疫"的韧劲

马克思主义中国化教研室党支部积极与2020级生物医学工程（医工融合）专业本科生党支部联学联建，共同开展"疫情防控"优质党课微视频制作活动。由马克思主义中国化教研室党支部教师党员陈宗海教授担任指导教师，由生物医学工程（医工融合）专业本科生党支部的李彤、罗运容、郭宇辰、刘婧一具体负责视频的制作和剪辑，以毛泽东同志的名著《论持久战》中的理论来探讨当前人类与疫情的战争，制作了形式新颖、内容独特、观点精辟的15分钟战"疫"微课——《论持久战"疫"》。战"疫"微课被推送到马克思主义学院微信公众号上，在使全校师生更好地理解抗"疫"斗争的演变趋势和前景的同时，增强了师生与疫情做斗争的定力和韧劲。

（二）开展两种志愿活动，服从全校战"疫"的大局

马克思主义中国化教研室党支部积极响应学校党委在《在战"疫"一线高高飘扬！致北京理工大学全体共产党员的一封信》《同心战"疫"，同力克艰——致北京理工大学全体师生员工的一封信》中发出的教师党员积极担任学校疫情防控志愿者的号召，依托条件允许的教师党员迅速组建了一支疫情防控志愿者队伍，先后有陈洪玲、孙雪凡、张伦阳等多名教师党员多次积极开展学校核酸检测一线志愿服务和物资搬运一线志愿服务，为确保学校核酸检测工作的顺利进行、广大学生在疫情防控中生活无忧做出了力所能及的贡献。

（三）服务三类日常状态，确保战"疫"部署的落实

马克思主义中国化教研室党支部依据学校党委发布的《关于基层党组织

做好抗击疫情相关工作的通知》中的基本要求,将支委会以外的14名教师党员大致分为3组,由支委会3名成员各自负责1组教师党员的联络工作。支委会成员在学校疫情防控工作最关键的阶段多次以电话的方式逐一询问教师党员们的教学状态、科研状态和生活状态,及时全面收集教师党员们在日常教学、日常科研和日常生活中面临的"急难愁盼"问题,并在学院党委的指导和帮助下促成了教辅资料因快递停运稀缺、学术交流不及时、食材和口罩紧缺等"急难愁盼"问题的解决,使学校关于疫情防控工作和科研教学等其他工作两不耽误的部署在马克思主义中国化教研室党支部内部真正落到实处。

(四)推送四个微信栏目,鼓舞师生战"疫"的斗志

在学院微信公众号开辟"我爱党支部"专栏,并在专栏下面开辟"学习时刻""支部快报""先锋声音""党员论坛"四个小栏目。在学校疫情防控的严峻时刻,支委会成员在"学习时刻"小栏目先后推送《党员的权利与义务》《中共中央政治局常务委员会研究部署疫情防控重点工作》《北京市纪委监委印发关于进一步严明疫情防控有关纪律要求的通知》等重要文件;在"支部快报"推送《马克思主义中国化教研室党支部召开全体党员会议》等疫情防控的专门会议简报;在"先锋声音"小栏目策划推送了3期《听!疫情防控一线志愿者们那朴实的心声》,共宣传报道了刘存福、陈洪玲、刘宇、王娟、宋磊、麻省理、石谷岩、汪夕人、张伦阳等9位教师党员做疫情防控一线志愿者的原创性心得体会;在"党员论坛"小栏目推送教师党员发表的《党和人民的血肉联系牢不可破》《重大风险防控视域下思想政治教育的实践属性》《不怕牺牲、英勇斗争是伟大建党精神之基》等与疫情防控紧密相关的重要文章。微信推送,既及时帮助师生把正了疫情防控的正确方向,又让先进典型在师生中间得以脱颖而出,还为师生怎样做好疫情防控的相关工作提供了方法和能量,从而有效鼓舞了师生战"疫"的斗志。

三、成效启示

疫情就是命令,防控就是责任。面对突如其来的严峻疫情考验,马克思主义中国化教研室党支部积极响应学校党委、学院党委的号召,充分发挥基

层党组织的战斗堡垒作用和党员先锋模范作用,积极推进制作战"疫"微课、开展志愿活动、服务三类状态、推送微信栏目等活动,为师生全面宣传了党中央、北京市委以及学校党委关于疫情防控的最新政策和要求,从而为师生在疫情防控中"该做什么、不该做什么"提供了及时、正确的指引和参考;为学校疫情防控工作的顺利开展提供了基层党支部能够提供的服务,做出了力所能及的贡献,有效配合了学校疫情防控工作的大局;为师生传播了疫情防控所需要的先进典型和满满的正能量,激励师生更加积极投身疫情防控一线、更加主动在疫情防控中高质量担当奉献。

"共讲共学红色育人"工作法

马克思主义学院中国近现代史纲要教研室党支部

一、背景起因

马克思主义学院中国近现代史纲要教研室党支部（以下简称"纲要教研室党支部"）现有党员11人。全体党员承担着"中国近现代史纲要""习近平新时代中国特色社会主义思想""中共党史"等课程的教学任务。党支部聚焦立德树人根本任务，持续推进党建与业务深度融合，强化理论学习、深化课程育人、优化党课供给、推动联学联建，形成了"共学共讲红色育人"工作方法，推动理论宣传工作立体化纵深发展。

二、主要做法

（一）强化理论学习，筑牢红色育人基础

育人者必先育己。为强化理论素养，打好育人基础，所有党员日常坚持读原著、学原文，及时跟进学习党的最新理论成果，特别是习近平新时代中国特色社会主义思想，学深研透。有效开展党课宣讲活动，全体党员人人参与、人人评课。聚焦党史党建、红色校史、军工文化、抗疫故事等内容，由支委会讨论开列主题清单，供党员选择。全体党员在党员大会上讲党课，其他成员进行点评，优化党课内容，为更大范围内的进一步宣讲做好准备。适当邀请学生列席支部会议，参与党课点评，提出修改意见，强化党课的针对性。

（二）深化课程育人，打造红色育人阵地

聚焦中心工作，深化课程育人。全体党员及时将党的最新理论成果融入

思政课教学，讲深讲透。创新学习和宣传模式，在"中国近现代史纲要"课程中开展党史微课大赛。围绕"五四百年""建党百年"等主题，发挥理工科学技术优势，制作5~8分钟微视频，进行课堂展示，作为平时考核的重要依据，并进行年级评比。通过参与活动，学生能够触摸"历史厚度"，感受"党史温度"，体会"红色热度"，激发"学习态度"，增强了学生的参与感和获得感，提升了课堂吸引力和课程教学质量。微课大赛连续举办5年，已经成为马克思主义学院的教学品牌之一。

（三）优化党课供给，丰富红色育人路径

党课讲授是开展红色育人的重要路径，思政课教师是学校党课授讲的主力军之一，优化党课供给是全体党员的重要职责。历年来，全体党员积极参与校内外党课宣讲工作。根据学院"点餐式"服务的要求，不断强化主动意识，积极提升备课质量。2021年，为庆祝中国共产党成立100周年，全体党员先后为学校各学院、部门以及工信部、北京市等单位讲授党课50余次，受到各界好评。杨才林老师连续为央广网"每日一习话"栏目撰稿，积极发声，产生良好影响，并在第一时间制作党的二十大精神宣讲课件，为即将到来的校内集中宣讲打好了基础。

(四）推动联学联建，拓展红色育人形式

党支部积极联络校内外其他基层党支部开展联学联建活动，拓展学习教育、红色育人的多种形式。2022年，与离退休工作处/离退休教职工党委联合开展"百年党史老少共学共讲"系列活动，邀请离退休老党员、本支部党员以及研究生共同组成宣讲团，老少同台、共讲共学，推进党史学习教育常态化、长效化。活动开展了5期，先后近50人发言、约1 000名师生参与。活动创新了党史学习教育形式，打造了老中青三代同台畅谈、携手共学的生动局面，有效激活了"传帮带"力量，有利于传承北理工红色基因、推动助力立德树人，受到了广泛好评，得到中国关工委、教育部关工委、北京市关工委的关注并被媒体报道，产生了积极的社会影响。

三、成效启示

"共讲共学红色育人"有效地激发了学习主体的积极性，提升了育人效果。全体党员承担的"中国近现代史纲要"课程学生评教结果优秀，在学院名列前茅。课程教学改革情况得到新华社、党建网、光明日报、北京青年报等媒体的关注。在2017年全国高校大学生讲思政课展示活动中，党员指导的作品先后获得北京市二等奖、全国二等奖、最具理论深度奖。党员多人次获得教育教学奖项：1人获评第十七届北京市教学名师，1人获评2017—2021年度北京高校优秀德育工作者，2人荣获首届北京高校教书育人"最美课堂"二等奖，各1人次获得北京市第十一届思想政治理论课教学基本功比赛一等奖、二等奖。多人集体荣获第一届北京高校教师教学创新大赛一等奖、北京理工大学第十六届优秀教育教学成果奖一等奖。2021年，支部获评北京理工大学优秀党支部。

"共讲共学红色育人"工作法坚持党建引领，聚焦党建与业务双融双促，有效推动了党支部理论学习与宣讲活动深入发展，助力提升育人效果，取得了积极成效。中国近现代史纲要教研室党支部将继续聚焦这一工作方法，精益求精，提质增效，力争取得更大的成绩。

"三结合"党建教研工作法

马克思主义学院思想道德与法治教研室党支部

一、背景起因

马克思主义学院思想道德与法治教研室党支部成立于2019年4月，现有党员11人，主要承担"思想道德与法治"课程的讲授。教师党员通过课程讲授、言传身教，在思政课中贯彻习近平新时代中国特色社会主义思想和中央、市委、学校重大决策部署，加强对党员和学生群体的教育。

习近平总书记指出，讲好思政课不仅有"术"，也有"学"，更有"道"。工作法的实施结合学校组织部下发的《组织生活指导意见》，以理论学习为引领；结合"思想道德与法治"课程的备课授课，以教学实践为牵引；结合高校思政课虚拟仿真体验式教学的探索和课程群虚拟教研室的应用，以科研创新为动力，依托高校思政课虚拟仿真体验教学中心、思想政治理论课程群虚拟教研室，丰富教育手段，不断提升党建教育效果。

二、主要做法

支部工作法的基本出发点是"以问题为导向，以教学为抓手，以科研为助推"，通过抓好"三会一课"落实理论学习，将党和国家最新的理论成果、思想动态、决策部署融入教学、科研等环节，使党建工作与教研工作相互促进、相互提高。

（一）结合理论学习，构建党建新生态

党支部力求通过加强日常学习构建理论学习日常化、常态化的党建新生态。教师党员的首要任务是把思政课讲透、讲活、讲深，保持党员的理论水平能吸引学生，起到引领示范作用。跟踪理论动态，在微信群分享党媒党刊、学术论坛信息，组织教师党员参加网上培训，做到日日学理论，如党支部组织党员参与"习近平新时代中国特色社会主义思想专题研究"研修班，在线学习《习近平谈治国理政》第四卷解读课件等。党员撰写的理论学习成果获全国高校网络教育优秀作品推选展示活动三等奖、优秀奖，撰写的内参材料获国家领导人批示。

（二）结合教学实践，破解党课重难点

结合"思想道德与法治"教学实践，把思想理论学习融入日常备课。每月组织党员以课程内容为主题讲党课，由党员进行试讲、说课，其他党员提出批评与建议。如教师党员以专题式党课为形式，结合"思想道德与法治"重难点问题，制作PPT和教案，并进行试讲，每人试讲时间为30～40分钟。试讲后进行集体讨论，提出修改意见，提升党课的质量，实现党员人人讲党课。党支部党员试讲的专题包括"理想信念是精神之'钙'""共产主义是对其他社会形态的超越""共产主义的实现真实可信""为实现中国梦注入青春能量""中国特色社会主义新时代新在哪里""确立高尚的人生追求"

等。党支部成员通过专题党课的训练,提升了教学质量,获全国高校教师教学创新大赛三等奖、北京高校教师教学创新大赛一等奖。

(三)结合科研创新,打造数字微党课

依托全国高校思政课虚拟仿真体验教学中心(北京理工大学)、思想政治理论课程群虚拟教研室两个教研创新平台,推出智慧党课、智慧思政,应用现代信息技术建设专题党课,服务教学、社会宣讲等。目前,已开发了精准扶贫、中国精神、国家安全等虚拟仿真教学项目,通过体验式、沉浸式的教学方式,研发VR模拟马克思演讲《共产党宣言》、徐特立虚拟人讲党课等内容。成果获北京市教育教学成果奖一等奖、校级教育教学成果奖特等奖,在全国高校起到了示范引领作用。

三、成效启示

(一)总体成效

一是增强了党支部教师党员的理论功底和"四个自信"。二是建成了一批智慧型精品党课,推出了青年教学名师,获批了教育部设立的教学平台。三是围绕党建获得教研成果,获国家领导人批示2次,获全国高校网络教育优秀作品2项,获国家级、省部级和校级教学比赛、教学成果奖4项。

(二)思考和启发

工作法还有待进一步做细做实。党支部将不断优化开发、建设的精品党课并进一步推广应用,探索出一条具有北理工特色的、独特的党建道路。

"联学联建联动"工作法

马克思主义学院2021级硕士研究生党支部

一、背景起因

马克思主义学院2021级硕士研究生党支部成立于2021年9月,现有党员18人,均为正式党员。2021级硕士研究生党支部紧紧围绕学校和学院党委的整体部署,认真贯彻落实有关工作。工作职能主要包括:宣传、执行党的路线方针政策和上级党组织的决议;加强对学生党员的教育、管理、监督和服务;培养和发展党员;积极了解学生党员和入党积极分子等。根据党支部正式党员均为学生党员且入党积极分子人数众多的特点,为了丰富学习形式、拓展理论知识,党支部形成了"联学联建联动"工作法,同其他党支部、团支部进行联学、联建、联动,共同学习贯彻习近平新时代中国特色社会主义思想和中央、市委、学校重大决策部署。

二、主要做法

（一）联学凝聚智慧，深入学习贯彻党的创新理论

2021级硕士研究生党支部坚持把学习贯彻习近平新时代中国特色社会主义思想作为首要政治任务，通过与其他基层党支部联学，凝聚双方智慧，打造党员共同学习、共同交流、共同进步的学习阵地。例如，为深入学习全国两会精神，党支部在2022年4月，同马克思主义学院博士研究生党支部进行了以"担复兴大任，做时代新人"为主题的联学活动。活动形式为双方党支部各派出1~2名具有一定研究基础的学生党员作为主讲人，其他党员进行相互交流和学习。此次活动有效促进了硕士研究生与博士研究生的理论学习沟通。

（二）联建追求发展，推动党建和学习工作深度融合

2021级硕士研究生党支部通过联建活动，探索用党建方法解决学生党员个人发展和党组织发展面临的痛点、难点、堵点问题，以联建促自建，以自建促发展。作为马克思主义理论专业的学生党员，既要学习和掌握党的建设相关理论知识，也要深入了解实际工作中党的建设的有关情况。一年来，党支部同其他学生党支部、企业党支部举办了2次共建活动。为了增强学生党员理论联系实际的能力，为毕业班学生党员提供社会实践的机会，党支部于2022年8月同国有企业中国石化石油勘探开发研究院党群工作部党支部开展"党建引领，共谋发展"为主题的共建活动。党支部邀请到了马克思主义学院专家老师讲授"科研单位党建引领保障高质量发展措施机制研究"的党课，并与企业党支部就国企党建的相关工作案例和业务特点进行了交流，使学生党员对基层党建有了更深的理解和感悟。

（三）联动深入实践，教育引导党员发挥作用

2021级硕士研究生党支部坚持党建带团建，注重对入党积极分子的教育培养，鼓励党员和入党积极分子、团员开展形式多样、内容丰富的学习和实

践活动。在2022年5月学校打响疫情防控阻击战时，党支部同2021级硕士研究生团支部联动，共同召开疫情防控专题大会，举行"我为抗疫做贡献"实践类主题党日活动，号召全体学生严格遵守学校疫情防控工作安排，组织党员、入党积极分子和团员积极参与志愿服务活动。在疫情防控志愿服务活动中，共有12名党员、8名入党积极分子参与志愿服务工作，充分发挥了党员同志的先锋模范作用，激励入党积极分子和团员积极投入实践、担当作为。

三、成效启示

（一）丰富集体学习形式，推动深入贯彻习近平新时代中国特色社会主义思想

通过联学，探索跨年级、跨专业的理论学习，一方面有利于进一步加强与其他党支部的联系，促进相互学习、共同进步；另一方面有利于丰富集体学习形式，使学生党员从不同视角、不同领域领悟党的路线、方针、政策以及党的创新理论知识，促进学生党员更加深入了解习近平新时代中国特色社会主义思想。在浓厚的学习氛围下，2021级硕士研究生党支部党员积极进行理论探索和科研创新，发表文章7篇，获得第十三届"挑战杯"中国大学生创业计划竞赛校级奖项5人次。

（二）探索党建工作新动力，充分发挥党支部战斗堡垒作用

通过联建，学习先进党支部党建工作方法和经验，为党建工作增添新动力。这既促进了双方党支部资源共享、优势互补、互相促进、共同提高，也有利于推动党建工作创新，激发工作活力，把党支部建设成为更加坚强的战斗堡垒。在全体党员的共同努力下，2021级硕士研究生党支部于2022年7月荣获"北京理工大学马克思主义学院先进党支部"称号。

（三）增强理论联系实际的能力，充分发挥党员先锋模范作用

通过加强学生党员与团员的互动联系，以党建促团建，以共建促发展，实现学生党员与入党积极分子、团员的共同发展。在联动过程中，党支部充分发挥党员的先锋模范作用，使其带头全心全意为人民服务，并充分调动党员、团员的工作学习积极性，增强新时代党员、团员的责任意识和使命担当。在党支部的有效引领下，一年来，2021级硕士研究生党支部共有3人获学院"优秀党务工作者""优秀共产党员"等荣誉称号，18人获省部级、校级奖学金，达到党支部人数100%，充分彰显了党员的先锋力量。

"深学细较走实"工作法

马克思主义学院博士研究生党支部

一、背景起因

马克思主义学院博士研究生党支部成立于2021年9月,党支部现有党员14人,其中,正式党员13人,预备党员1人。作为在党的关怀下带着党的使命服务群众的先进组织,马克思主义学院博士研究生党支部时刻以党的标准严格要求自己,坚持高举中国特色社会主义伟大旗帜,以马克思主义学说作为理论基础,以习近平新时代中国特色社会主义思想为指导思想,坚持"深学细较走实"的工作方法,认真抓好学习实践主题教育活动,创新党支部活动形式,提高党支部的战斗力和凝聚力,加强学生党员队伍建设,提高整体素质,保证各项工作任务的圆满完成。

二、主要做法

(一)坚持"读原著学原文悟原理",坚定党员理想信念

"读原著学原文悟原理"是"深学"的精髓,是学习理论最行之有效的方法。作为战斗堡垒的基层党支部,应深入学习和研读经典著作,学习马克思主义基础理论,坚持马克思主义的立场、观点与方法,坚持用辩证唯物主义和历史唯物主义看待、分析、解决问题。深入学习习近平总书记系列重要讲话,贯彻习近平总书记系列重要讲话精神,要不断增强对党的创新理论的理解、深学和掌握,切实用习近平总书记系列重要讲话精神武装头脑、指导实践、推动工作。例如,马克思主义学院博士研究生党支部自成立以来,共开展集体性理论学习12次,并以北京理工大学北湖"青马"读书会为依托,

对于原著进行更为系统、全面、深入的学习,以真正悟通其中的原理、弄懂其中的学理和钻透其中的道理,真正做到原理入脑、入心、入实、入行。只有不断加强理论学习,才能筑信仰之基、补精神之钙、把思想之舵,保持政治立场坚定。

(二)坚持"勤照镜正衣冠",淬炼党员党性修养

"勤照镜正衣冠"是"细较"的具体措施,即党员同志要坚持摆问题、找差距、明方向,勇于证实缺点和不足,触及思想,正视矛盾和问题,勇于自我革命,从而加强党性锻炼,提高党性修养,切实转变工作作风。例如,党支部在2021年2月召开组织生活会,学习党章和《中国共产党组织工作条例》《中国共产党普通高等学校基层组织工作条例》等党内法规,提高了思想认识水平,确保了实践精准落地。党支部按照文件总体要求,紧密结合党支部和党员思想学习工作实际,严格落实组织生活会和民主评议党员相关制度规定和任务要求,开展了民主评议党员,开展批评与自我批评,达到"勤照镜正衣冠"的效果。

(三)坚持"干在实处走在前列",提升党员为民服务水平

"干在实处走在前列"是"走实"的具象展现。"干在实处",是要求我们"实干"。对于一些难啃的硬骨头、难趟的深水区,要换角度去思考、

换途径去探索，用新思路去解决。例如，在2022年5月校园疫情防控阻击战打响之时，党支部深入贯彻党中央、北京市委和学校党委关于疫情防控的有关决策部署，进一步统一思想、统一步调、统一行动，广泛开展抗击疫情相关工作，发挥学生党支部战斗堡垒作用和先锋模范作用。党员同志们本着"我是党员我先上"的理念，由党支部书记带头与一名党员代表报名参加志愿者服务，积极在各楼栋参与抗疫期间"党员突击队"，并获得了"最美志愿者"称号。

三、成效启示

长期以来，党支部紧紧围绕学院党委整体部署，紧紧围绕抓好党建促团建、以党团建设促学风这个指导思想，运用"深学细较走实"的工作方法，切实加强学生党支部的思想建设、作风建设、队伍建设，配合学院党委不断提升党建工作整体水平。

（一）抓住思想建设，加强理论武装

在理论学习方面，时刻以习近平新时代中国特色社会主义思想武装头脑，在与时俱进的理论发展中不断更新自己的理论知识库，强化理论修养，学习党的方针政策，始终坚持学原著、读原文、悟原理，推动理论学习往深里走、往心里走、往实里走。作为马克思主义理论专业的博士研究生，党支部党员始终坚持推动理论学习转化为实践成果，并且取得了多项成绩。在2021—2022学年，党支部党员在核心期刊发表理论文章共两篇，参与国家级、省部级课题项目多项，并且在学术论坛、理论宣讲以及创新项目竞赛中获得奖项。

（二）抓住作风建设，营造清朗氛围

在作风建设方面，党支部始终将其作为党建工作的关键，高度重视党支部的氛围营造，注重党支部政治生态的建设。一方面，加强党章以及党内法规的学习，增强党支部党员的政治敏锐性和政治鉴别力，分清是非界限，澄清模糊认识，廓清思想迷雾，在大是大非问题、政治原则问题上态度鲜明、

立场坚定。另一方面，强化责任意识，始终坚持以人民为中心，真正做到处处依靠人民、时时想着人民、事事为了人民。加快进一步转变职能、强化服务型组织建设，始终坚持"服务发展、服务社会、服务师生"理念，不断改进工作作风，增强服务意识，树立良好形象。支部党员积极发挥先锋模范作用，具有高度的责任意识与使命担当。党支部在2021—2022学年，1人获得院级"优秀党务工作者"荣誉称号，1人获得院级"优秀共产党员"荣誉称号，另外有1人获得"最美志愿者"称号。

（三）抓住队伍建设，提高整体素质

要加强对入党积极分子、发展对象、预备党员的教育、管理、培养和考察。对于入党积极分子要通过"平时观察和定期分析相结合、个别了解和多层次调查相结合、日常表现的考察和关键时刻表现的考察相结合"的方式对于其入党动机进行考察；对于发展对象要注重平日考察与日常监督；对于预备党员的转正事宜做到及时讨论、有所准备。严格按照发展工作流程完成培训任务，做到谨遵党员发展原则，严格党员发展程序，切实提高党员发展质量。

"一五四三"工程工作法

马克思主义学院机关党支部

一、背景起因

习近平总书记在中央和国家机关党的建设工作会议上提出"要以党的政治建设为统领,着力深化理论武装,着力夯实基层基础,着力推进正风肃纪,全面提高中央和国家机关党的建设质量"。当前,中央和各级党组织对马克思主义学院建设和思政课建设的高度重视为学院发展创造了前所未有的发展机遇,同时也对学院机关建设提出了新的高标准高要求。马克思主义学院机关党支部现有党员7人,支部书记1人。作为学院重要桥梁和纽带,机关党支部以政治建设为统领,以党支部规范化建设为基础,以支部工作与学院工作双向互动为导向,探索实施"一五四三"工程,切实加强党支部高质量建设。

二、主要做法

马克思主义学院机关党支部坚持以师生为中心,在学院党委的指导下,以政治建设为统领,以"一五四三"党建工程切实加强思想建设、组织建设、作风建设,创新工作思路,务实工作举措,充分发挥机关党支部战斗堡垒作用,确保各项工作取得良好实效。

(一)把握"一条主线",把准政治方向

把握"一条主线"即把握党建工作与服务学院发展、服务思政课建设有机结合起来,牢固树立发展是第一要务的思想。牢固树立"四个意识",坚持围绕中心、服务大局,在党建工作部署的虚实结合上,坚决做到与学院中心工作目标同向、工作同步,立足机关岗位工作实际,切实增强党支部和党员服务发展、推动发展的意识和能力,凝聚发展力量,营造发展环境,提供发展动力,推动学院持续健康发展。

(二)实施"五个一"学习计划,筑牢思想根基

"五个一"即每天学习1小时、每两周1次集体学习、每月读1本书、每月1篇学习心得、每年发表1篇理论文章。营造"人人都是自觉学习之人,处处都是学风盛行之地"的良好氛围,同时通过支部微信群每日互助打卡、"人人讲党课"、主题党日活动等制度举措保证计划保质保量实施。自学习计划实施以来学习不断线,人均"学习强国"积分超过20 000分,高质量完成工信部重点党建研究课题1项,形成了20 000余字的报告。尤其在疫情防控期间,党支部成员发挥战斗堡垒作用,在人民网、党建网等发表9篇文章,以"笔"战"疫",学习成效显著。

(三)瞄准"四型"建设目标,打造组织堡垒

"四型"建设目标即建设"服务型、效能型、学习型、专家型"党支部。一是深入基层、深入师生、深入实际,强化服务意识,真抓实干,着力为师生办实事、解难题,打造服务型支部。二是关注大局、关注热点、关注

问题，勤于观察工作中的具体方面、具体过程、具体问题，善于从细枝末节和细微变化中发现问题，为领导决策提供有效参考，提升服务效能。三是加强理论政策和法规制度学习，带着问题学，带着目的学，自觉把上级方针、政策转化为开展工作中的自觉实践活动，打造学习型支部。四是发挥马克思主义学院理论优势，善于用手中的笔，宣传新理论，阐述新理念，总结新经验，揭示新规律，打造专家型党支部。党支部2019年获"北京理工大学先进党组织"荣誉称号，2022年获"马克思主义学院先进党支部"荣誉称号。

（四）着力"三办"行动，加强作风建设

创新实施"由我来办、马上就办、办就办好"的"三办"工作行动。主动作为，不讲条件，不推诿，不扯皮，接到任务雷厉风行，高效运作，拿出"人一之，我十之，人十之，我百之"的工作干劲，将老师学生交办的事情"第一时间办结、第一时间办好"。学院机关干部好评率连续保持100%，荣获校级荣誉6人次。

三、成效启示

（一）始终坚持党建引领、政治动员，是事业发展壮大的坚实保障

马克思主义学院之所以能够完成跨越式发展，机关党支部之所以能够完成各种艰巨的任务，关键在于始终坚持做好党建引领、政治动员，通过强化组织保障和思想保障，不断增强事业发展的凝聚力和向心力。必须毫不动摇全面推进党的建设新的伟大工程，坚定不移推动党建工作和业务工作"两融合、两促进"，以高质量党建引领事业高质量发展。

（二）始终坚持实事求是、系统管理，是事业发展壮大的制胜法宝

坚持解放思想和实事求是的辩证统一，是机关管理服务水平实现一次又一次突破的重要法宝，必须毫不动摇坚定理论自信，坚持马克思主义世界观和方法论，更加自觉地运用实事求是和系统观念的理念方法分析、解决各种矛盾和问题，加强前瞻性思考、全局性谋划，全面推进学院高质量发展。

"自我规范、合作成长"工作法

法学院研究生第三党支部

一、背景起因

北京理工大学法学院研究生第三党支部现有党员33人。本支部自成立以来，坚持以习近平新时代中国特色社会主义思想为指导，在法学院党委的领导下，组织开展各项学生党建工作，通过聚焦当前学生党建工作中存在的顶层设计不足、实效有限、创新能力弱等问题，总结凝练"自我规范、合作成长"党支部工作法，实施一系列措施切实提高党建工作质量，发挥学生党支部战斗堡垒作用。支部于2021年5月入选北京理工大学第二批"党建工作样板支部"。

二、主要做法

（一）支部活动自我规范

在党史学习教育中，支委层面充分民主，整体谋划，集中意见，明确了"理论学习+实践活动"学习形式，制订了详细的学习实践计划。策划了"明理""增信""崇德""力行"主题系列活动，组织集体学习、联学联讲、党史问答，夯实理论基础；开展"学好党史献礼百年"主题系列党日活动，参观红色地标、观看红色电影、讲述"四史"故事，实践知行合一。

通过支委策划，支部进行了有计划、有组织的学习、实践，党史学习教育成效显著。支部党员1人荣获北京市"我听亲人讲'四史'"征文活动特等奖并入选宣讲团，1人入选北京理工大学青年宣讲团。

(二)党员管理自我规范

在党员管理考核中,引入党员及入党积极分子量化考核制度,将量化考核结果作为评议党员、发展党员的重要指标。设置政治表现、理论学习、专业水平、工作实践、明德守纪等五个一级考核指标,采取积分制管理指标体系,制定考核方案。聚焦政治表现,强化坚定信仰筑基础;聚焦理论学习,强化学懂弄通重实效;聚焦专业水平,强化练就本领守初心;聚焦工作实践,强化知行合一担使命;聚焦明德守纪,强化示范带动作表率。根据一级指标体系,设置系统性、可操作、可量化的二级指标,包括正向加分项、反向扣分项等量化考核模块。在入党积极分子培养考察方面,实行发展"一票否决"清单,建立积分档案,全方位记录培养过程。

通过将复杂多样的行为科学量化为清晰简明的数据和指标,化繁为简,化抽象为具象,引领党员和积极分子自我约束、自我激励,比学赶超,查缺补漏,既增强了组织凝聚力,又提高了支部决策合理性和成员认同感。

(三)内部合作、外部联合、共同成长

在党史学习教育中,创设"共学小组",由学生党员骨干牵头,月初根据指定书目选定学习资料范围,月中组织组内成员开展学习,月底进行成果

展示，力求推动党史学习教育落到实处、学到深入；积极与其他组织、社团开展联合活动，承办学院"职引"就业服务沙龙活动，践行"我为群众办实事"的精神；联合法学院研究生会开展心理健康节主题活动、"延河星火"视频拍摄活动，充分发挥专业特色；联合法律援助中心开展系列普法活动、设置党员咨询岗等，履行服务群众的职责。

通过不断提升党建活动的创新性、实效性、针对性，支部成为学校、学院各项活动的骨干力量，支部战斗力显著提升，战斗堡垒作用充分发挥。

三、成效启示

实践证明，"自我规范、合作成长"工作法符合支部实际，促进了党建与学业融合提升，支部的政治力、凝聚力、战斗力不断增强，支部成员在各个方面创造优异成绩，为高校学生支部的建设提供了有益的示范和经验。

一是要强化支委责任意识，充分发挥示范引领作用。作为党支部的骨干成员，支委在党员管理自我规范方面以身作则、率先垂范，在策划活动方面充分发扬民主、有效集中，在担当履职增强支部规范性方面，在创新形式增强活动的吸引力和实效性等方面发挥"风向标"作用。

二是要强化党员交流，推进支委和党员共发展。用好谈心谈话制度、组

织生活会制度,抓好党员沟通思想、批评自省、解决矛盾、增进团结的工作,达到统一思想、增进互信、提高自身、共同发展的良好效果,进而提高支部凝聚力。要注意充分发挥每一位党员的优势、长处,鼓励引导其在支部生活中发挥"三人行必有我师"的作用。同时也要注意了解每位支部成员的发展需求,将普遍需求纳入支部工作规划,让每一位党员在党建活动中有参与感和收获感。

三是要党建和专业融合,既完成好规定动作,又创新自选动作。在自上而下的管理活动和主题学习活动中按照规范化管理的思路,保质保量完成任务,同时统筹考虑活动的形式要喜闻乐见、活动的内容要鲜活生动、合作方多元共赢等要素,使组织者、参与者都要感到活动有吸引力、有实效,从而避免出现党建、专业"两张皮"的现象。

"先锋引领、传帮带教"工作法

法学院国际法研究所党支部

一、背景起因

北京理工大学法学院国际法研究所党支部始建于2014年,依托法学院国际法研究所建立,现有党员11名,其中教授3名、副教授3名、助理教授3名、博士后2名。支部成员主要从事国际法方向教学和研究。本支部自建立以来,深入学习贯彻习近平新时代中国特色社会主义思想,强化思想引领,发挥优秀党员先锋模范作用,促进党建与业务融合,不断增强学科特色、学科实力和国际话语权。支部总结了"先锋引领、传帮带教"工作法,实现党建与业务深度融合,助力支部成员党建和业务能力双提升。支部于2020年入选北京理工大学第一批"党建工作样板支部"。

二、主要做法

(一)先锋带头干,打造高水平教学科研高地

党支部充分利用教师每月理论学习时间,除必学内容外,由支部党员根据自身特长,组织开展国际法业务相关的研讨。特别是基于习近平总书记提出的"人类命运共同体"理念和"一带一路"倡议,研讨在复杂多变的国际形势下国际法领域所产生的影响和可能的理论创新;李寿平教授、龚向前教授主导探索"新时代复合型法治人才的培养"课程思政体系;基于"习近平法治思想"的提出,深入领会思想精髓和精神实质,切实提高政治站位,支部党员积极参与"习近平法治思想概论"课程建设。

通过支部的组织、优秀党员的引领,近年来,支部党员获批国家社科基

金重大项目1项、重点项目1项、一般和青年项目2项,成功开设"习近平法治思想概论"校级思政课,编写《国际争端与解决》教材1本,高端智库报告2份。

(二)教授传帮带,打造高水平师资队伍

在李寿平教授带领和指导下,国际法研究所支部形成了老中青三代学术骨干和人才培养典型。王国语副教授获批国家社科基金重点项目、青年教师连俊雅获批国家社科基金一般项目。青年教师魏求月担任明德书院学育导师,获评2022年北京理工大学优秀学育导师。以上几位均成为学院青年教师的榜样。

党支部承办学院党委"聆听师道"主题活动,支部党员将成功经验向全院教师进行经验分享,助力学院打造高水平师资队伍。

(三)骨干言传身教,打造具有"国际话语权"学生军

李华副教授、青年教师杨宽等多名支部党员为贯彻习近平总书记关于"增强国际话语权"的指示精神,以国际模拟法庭竞赛为工具,利用其仿真性、情景性、实践性、演练性等优势,提升学生专业知识应用能力,引导学生正确认识国际法学科使用场景和应用方法,消解学生国际法应用场景少、应用难度高的疑虑,坚定学生学习方向和信心,助力学生增强语言能力、国际规则应用能力、国际谈判能力。

近几年，学院学生参赛队多次在曼弗雷德·拉克斯（Manfred Lachs）国际空间法模拟法庭、"莱顿—塞琳"国际航空法模拟法庭、投资仲裁"深圳杯"（FDI Moot Shenzhen）、"贸仲杯"国际商事仲裁竞赛、史丹森国际环境法模拟法庭大赛等国际模拟法庭竞赛中荣获一等奖等奖项，我们的学生军提前具备了一定的"国际话语权"。

三、成效启示

"先锋引领、传帮带教"工作法的应用，克服了党建与业务"两张皮"的问题。其主要启示有以下三点：

一是充分利用党支部活动凝聚队伍。以党支部学习和活动为契机，将日常分散的党员教师聚集到一起，创造了老中青三代交流的机会，克服了教师"日常教学忙，有事难见面"的问题。

二是支部工作与研究所工作有机融合。党支部书记是研究所副所长，支部活动与研究所科研教学工作结合开展，除必学内容外，研讨学术和教学，使得资深教授有机会对中青年教师进行指导。

三是充分发挥资深教授作用。资深教授教学科研经验丰富，但其作用的发挥需要组织的调动。党支部通过精心策划活动，能将资深教授的作用充分发挥出来，通过传帮带，提高中青年教师工作水平和能力，进而提高事业成功概率。

"CEO" 工作法

外国语学院研究生英语党支部

一、背景起因

外国语学院研究生英语党支部共有教师15人，其中党员8人。下设三个教研室——硕士生英语教研室、博士生英语教研室和汉语国际教育，负责全校的硕士生公共英语、博士生公共英语以及外国语学院汉语国际教育硕士三个方向的教学和科研任务。

近年来，支部一直秉承"Cultivate-Enhance-Optimize（CEO）"工作法：学习形式多样化，促进支部整体理论水平的提升；课程思政多维化，促进支部战斗堡垒作用和党员先锋模范作用的发挥与提升；团队优化多元化，促进个人与支部科研创造力的提升。支部一方面支持教师在各自不同的岗位上潜心教学和科研，取得丰硕的成果；另一方面打造教学和科研团队，推进队伍建设。

二、主要做法

（一）学习形式多样化，促进支部整体理论水平的提升

支部认真贯彻落实党的路线方针政策，增强"四个意识"，坚定"四个自信"，做到"两个维护"。为了加强理论学习效果，支部采用了支部书记讲党课，支书、支委轮流领学，党员教师分享心得体会，集体参观党史校史展，观看影视频，收看收听重要会议，与学生支部联学联讲，与兄弟院校教工支部联学联讲等方式。多种形式的学习均取得了良好的效果，加深了党员对所学内容的理解，提升了党员的党建理论水平和个人素质。

认真组织学习和贯彻落实全国教育大会和全国高校思想政治工作会议精神，提升全体教师进行课程思政教学改革的责任感和使命感，用具体举措来推动落实公共外语教学和汉语硕士课程改革的宗旨。强调改革秉承课堂教学，主动服务国家战略发展的目标，注重将中国文化元素融入课堂教学，用英语讲好中国故事。同时课程结合我校"胸怀壮志、明德精工、创新包容、时代担当"的办学定位，传承"延安根、军工魂"的红色基因，实现"育人、知行合一"的教学目标。教师通过课程思政建设，增强自身修养，提升育人能力。

（二）课程思政多元化，促进支部战斗堡垒作用和党员先锋模范作用的发挥和提升

支部严格遵守师德师风建设的各项要求，敦促各位党员教师时刻以教书育人为己任，努力加强教学科研改革创新，拓展思政教学新做法、新思路，并积极做好各项力所能及的公共服务，最大限度地挖掘每一位党员的自身潜力，发挥党员先锋模范作用，促进支部的战斗堡垒作用。

为了推进课程思政改革，支部组织跨文化交际课程。全体8位党员教师通过重新修订教学大纲、选取教学材料和内容自编讲义、设计教学活动等，大大增加了中国文化的比重。在此期间，由于其他教师同时肩负几门课的教

学任务，患重病的党员教师李艳荣主动承担了第一课Holidays的PPT撰写、教学材料收集以及教学活动设计等工作。除了介绍西方的重要节日外，着重介绍了中国的春节、中秋节、清明节。此外还选取了诗歌翻译，如杜牧的《清明》，让同学们对四个不同的译本进行赏析。精心甄选的教学内容和教学活动能够深化学生对中华优秀传统文化的了解与认同，增强文化自信和爱国情怀、民族自豪感。

支部书记带头申请并录制了"跨文化交际英语"课程思政示范课，讲述了文化的含义、中国的集体主义和西方的个人主义的差异、中国的高语境和西方的低语境文化的差异。此外，通过介绍中国十二生肖（Hello China和TED演讲两个视频）引导学生讨论动物在不同国家的寓意，探讨文化差异。并结合习近平总书记提出的"三牛精神"探讨相同含义在不同国家的表达方式。2022年6月，支部获批"跨文化交际英语"课程思政品牌课项目1项（2022—2024年），整合团队力量录制32学时的课程思政品牌课。

（三）团队优化多元化，促进个人与支部科研能力的提升

除了繁重的教学任务（人均每学期3～5门课），支部中有6位党员教师担任了不同研究方向的硕士生导师。支部克服各专业方向教学和科研安排等活

动差异，坚持每月寻求统一的时间进行集体共学，交流学习心得体会，积极打造素质过硬、各取所长的教学科研团队。

为了助力学生用英语进行专业学习和研究，支部教师为全校非英语专业硕士生、博士生开设了硕士生学术交流英语、博士生高级英语写作课、博士生学术英语写作等课程。这些课程旨在实施科教兴国战略，培养现代化建设人才，增强学生用英文进行专业沟通的自信心和能力，提高学生用英语参加国际会议、发表国际期刊论文的能力。在积累多年教学经验的基础上，优化团队组合，出版了北京理工大学"十三五"规划教材《学术交流英语》1部（2018年），录制了"学术交流英语"慕课1门（2019），发表SSCI等论文10余篇（2019—2021年）。

三、成效启示

（一）提高党员政治站位和理论水平

通过多种方式的学习实现双提升，增强了支部的战斗堡垒作用。例如以支部党员教师为主体的竞赛辅导团队，始终坚持参与选拔、辅导学生参加北京市英语演讲比赛，近年来共获得一等奖3项、二等奖3项的好成绩（2018—2021年）。支部2021年获评党建工作样板支部。

（二）团队的教学和科研能力得到了极大的提升，成果斐然

近年来，优化教师专业和课程特点，出版《学术交流英语》"十三五"教材1部（2018年）；录制了"学术交流英语"慕课1门（2019年），录制"跨文化交际英语"和"国际中文教育与中华文化传播"课程思政示范课2门（2021年）；申请教育部中外语言交流合作中心语委项目2项（2021年），获得汉教英雄会华北区国际中文教学技能全国交流活动"新概念新技能新实践"1项（2021年）、北京理工大学团队—优秀组织奖1项（2021年）；获得各种教学奖项10余项（2017—2021年）；发表SSCI等论文10余篇（2019—2021年）等。

"艺+1，设助力"工作法

设计与艺术学院2019级研究生第四党支部

一、背景起因

北京理工大学设计与艺术学院2019级研究生第四党支部共有党员17人，均为工业设计专业学生。作为新时代的大学生，支部党员结合自身学科专业特色，围绕首都"四个中心"功能建设、基层社会治理等内容，以青年学子的朝气、锐气和赤诚担当，积极融入社会大课堂，开展组织生活。多次与前门西河沿社区党支部开展共建活动，在共建中结合艺术设计专业特色，积累智慧、施展才华，争做推动首都高质量发展的生力军。

二、主要做法

（一）"艺+1"共学共绘党史

"艺"为设计与艺术学院2019级研究生第四党支部，支部成员均为工业设计专业研究生，具有很强的设计手绘专业能力。"1"为前门西河沿社区，其地处首都功能核心区，坐落在北京中轴线上，见证了祖国心脏的时代变迁。两个支部相"+"充分发挥优势，先后开展了"我的入党故事""新老党员同庆政治生日""你讲述，我描绘"等共建主题党日活动。青、老党员一同通过墙绘党史的形式，回眸党的百年奋斗光辉历程，也给西河沿社区打造了靓丽的手绘党史风景线。党支部委员轮值兼任社区支部组织员，结合实际提出"立体化党建四合院"等创新工作思路，获得人民网、北京日报等权威媒体关注报道。

（二）"设助力"为群众办实事

在共建中，两支部确立了常态化调研机制，围绕群众所思、所盼、所忧、所急，发挥先锋力量。学生党员主动发挥设计专业优势，结合前门西河沿社区实际需求，设计了社区导视系统、"党建四合院"特色宣传品、垃圾分类宣教室等实用性和艺术性兼具的好作品，守好思想引领阵地，引导居民积极践行新时代文明，不断提升获得感、幸福感、安全感；开展"智慧助老"线下教学活动，帮助老年居民跨越数字鸿沟，解决智能产品应用方面的突出困难；举办"小小创客"系列工作坊，助力社区教育成为青少年"第二课堂"；与社区活动中心合作开展艺术类课堂、为社区老艺术家筹办画展，丰富居民文化生活。时值建党百年的重要时间节点，学生党员们通过资料搜集、线下调研、共学共讲等方式，以前门为基点探寻红色足迹，深入学习党史，并发挥专业所长，将所思、所悟、所得化作实际行动，绘制首都红色地图。

三、成效启示

党支部依托全国普通高校中华优秀传统文化传承基地,以居民的"口述历史"为灵感展开艺术创作,在社区、校园进行主题原创作品巡展,并主动联合"延河联盟"高校,举办"百年赶考路,今朝答卷人"学生原创作品联展。学生党员还积极探索当地文化基因保护、发扬、传承新路径。助力申遗的国家艺术基金传播交流推广项目"北京中轴线文化传承创意影像展",入选北京国际设计周2021北京设计奖,结合剪纸、面人等当地民间艺术、文化遗产,老舍茶馆、全聚德等"老字号",开发系列文创产品,以创新引国潮;开办文创展示店,同办青年艺术家沙龙,形成品牌效应。

此外,在与社区支部的共同努力下,学生们结合党史学习教育与民俗文化,对社区百年胡同中的老旧墙面展开超百平方米的墙绘创作,为胡同带来浓郁的文化气息和新鲜的时代感,成为社区的重要宣教阵地。该活动作为首都学子助力北京城市建设的范例获得光明日报、北京卫视、北京日报、北京晚报等主流媒体和北京学联等群团组织的广泛宣传。

"一主、二辅、三落实"工作法

书院党委明德书院明理党支部

一、背景起因

书院党委明德书院明理党支部成立于2021年1月25日,是明德书院发挥党的领导核心作用、党员先锋模范作用的基层战斗堡垒之一。党支部成员由明德书院专职教师和来自书院法学、经济学专业的本科生党员组成,是具有北京理工大学书院制育人特色的师生党支部,也是学校重点建设培育的"党建工作样板支部"。明理党支部始终坚持旗帜鲜明讲政治,陶冶学生中国特色社会主义法治情怀,加强支部党的建设,并总结形成了"一主、二辅、三落实"党支部工作法,充分发挥党支部的领头雁作用。

二、主要做法

(一)坚持"一"条主线,创新"以讲促学"理论学习机制

坚持"高质量党建引领高质量发展"主线,把学习贯彻习近平新时代中国特色社会主义思想作为支部建设的首要任务,以党支部周期性集中学习为抓手,建立健全党员理论学习机制。自党支部集中学习常态化以来,明理党支部坚持每月进行集中讨论交流,支部党员通过"集体学"和"自己学"相结合,保证理论学习的持续性;在学习内容上,支部将习近平总书记重要讲话精神与重大时政热点安排到每月,并引入与当周学习主题密切相关且可学性强的政论片和纪录片等,让党员同志在真实事例中深入了解国家大政方针,体悟家国情怀。在学习形式上,为让支部成员自我学习和集体学习见真章、出实效,党支部以微党课为载体,支部全体党员定期轮流讲党课,以讲

促学。每次授课的具体内容不限,但要贴合当前最新的理论思想成果和新闻时事,从自身工作实际和自我学习成效出发,现场为大家讲授对相关主题的感受和认识。在保持学习频率的同时,注重学习质量,切实做到党的理论知识入脑入心。

(二)辅以"两"个作用,彰显"知行合一"党员实践标杆

坚持发挥党支部战斗堡垒作用和党员先锋模范作用。明理党支部坚持一月一次服务实践,在发挥党支部战斗堡垒作用的同时,充分点燃同学们投身于党员先锋岗服务实践的热情,做到将"学理论"和"做实事"相结合。在日常生活中,明理党支部以国家宪法日为契机,筹划开展主题党日活动,组织支部党员分别参与普法宣传志愿服务、"12·4"宪法宣传周系列活动,支部成员也积极参加到法学院组织的"宪法晨读"活动中,培育法治精神,陶冶法治情怀。在常态化疫情防控期间,面对突如其来的密接风险,明理党支部未被隔离的党员同志身先垂范,积极投身于书院疫情防控党员先锋岗工作,为隔离期间的同学们提供了充足的物资保障。在学校抗疫期间,明理党支部全体党员响应学校号召,迅速加入疫情防控志愿服务队伍中。部分同志担任楼层长和党小组组长,负责疫情防控组织工作,部分同志则担任志愿送餐员与信息登记员,负责同学们的每日餐食配送与核酸情况、体温的登记。迎难而上、身临一线,全体党员都充分发挥了先锋模范作用。

(三)推动"三"项落实,开拓"多管齐下"支部建设新局

1. 推动思想建设落实,锤炼具有"信仰力"的思想

一是书记领头。以"书记讲党课"的形式,支部书记带头荐书,从《共产党宣言》开始"书香"之旅。二是接力荐书。支部党员以时间为线,串联不同时间段的党史经典,用文字激活共产党人的红色基因,实现"一人学习,全员受益"。三是漂流书目。通过荐书分享,支部党员相互借阅,定期交流读书体会,把书读深、读透。四是立体阅读。支部党员借助"学习强国""读书"频道等,充分利用碎片化时间,眼观、耳听、手写、脑想,多感官齐上阵,贯通学思用、统一知信行,把党史学习和阅读的成效转化为支部思想建设的强大动力。

2. 推动组织建设落实,建设具有"凝聚力"的支部

明理党支部严格落实《中国共产党普通高等学校基层组织工作条例》以及《北京理工大学党支部规范化建设工作方案》,着力推动建成"德育、发展、学习"三个共同体,精准建强战斗堡垒,推动样板支部培育建设工作。

3. 推动作风建设落实,培育具有"先锋力"的党员

明理党支部重点结合重要文件精神的系列评论文章开展集体学习,并在之后的组织生活会中就"如何加强自我的作风建设"进行了自我规划的分

享,重点提出了提高政治站位、提升专业素质以及增强廉洁意识等党员先进作风建设方式,同时着力推进长效"点对点"作风监督机制建设。党员同志定期一对一相互监督并反馈彼此存在的不足,以期在未来的学习生活中进行落实和完善。

三、成效启示

自贯彻落实"一主、二辅、三落实"支部工作法以来,明理党支部共开展集体学习18次、集中交流10次和集体志愿服务5次。明德书院明理党支部在青年党员队伍建设、党员队伍素质提升以及党建工作辐射带动作用上取得了卓越的成效。

一是培养了一支作风优良、具有凝聚力的青年党员队伍。始终以党组织建设为核心,将习近平新时代中国特色社会主义思想贯彻始终,强化组织内部的教育、监督和管理,生发党组织内部的发展活力。注重党员个体发展与党组织建设的统一,鼓励优秀青年加入党员队伍,致力于打造一支组织严谨、纪律严格的青年党员队伍。

二是不断提升学生党员素质,在理想信念和党性修养的强化上取得初步成效。将自主学习、终身学习的意识贯穿始终;坚持用科学理论武装头脑,不断提升科学文化修养;坚持严标准、高要求,不断提升思想道德修养。学生党员同志的理想信念更为坚定,党性修养更加过硬。

三是加强党建工作的辐射带动作用,始终以党员培养为抓手,以队伍建设为方向。在"一主、二辅、三落实"工作法的指导下,明理党支部求真务实、思路清晰,不摆"花架子",将党建工作做实做细,通过系列活动的开展体现青年党员风采,以优秀党支部的力量影响和感染更多优秀青年。

共学共建"1+5"工作法

书院党委北京书院第五党支部

一、背景起因

书院党委北京书院第五党支部成立于2021年4月。截至2022年8月,党支部共有正式党员3人,预备党员23人。北京书院第五党支部书记兼任北京书院党建联络员。北京书院第五党支部积极与学院各党支部共建共学,融合校园红色文化、北京书院育人理念,形成"党建1+5"共建共学工作法,坚持将党建引领贯穿学生培养各环节。

"党建1+5"工作法:党建+环境建设、学生融入、精神塑造、格局养成、能力训练,以党员队伍建设为重要抓手,着力加强学生各方面能力培养,以"格局提升、能力训练、精神塑造"为目标,强化学院学业达成主线任务,推进书院学院协同育人,面向未来培养领军领导人才。

二、主要做法

(一)党建+环境建设,共建共学,打造品牌

依托社区空间和北京书院线上宣传平台打造"红色北院"品牌,在社区博览空间设置"党员阅读区",建设党建理论书籍资料库,丰富党员学习资源,推进党支部组织生活阵地建设,面向全体党员开放场地资源。党支部携手北京书院学生组织开展"共看校园航天展"活动;围绕北京理工大学"红色1+1"开展共建共学活动;联合北京市通州区西集镇政府、北京市门头沟区青山绿水青年志愿服务队等11家单位及党组织开展志愿服务活动11场,线上线下参加人数近400人。

（二）党建+学生融入，统筹融合，困难帮扶

落实解决学生发展困难问题。党支部内学生党员通过持续一学期的一对一帮扶，监督发展困难学生学习。通过帮扶，学业困难学生挂科次数明显减少，为学生"精准脱困"贡献力量。疫情期间，党支部全体在校党员同心抗疫，建立疫情防控生活保障组，为同学们送餐到宿舍、帮忙扔垃圾等，积极为群众做实事。

（三）党建+精神塑造，开设党课，发挥实效

自党支部成立以来，定期开设主题党课和开展党支部组织生活会，通过"北理工党建云"规范发布党支部活动43次。发动党员边学边讲，讲党史故事、讲心得体会，以讲促学，发挥学习实效。鼓励党支部同学通过主题活动、志愿服务、文体活动、社会实践等方式服务学院师生。

（四）党建+格局养成，提升思想，积极落实

充分挖掘学院育人资源，通过线上线下相结合的方式，理论和实践学习相结合。开展"喜迎二十大，永远跟党走，奋进新征程"主题党史学习系列活动，全体党员以线上线下的形式参与；利用暑期社会实践，赴国内各红色

教育基地，以实践的形式感悟党史。支部以党员的高标准培养学生，落实党员培养发展工作，培养学生良好的学习生活作风。

（五）党建+能力训练，岗位完善，能力培养

不断加强党员队伍建设，积极发挥党员先锋模范作用。鼓励支部同学担任学生干部，党支部中63%学生党员担任主要学生干部，承担书院/学院工作，积极服务广大师生。支部成员在生活中充分收集信息反映群众权益问题，维护群众利益，广泛参与服务群众的各项活动，如暑期学校服务、学生活动策划组织、宿舍文化建设、社区文化建设等。支部成员团结互助、积极进取，主动参与到服务师生的工作中去。

三、成效启示

（一）发掘红色学习资源，厚植校园精神文化

结合"思政第一课""开学第一课""院长讲党课"等内容，不断深化"党建1+5"共建共学工作法，根植"延安根、军工魂"红色基因，使"红色育人路"成为学生培养的必经之路。

（二）发挥党员先锋作用，加强岗位能力培养

以党员队伍为核心，着重发挥五个方面的核心作用（团支部、宿舍、社

区、学生组织和社团），充分发挥引领示范作用。设置岗位，明晰职责，将学生党员、入党积极分子配置在责任要求的岗位上历练。

（三）加强共建共学建设，设立支部标杆榜样

加强党支部共建共学，通过学院官网、微信公众号宣传阵地，面向学院、学校及社会宣传报道榜样标杆事例。进一步提升学生党员主动"挑担子"的能力，鼓励并创造条件让学生主动参加志愿服务，承担社会责任，深刻体察民情，参与社会主义现代化建设，提高党员的理论水平、工作能力和影响力。

"四字育人"工作法

书院党委求是书院第二党支部

一、背景起因

书院党委求是书院第二党支部在上级党委的领导之下,认真贯彻落实习近平新时代中国特色社会主义思想,切实加强党支部的政治建设、组织建设、制度建设,积极配合上级党委完成各项工作。

党支部现有党员20人,其中正式党员8人,预备党员12人。党支部自成立以来,认真落实"三会一课"制度,把提升党支部的组织力作为工作重点,充分发挥学生党员在学生队伍中的引领作用,充分发挥党员的先锋模范作用,在日常生活及重大活动上,亮明党员身份,树立先进标杆。

党支部成员较为年轻,党支部建设经验不足,为解决难题,提高党员的积极性和创造性,让党支部更好、更健康发展,党支部探索了新的工作方法,即"四字育人"工作法。

二、主要做法

(一)"学"字:学习党的精神,提高政治站位

组织多种形式学习教育。采取党员同志领学,全体成员集体学习,在"学习强国"App上进行理论知识常态化学习。集体观看中国共产党成立100周年庆祝大会,召开"七一"专题组织生活会,认真学习贯彻习近平总书记在庆祝中国共产党成立100周年大会上的重要讲话精神和党的十九届六中全会精神,发挥党支部的政治功能。

把党员的理想信念教育作为"首选课"。将严守政治纪律和政治规矩贯

穿始终，引导党员牢固树立"四个意识"，坚定"四个自信"，做到"两个维护"，坚决维护党中央权威和集中统一领导，进一步提高党性意识、政治觉悟和组织观念。

（二）"规"字：规范党员管理，激发支部活力

严格执行党内政治生活若干准则。认真贯彻落实"三会一课"制度，定期开展主题党日活动，有序开展组织生活会和民主评议。

加强标准化、规范化建设。规范化党员教育管理、组织关系管理、党费收缴工作，党支部内专人负责"党建云"平台信息发布、审核、党员信息完善等工作。2021年，党支部活动在"党建云"平台展出达50余次。

细化落实党支部工作规范，健全完善党支部考核评价机制，激发党支部工作活力，努力建设学习型党支部。

（三）"严"字：严格遵守纪律，树立榜样先锋

坚持严抓严管。加强新媒体审核等思想阵地管理，提高党员纪律意识，规范党员不良习惯，积极严肃开展批评与自我批评，认真查摆和解决问题，持续保持进步。

坚持党员发展标准。规范化做好党员发展工作，严把质量关，坚持成熟

一个发展一个,重视少数民族学生入党,严格规范做好党员党组织关系转接等工作。

重视学生党员的榜样作用。教育引导学生党员努力成为"爱国、励志、求真、力行""勤学、修德、明辨、笃行""六有大学生"的表率,激励学生党员在日常生活和重大活动中冲锋在前,发挥先锋模范带头作用,推进社会主义核心价值观培育践行。

(四)"创"字:创新活动形式,构建特色品牌

创新党史学习教育形式。与求是书院其他三个党支部共建新媒体矩阵,从2021年年初开始组织书院所有学生开展"党史我领学"活动;特色开展"家乡党史我来讲"活动,将党史故事与家乡联系起来,让党史学习入脑入心;组织党支部学习小组开展"讲党史小故事"活动,党支部40余名党员及90余名积极分子均参与其中。

创新为群众办实事形式。与书院学涯工作室联动,提出线上线下相结合的一对一辅导方式,对书院学业困难学生进行学业帮扶。2021—2022年一对一帮扶1 000余人次,取得了良好的反响,且10余名红色警示学生降为黄色警示,切实帮助学业困难学生脱离学业困难的状态。

三、成效启示

（一）标准化党支部建设，建设学习型党支部

通过多种形式学习教育，使全体成员加强了理论学习，树立了理想信念，同时注重学习监督和考核，树立了学习成效考察标准。进一步规范了党支部建设、党员发展工作，加强了纪律建设，促进党支部标准化建设。

（二）创新党员教育引领，发挥党员榜样作用

提高了党员同志的创新意识，丰富了党史学习教育、党课、党支部组织生活形式，适应新时代青年党员的特点。树立了党支部内优秀党员标杆，促进低年级学生党员向优秀党员看齐，激发党员发挥先锋模范作用。多举措助推"我为群众办实事"落实落地，解决了书院学生学业困难的状态，增强了党支部成员的责任与担当。

"分组协同，共建活力支部"工作法

书院党委精工书院第三党支部

一、背景起因

精工书院第三党支部成立于2021年9月，现有正式党员3人，预备党员3人。党支部主要承担教育党员、管理党员、监督党员、组织群众、宣传群众、凝聚群众、服务群众七项工作。为进一步加强对党员的思想及理论水平建设，充分发挥党员的积极性，落实好上级党委的要求，建设充满活力的党支部，经过支委会的讨论，结合党支部目前的实际情况，确定了以工作小组为基本单元、分组协同工作的基本方法：由党支部委员及正式党员担任各工作小组的组长，带领党支部内预备党员共同完成党支部日常工作，促进党支部规范化建设。

二、主要做法

（一）分组协同狠抓党团共建，完善党员发展流程纪实

党团对接工作主要由党支部积极分子培训组、党员发展组及统计宣发组负责完成。

积极分子培训组主要与各行政班团支书对接，负责由入党积极分子发展为预备党员的全过程工作。工作内容包括：传达学校党委、书院党委的相关工作要求给各行政班团支部，提醒各行政班团支书发展党员相关工作的时间节点，收集汇总入党积极分子提交的思想汇报，对团支书组织开展有关发展党员工作的培训，组织入党积极分子开展党团建设活动等。

党员发展组主要负责由预备党员发展为正式党员的相应工作。工作内容

包括：指导预备党员填写材料，结合党支部学习组的学习数据考察预备党员在预备期的表现，收集并汇总预备党员的思想汇报等。

统计宣发组负责党员发展不同阶段的线上系统填报工作，完成党员发展全纪实工作。线上系统主要涉及"党建云"平台及"党员e先锋"。组内成员在接受组长统一培训，掌握两个平台使用方法后，每月定期核对党支部内党员（含预备党员）及积极分子的详细信息，在系统内部进行统一更新及核定。

（二）分组协同狠抓理论学习，提升党员理论水平建设

学习方式主要是每月支部大会中各学习小组分享及专题领学，辅以观看红色影视资源、专项答题的学习方式，配合"共看一本书、共学一堂课"的形式开展。党支部学习组主要负责提醒党支部内同志按时完成学习任务并记录同志们的完成情况，定期向党支部同志公示"学习强国"学习情况。在分组协同模式开展后，党支部各组"学习强国"周积分可达150分左右，党支部同志理论学习积极性大幅提升。党支部学习组所做的考察记录是考察预备党员在预备期表现的重点内容，同时也是正式党员组织生活会的重要评价内容。

（三）分组协同狠抓文化建设，激发活力支部氛围形成

党支部文化建设主要由统计宣发组负责落实。文化建设涵盖两个方面，一方面是日常会议记录，一方面是党支部宣传建设。

负责日常会议记录的统计宣发组同志在接受组长培训后，一般在会议结束两天内将会议记录以文档形式发送给对应小组负责人，由负责人初审并由党支部委员（或其他小组负责人）二次审核，确保在会议结束两天内及时上传会议记录至党建云系统。

党支部宣传建设工作包括外部宣传与内部宣传两大方面，两组同志各负责一个方面。外部宣传主要以书院公众号投稿形式开展。组内同志对支部内特色活动进行记录宣传，如特色学习活动、党支部共建等。内部宣传包括活动档案留存与党员档案记录两部分工作。负责留存活动档案的小组同志及时将活动照片、文字记录、视频等活动素材以及党支部同志信息档案上传至党

支部公共网盘留存；负责记录党员档案的小组同志对党员档案进行线上及线下两方面记录。线上党员档案由小组同志制作党支部每位党员同志的电子档案，同时收集上届党支部党员同志的信息（如照片、自我介绍等），共同制成一份党支部电子档案；线下党员档案由小组同志简要记录党支部每位党员同志的基本身份信息、展望等。

三、成效启示

（一）全面细化工作内容，落实党支部各项工作内容

分组协同的工作模式便于党支部同志明确自己该干什么、该如何去干。宏观的工作得到了具体化的安排，便于有条不紊落实好党支部工作内容，避免出现"眉毛胡子一把抓"的情况。

（二）有效提升思想建设，发挥党员先锋模范作用

分组协同的工作模式让党支部同志都有机会参与到党支部工作中来。在工作中，党支部同志对于党员的责任义务更加明确，思想建设得到了提升，奉献意识被进一步激发。

（三）具体问题具体分析，抓好党支部特色建设

分组协同工作方法创立开展的过程，启示着我们党员同志要坚持具体问题具体分析的工作思路。结合党支部的实际情况，认真思考适合党支部发展的工作方法，抓好党支部建设，提升凝聚力，做好党员教育工作。

"一抓二重"工作法

书院党委睿信书院第四党支部

一、背景起因

睿信书院第四党支部现有党员11名,正式党员5名,预备党员6名。睿信书院第四党支部积极探索党支部建设和党员培养的方法和理念,努力发挥党支部的战斗堡垒作用,重在提高党员政治素养,提升党员的党性修养,丰富党员知识水平,在探索中初步形成了"一抓二重"的党支部工作方法,并在党员发展和培养实践中取得初步成效。

二、主要做法

(一)抓学习,悟思想,提升党员的政治素养

睿信书院第四党支部重视党员发展过程中的学习教育,时刻紧抓学生党支部的学习环节,将党员发展中的学习教育融入党支部建设中去。

在党支部建设的实践中,党支部积极响应书院党委要求,积极开展党支部集体学习活动。带领支部党员同志和入党积极分子学习党史,学习党中央最新方针政策,学习习近平总书记讲话精神,营造学党史、悟党史、紧跟新时代步伐的支部氛围,大力开展学习教育活动,确保每位支部党员都参与到集体学习中去,做到每人领学一部分、每人都有新感悟;同时推动党员同志教育学习常态化,确保每月一次的学习频率,整个支部一同学习、一起进步。

(二)重合作,促团结,发挥党员的引领作用

为发挥党员的先锋模范带头作用,加强党支部内部的团结一致,充分发

挥老党员同志对入党积极分子的带动作用，同时也加强对入党积极分子的考察和培养教育工作，在实践中采用了入党积极分子分组的方式，划分为若干学习小组，每个学习小组内有十多名入党积极分子，由两名支部党员同志带领，参与到党支部的学习和支部建设工作中去。

党员在带领入党积极分子学习的过程中，多数采取帮带的方式，由党员带头，开展相关学习活动，分享感悟经验，召开相关会议，同时也负责入党积极分子的相关材料的收集整理工作。支部建设实践活动，不仅锻炼了党员的先锋模范带头能力，也进一步细化了党支部建设和党员培养工作，提高了党支部的工作效率，使得支部成员之间交流更多、凝聚力更强，朝着建设一个团结坚固的先锋堡垒的目标不断前进。

（三）重抓手，齐进步，增强支部的堡垒作用

为加强党员同志学习的热情，及时检验支部成员学习的效果，起到彼此激励作用，睿信书院第四党支部深入学习贯彻习近平总书记在党史学习教育动员大会上的重要讲话精神，在中国共产党成立百年之际，依托"学习强国平台"，掀起了学习党的理论知识和党的历史的热潮，进一步加强支部党员政治素养和党史知识储备。

党支部党员每天上"学习强国"成了一种常态，登录"学习强国"，览要闻、学时政、看视频、晒积分，相互分享讨论，参加挑战答题成为一种风

尚。据统计，"学习强国"积分打榜活动从2021年4月5日—5月21日增长1 829分，平均每人每日增长43.5分。支部活动充分落实了"学党史、悟思想、办实事、开新局"的要求，也以此督促各位党员做到学史明理、学史增信、学史崇德、学史力行。

三、成效启示

（一）增强党支部凝聚力

睿信书院第四党支部实行"一抓二重"党支部工作方法以来，将党员培养与党支部建设工作结合起来，提高了党支部的凝聚力，提升了党员同志的政治素养，同时也让更多党员同志加入党支部建设中来。

（二）形成党建工作的辐射带动作用

在党支部工作方法探索过程中，睿信书院第四党支部积极同其他党支部开展交流活动，彼此分享工作经验，进一步丰富完善了党支部的工作方法，也对其他党支部产生了辐射带动作用。在未来的党支部建设工作中，睿信书院第四党支部将进一步完善和改进党支部工作方法，进一步贯彻落实党和国家的方针政策，提升党员素质，激励党员同志为共产主义事业奋斗终身。

"书生五维学习"工作法

书院党委求是书院第一党支部

一、背景起因

求是书院第一党支部成立于2020年12月21日,原隶属于北京理工大学机关党委,后划归新成立的北京理工大学书院党委。截至2022年9月,求是书院第一党支部共有党员20名,其中教师党员4名,学生党员16名,正式党员10名,预备党员10名。

求是书院第一党支部是书院制改革中成立的第一批本科生党支部,党员全部都是"00后"。书生党员在大类培养和书院社区建设的新背景下成长,跨越不同专业、不同年级,呈现出学科背景融合、思维创新活跃、综合素质全面的新特点。

在书院制改革育人新格局下,求是书院第一党支部坚持将理论学习作为书生党员第一要务,将创新学习作为书院党支部发展的第一动力,将培育德智体美劳全面发展的时代新党员作为支部育人目标,在支部建设中融入素质教育,在党建引领中灌注创新内涵,推动深入学习贯彻习近平新时代中国特色社会主义思想往实里走、往心里走,用"书生五维学习"工作法打造书院制下党员培养教育新模式。

二、主要做法

(一)求知嗜学新维度:在"三会一课"中赋能书生党员新本领

求是书院第一党支部在严格落实"三会一课"的基础上推陈出新,打造"三会一课"翻转课堂,引导书生在学中做、在做中学,用日常学习为书生党员赋能新本领。在每周一次的例会学习中,第一党支部围绕自身在书院的分工,由书生党员轮流备课主讲,打造党员发展流程系列微党课。同时党员将微党课的所学应用到支部承担的书院党建基础工作中,指导入党申请人和积极分子撰写思想汇报,指导团组织推优大会,等等。支部每一名书生将党建作为自己的"第二专业",人人都成为党建小专家、小能手。

(二)求思引领新维度:在新媒体创新中发挥书院青年新特点

书生党员作为第一批"00后"党员,在新媒体环境下成长,他们熟悉新媒体、善用新媒体。求是书院第一党支部因势利导,用新媒体推动书院党建新局面,以青年学生喜闻乐见的形式扩大党支部的影响力。在共读《习近平的七年知青岁月》活动中,第一党支部组织党员结合书目内容,选择自己有想法感兴趣的章节,定格最受触动的场面,以一幅漫画体现精神风貌或人物品质,重现书中的经典内容,通过青年人的表达方式,再现峥嵘岁月,体会领袖成长。在党史学习教育中,第一党支部通过"诗词中的党史我来讲""家乡的党史我来讲""北理工精神我来讲""身边的党史我来讲"四个专题板块,以一首诗歌、一个地点、一个人物、一个事件的"四个一"的专题连载推送形成新媒体矩阵传播,多维立体讲述党史故事的不同面向,充分调动青年党员学习主动性创造性,并用当代青年人自己的方式再现动人红色篇章。

(三)求学博闻新维度:在故事宣讲中挖掘学习新内涵

一个党员就是一面旗帜。为了更好地发挥书生党员在青年学生中的引领示范作用,吸引"00后"学生听党话、跟党走,求是书院第一党支部以故事作为内容抓手,推动书生党员走向广大书生、走向书院社区,用生动故事具象建党精神,用激情宣讲提升思想境界,通过挖掘故事、讲述故事、学习故事的三步走策略,让鲜活故事成为理论学习入脑入心的有力抓手。在深挖深研党史故事和准备讲述素材的过程中,百年党史的文字被转化为灵活生动的故事情节,党员们沉浸其中,以再现的方式体悟革命先辈艰苦奋斗的过程、舍生忘我的勇气和"苟利国家生死以"动人情怀,党员们的思想品质得到洗礼，精神境界得到升华，党员的政治觉悟也从内而外得到提升。

（四）求艺奏雅新维度：在"党建·美育"中凝聚育人新合力

在书院制崭新育人格局下，求是书院第一党支部面向学生党员综合素质提升，调动"三全育人"资源，借助丰富社会资源，采取引进来和走出去相结合的策略，凝聚"党建·美育"合力。第一党支部先后联合中央音乐学院微党史宣讲团、良乡高教园管委会党支部开展"红色1+1"，通过红色音乐会、红色美术展览、红色漫画创作、红歌联唱、诗歌朗诵等多种美育形式，举办主题鲜明、形式多样、内容丰富的理论学习活动，用红色基因熔铸理想信念，用红色文化涵育时代新人，用红色情感激发使命担当，引导学生党员学起来、唱起来、讲起来、做起来，以党的旗帜指引青年奋斗方向，用爱国奋斗的主旋律点燃青春梦想。

（五）求实力行新维度：在"党建·社区"中展现党员新作为

面向书院制改革，第一党支部立足书院社区育人新局面，将党建工作与书院社区育人工作积极进行创新融合，重视党建引领下的社区建设组织力强化。结合疫情防控常态化下网格化管理的经验，第一党支部以疏桐园E为责任区，压实党员责任，实行党员包块制。党员带领网格内积极分子定期走访宿舍、了解同学需求、"精准帮扶脱困"、信息上传下达、做好暖心服务，发挥党支部组织力和党员辐射力，在书院社区新形势下发挥战斗堡垒和先锋模范作用，打造学生党支部与社区联动的网格管理新模式，形成党建新格局。

三、成效启示

（一）多维度抓好理论学习，学习是党员第一本领、第一要务和第一技能

第一党支部作为书院制下第一批本科生党支部将政治学习作为第一要务，注重学习强度、深度、广度，注重理论学习和实践育人相结合，建立学习长效机制，使学生党员在理论学习中既坚定理想信念又掌握政治本领。第一党支部学生党员信树辰先后获评北京理工大学优秀共产党员、北京理工大

学徐特立奖学金；优秀学生党员李欣瞳升入中科院数学所读研后作为兼职辅导员承担所内党建工作，获得广泛好评。

（二）坚持因事而化、因时而进、因势而新，以不懈的创新精神开创党建新格局

第一党支部积极适应改革背景下新变化和网络思政新要求，结合书院制社区建设、互联网建设，不断推进支部设置创新和活动方式，搭建支部、书生党员与广大书生之间的沟通新形式、新平台，充分发挥新时代青年党员所拥有的新特征、新能力，创新学习培养内容形式手段，筑牢党组织在书院改革一线的统领地位，打造书院党建新格局。

"赋能育人长链条"工作法

徐特立学院教工党支部

一、背景起因

北京理工大学徐特立学院教工党支部成立于2017年4月20日，隶属于北京理工大学徐特立学院党委，是一支政治立场坚定、工作作风过硬、模范带头作用突出的高素质党员队伍。支部现有正式党员6名，支部党员主要为徐特立学院教职工。支部成立以来围绕立德树人根本任务，传承徐特立老先生教育思想，将拔尖创新人才培养改革责任牢牢扛在肩上。支部积极贯彻落实学校党委部署，坚持围绕中心、服务大局，将支部工作与业务工作深度融合，立足"七个有力"，加强支部建设，从探索实践人才培养长链条出发，形成"赋能育人长链条"的招生与培养长效工作法。

二、主要做法

（一）党建引领，激发学生立宏志

学院教工党支部联合学生第四、第五、第六党支部与景山学校党委、广渠门中学党总支、第十一中学党委开展"红色1+1"活动，充分应用东城区和北理工丰富的红色教育资源，发挥北理工红色传统，丰富党支部活动新内涵。组织开展多种形式的活动，包括中学师生走进校园体验大学学习生活，参观校史馆和重点实验室，感悟红色校史；云端赴陕北参访学习，"延安行延河情"，传承延安精神；"大手牵小手"，共同参观首都教育基地；"红色精神我来讲"，特立学子与中学学子分享心得100余次；党支部有效开展大学中学同学共学互学新方式，引导同学们树立远大理想、立志报效祖国，坚定报考北理工的决心。

（二）名师精育，塑造领航新方式

党支部积极谋划，长远布局，组织大学教师和课程走进中学，助力中学拔尖人才培养，打造招培一体新形式。协调推进宇航学院为第十一中学建立11节"深空探测任务设计"课程，实现大学老师走进中学课堂。为广渠门中学开办系列讲座，启迪智慧，激发学习兴趣和动力。组织不同学科教授、校友开展前沿讲座，比如邀请林德福等为景山全体高中生进行科技讲座，展现学校学科实力；党支部张笈同志等参加第十一中学创新发展学院开学典礼，分享北理工在冬奥赛场上的风采；党支部冯慧华同志通过线上面向全社会分享学校学院办学特色；组织北理工参与空间站任务的校友给一六六中学带来航天前沿高端讲座，展现北理工在国家重大任务上的担当；组织中学学生进校参与未来精工技术学院院士导论课，展现学校强大的师资力量。党支部积极发掘适应中学生的教育教学资源，以生动形象的方式向中学展示更广阔的世界和北京理工大学的风采。

（三）朋辈共建，互帮互助促成长

发挥徐特立学院导师制的优势，组织优秀党员志愿者，与中学生结对"一对一"朋辈导师，组成学习、交流的共同体，培养科创意识，激发探索

科学技术的兴趣,周末定时云端相见,学业指导,思维碰撞。景山学校徐特立实验班全员参加科创攀峰计划,围绕人工智能、通信技术、航空航天、智能制造等10个课题立项,脚踏实地,潜心问道,攀登科学高峰,保持与北理工的联系不断线。党员参与,言传身教,既帮助了学弟学妹,又在实际工作中得到启发和成长,把思想教育和发挥党员模范带头作用融入实践行动。

(四)打造品牌,贯通大中学链条

党支部发挥高校自身优势,积极向中学和社会开放。组织徐特立学院学术论坛,面向全国直播,打造徐特立学院育人品牌;党支部协助上海、陕西、天津、湖南、河南、海南等省市的招生工作,介绍学院人才培养理念;张赞同志等赴招生现场进行招生宣讲,参加线下咨询会3场,举办讲座1场,专题介绍徐特立学院与未来精工技术学院培养特色和相关政策解读,并与同学们一对一交流,解答徐特立学院相关政策,坚定同学们报考徐特立英才班的决心。党支部大力推进人才贯通培养,把中学徐特立实验班纳入徐特立学院人才培养体系,形成具有北理工特色的拔尖创新人才培养品牌。

三、成效启示

（一）长远布局，打造招培一体新形式

党支部的多措并举，在东城区引起了强烈反响。党支部负责对接的一六六中学2022年共有2名同学被录取到我校，打破了该校近两年普通批次无人被录取到北理工的局面。同时长远布局，在东城区高一高二年级打造招培一体新形式，一大批忠实的"北理工粉"在学院教工党支部的培养下茁壮成长，为今后的招生突破打下了坚实基础。

（二）形成品牌，辐射带动全国招生

党支部发挥优势，聚焦主责主业，凝练宣传徐特立学院育人品牌内涵，助力东城区招生，并在全国辐射，形成了报考徐特立学院的火热氛围。

"三力"工作法

徐特立学院第四党支部

一、背景起因

徐特立学院第四党支部成立于2019年9月,是一支政治立场坚定、工作作风过硬、模范带头作用突出的高素质党员队伍。支部为大三、大二、大一纵向党支部,涵盖共计18个班团支部。现有党员48人,其中正式党员20人,预备党员28人。支部围绕培养"胸怀壮志、明德精工、创新包容、时代担当"的领军领导人才理念,突出拔尖创新人才培养特色,赓续传承"特立精神",在支部党建实践中不断探索,不断创新,逐步形成了特色鲜明的"三力"工作法。

二、主要做法

（一）强化制度建设，助力传承发展

党支部深入开展标准化建设，全面提高组织建设能力。在支部书记及支委会的指导带领下，以"三会一课""两学一做"作为重要抓手，推进党支部组织建设，推动党员发展、党员培训、党籍管理、党费收缴、党员激励关怀等工作扎实有效进行。严格规范发展党员流程，对入党申请人、入党积极分子、预备党员的培养教育过程严格把关，积极做好"党员e先锋"和"党建云"平台信息维护工作，党费按时收缴率达100%；同时以党建带团建、以团建促班建，与基层团支部、班级增进联系交流，激发基层活力。

（二）丰富党建活动，激发思想活力

党支部定期开展主题教育活动，通过不同形式的教育活动激发支部成员争当时代新人的责任感，努力打造一个学习型、服务型、向心型、开放型的学生党支部。支部积极开展"学百年奋斗党史，做徐老合格学生""穿越百年的对话"等有亮点、有特色、有内核的主题党日活动，让新时代的"特立精神"激励更多党员同志不忘初心、坚定信念、砥砺前行；集中学习"四

史",学院党委书记及支部书记带领支部同志深入学习,提高支部同志理论学习水平。

与万佛华侨陵园党支部开展"红色1+1"共建活动。清明节前后,联合万佛华侨陵园党支部开展"赓续特立精神争做时代英才"支部共建活动,以"特立精神"作为连接彼此的桥梁,共同祭扫徐特立老院长纪念碑,缅怀徐老事迹。2022年暑假期间,支部书记带领党员代表前往所对接的广渠门中学进行朋辈交流,从自己上大学以来的感受出发,分享在学习方法、大学生活、学生工作、科创经历等方面的经验,创新共学互学新方式,引导同学们树立远大理想、立志报效祖国。

(三)投身志愿服务,奉献青春力量

党支部成员积极参与冬奥志愿项目,保质保量完成工作,为北京冬奥会顺利进行保驾护航。疫情封控期间,多名成员主动请缨,担任楼层长、党小组组长、物资发放志愿者等,充分发挥党员模范带头作用,主动担当作为,做好思想建设,为打赢疫情防控阻击战贡献自己的力量。

三、成效启示

作为北京理工大学拔尖创新人才培养特区,徐特立学院一直以培养学生成为"立德铸魂、名师精育、博雅学术、自我驱动"的领军领导人才为目标。徐特立学院第四党支部获评学校党建工作样板党支部、学院先进党支部等。第四党支部全体党员传承徐特立精神,不断加强支部建设,明确担复兴大任的使命与责任,形成了从党员到预备党员、从积极分子到广大团员青年的全方位、多层次的浓厚学习氛围。

"三强化三提升"工作法

机关党委计划财务部党支部

一、背景起因

计划财务部党支部结合业务板块多、工作人员多等特点,形成了以"强化政治建设,提升思想认识;强化作风建设,提升服务质量;强化组织建设,提升党建水平"为主要内容的"三强化三提升"支部工作法,努力建设学习型、服务型、规范型基层党支部,充分发挥党员先锋模范作用和党支部的战斗堡垒作用。

二、主要做法

(一)强化政治建设,提升思想认识

计划财务部党支部始终把党的政治建设摆在首位,落实全面从严治党主体责任。依托"三会一课"制度,开展形式多样的主题党日活动,强抓党员政治理论学习。结合部门特点,组织开展"计财思行讲堂"特色学习培训活动,党员同志带头讲,促进各板块业务融合和人员交流。组织参观毛主席纪念堂、香山革命纪念馆,在传承革命领袖的崇高精神和党的光荣传统中接续奋斗力量;组织校情校史学习,参观校史馆、电动车辆国家工程实验室、智能机器人与系统高精尖创新中心、全国高校思政课虚拟仿真体验教学中心,参观北京理工大学建校80周年成就展、在党的旗帜下前进——人民军队庆祝中国共产党成立100周年主题展览等,通过学党史与知校史有机结合,让支部党建工作与学校发展同频共振。组织全体党员观看庆祝中国共产党成立100周年大会直播,收看习近平总书记在中国共产党第二十次全国代表大会上的报

告,推动全体党员提高政治站位,踔厉奋发,勇毅前行。与宇航学院飞行器控制系党支部、马克思主义学院机关党支部等学院基层党组织开展联合党日活动,不断强化与学院的沟通交流,提升支部党员理论水平和服务能力。编印理论学习材料,由党员引领带动部门全体人员每月分小组开展理论学习研讨,每月通报"学习强国"积分月增量位列前十名的党员,营造争先进位、比学赶超的学习氛围。扎实开展党史学习教育,每月组织全体党员开展党史学习教育集体学习,领导干部带头领学、带头重点发言。

(二)强化作风建设,提升服务质量

推进"不忘初心、牢记使命"主题教育常态化、制度化,加强作风建设。召开新入职员工座谈会、青年党员座谈会、服务窗口工作人员座谈会,共商提升服务质量和部门治理水平,号召青年党员发挥模范带头作用。开通部长信箱,向全校师生发放调查问卷,面向部内全体人员征集意见,摸清困扰师生的堵点、痛点问题,积极回应师生关切。推出一系列简化流程、强化服务举措,下放、取消审批事项,建设会计凭证影像化、酬金跨行异地实时支付、网上预约开票等信息化系统,在中关村、良乡校区设置11台报销单自助投递机,全面实现采购流程线上办等,切实解决师生急难愁盼问题。

（三）强化组织建设，提升党建水平

以党建工作促业务发展，每年年初制定全面从严治党工作要点，党建工作与业务工作同研究、同部署、同落实、同考核。规范落实"三会一课"制度，推动党的组织生活制度化、规范化、常态化。针对部门党员多的特点，先分组开展组织生活会批评与自我批评，再集中汇报分组讨论情况并开展民主评议党员。定期轮换分组方式，促进不同板块、不同科室之间党员的融合沟通，提高组织生活会质量和效率。充分利用"党建云""学习强国""党员e先锋"等党建新媒体平台，加强对党员的教育管理。严把政治关，确保党员发展质量，自2018年11月计划财务部党支部组建以来，持续注入新鲜血液，共发展党员7名，现有发展对象2名、入党积极分子6名。

三、成效启示

通过落实"三强化三提升"党支部工作法，计划财务部党支部的政治功能得以强化，有效地提高了党支部的凝聚力、创造力和战斗力，为认真贯彻落实党中央、北京市、学校党委各项决策部署，围绕中心、服务大局，聚焦主责主业提供了有力保证。2019年和2021年，党支部连续两次被评为北京理工大学先进党组织。部门组建以来，各板块工作亮点突出：圆满完成了"双一流"首轮建设任务，高质量编制学校新一轮"双一流"建设方案及一流学科建设方案，学科国际影响力稳步提升，ESI前1%的学科数量由2017年的6个提高到10个，USNEWS世界大学学科排名前50学科数由0个增至9个。各板块全力、协力做好疫情防控工作。全面梳理计划财务部牵头制定的65个校级文件，新制定14个文件，完善制度建设。财务服务实现敞口预约、零接触办理，服务效能有了明显改善。常态化开展财务报销、招标采购等政策宣贯培训会，开展定制化宣讲，有序推动各类科研项目结题结账，规范科研经费管理。编制"全口径"预算，加大资金统筹力度，避免资金沉淀闲置，控制财务风险。协同各单位推进预算执行，近年来学校连续获评工信部部属单位预算执行优秀单位。

"三有三全"筑堡垒，凝心聚力创新局

机关党委教务部党支部

一、背景起因

教务部党支部现有正式党员25名，发展对象1名。全体成员在学校党委和行政的领导下，坚持以习近平新时代中国特色社会主义思想为指导，落实立德树人根本任务，加强党对教育的全面领导，秉持"思政教育有特色、一流本科有亮点、教育服务有温度"的理念，将思政工作贯穿教育教学全过程，实施"SPACE+X"全方位教学改革，推进教学组织和资源建设全覆盖，形成了党建和业务深度融合的"三有三全"党支部工作法，逐步构建了以提升本科人才培养质量为中心、以保障教学平稳高效运行和提升教育教学成果产出为导向的"一体两翼"工作格局，着力开创高水平拔尖创新人才培养新局面。

二、主要做法

（一）延河铸魂育新人，党建引领促发展

支部着力将红色基因镌刻入新时代人才培养事业。制定了《"课程思政"建设实施方案》，推动将党史、校史、学科发展史融入课程思政，打造老中青三代人课程思政精品课；成立课程思政研究中心，将理论研究与教学实践相结合，汇编《课程思政责任点》，发布《北理工课程思政百篇案例》，出版专著《课程思政理论与教学研究——聚焦北京理工大学课程思政建设》；牵头成立延河联盟课程思政工作委员会，与新华网合作组建"延河联盟——课程思政案例库"，打造延河思政品牌，形成行业示范。

支部在坚决落实习近平总书记关于"用好课堂教学这个主渠道"的思政教育要求的同时，不断强化内部理论学习，开展形式多样的主题党日活动，提高全员政治素养，坚决"守好一段渠、种好责任田"。

（二）本科专业创一流，招生培养双提升

支部勇立时代潮头，顺应国家需求，全面推行本科人才培养改革。组织修订了各专业培养方案，以前沿交叉贯通的课程体系促进学生有价值成长；打造分型卓越的创新拔尖人才培养改革方案，构建学生能力多元多维评价体系；瞄准国家急需，筹建未来技术学院；在大力加强"四新"建设的同时，推动传统革新重塑，促进各专业均衡发展；深化课堂革命，探索项目制课程，推广智慧教育改革；建立起"立大志、创大业"的创新创业实践教学体系，推进本科生柔性教学管理；加强基层教学组织建设，强化重课堂、重实绩的育人评价导向；精心打造招生品牌，将招生和培养一体化设计和推进。2022年，我校招生专业全部入选国家和北京市的一流本科专业建设点，本科理科录取分数线在"双一流"A类高校排名第10位。

支部强化顶层设计，充分调动学院和教师积极性，多级联动推进有组织有谋划的教学管理和成果孵化。与各学院一起全面梳理"十三五"期间教育教学成果和资源存量，提前谋划各专业建设"十四五"规划；制定教学成果和名师的梯队培育方案，开展长期培育。

（三）心系师生办实事，队伍建设显成效

为确保疫情期间不停教、不停学，领导干部靠前指挥，支部全体人员不分昼夜，周密部署，针对不同年级本科生精细化制定教学、毕设和考试方案，针对一线教师开展专题培训搭建交流研讨平台。一系列暖心、用心的举措有力保障了教学秩序和质量的稳定，书写了抗疫合格答卷。

支部主动优化管理流程，为学生建立"可信电子成绩单"；将进行了十余年的原每学期1次的"本科教学业务咨询服务日"品牌活动升级为每月1次的"良乡教学咨询日活动"；建立教务部常规开放机制，经常性举办师生座谈，构筑管理部门与师生常态交流平台；领导班子深入学生，尤其是新生班级，引导其尽快适应大学学习生活。

支部充分发挥政治核心和战斗堡垒作用，建立健全教育教学长效机制，近年来出台了十余份校级文件；完善内部运行制度，面向师生接受日常评议，积极主动改进工作作风和方法，持之以恒抓长远、固根本，打造有战斗力的团队。全员坚决落实学校决策部署，率先完成整体搬迁良乡校区任务。疫情期间60余人次主动参与学校核酸检测志愿者服务，多位同志被学校宣传部作为榜样人物进行了专题报道。教务部获评北京理工大学2021年度"三全育人"先进集体，多位同志获评北京市级和校级先进个人。

三、成效启示

（一）教育教学成果厚积薄发

在"三有三全，一体两翼"格局下，学校教育教学成果产出数量和质量显著提升。获批13项教育部第二批新工科研究与实践项目，数量居全国第三；获批39门国家级一流课程，获批5本首届国家教材（本科）；教师在国家级和北京市级教学创新大赛获奖9人次，居同类高校前列；学生获国家级和国际竞赛奖2 600项，位居全国前茅。2022年，有13项牵头获得北京市教育教学成果一等奖以上的项目冲击国家级奖项，数量创近十年新高。

（二）教育教学特色彰显影响

近两年，教务部代表学校在中国教学学术国际会议、中国高教协会新工科论坛、兵工高校高等教育研究会年会、卓越联盟高校虚拟教研室工作专项研讨会等国际国内各类大会上，分享新工科建设、拔尖创新人才培养、教育教学改革等方面的有益经验，发出推动新时代中国高等教育发展之北理工声音。学校的人才培养做法和成就在中国教育报、光明日报、新华网等知名媒体进行专题报道。北京航空航天大学、华南理工大学、北京中医药大学、南京理工大学、长春理工大学等众多兄弟院校到校调研交流。

身处两个大局时期，时值历史重要时刻，教务部党支部全体党员将继续做好本科人才培养的"参谋部""发动机""汇流环""检验员"，把好传统带进新征程，把好作风弘扬在新时代，同心协力推动学校本科人才培养展现新气象、再上新台阶！

"互融互促红色育人"工作法

机关党委留学生中心党支部

一、背景起因

留学生中心党支部现有党员22名,其中2人为预备党员。支部始终注重加强自身建设,按照"党的一切工作到支部"的工作要求,在机关党委指导下严格开展党建党务各项工作,扎实推进党支部标准化和规范化建设。

坚持党的全面领导,坚持社会主义办学方向,是学校来华留学事业实现高质量发展的根本保证。党的十八大以来,学校来华留学事业始终以习近平新时代中国特色社会主义思想为指导,用习近平外交思想统揽工作全局,围绕落实立德树人根本任务,坚持从党和国家事业发展全局的高度谋划和推进各项工作。在学校党委的领导下,支部认真贯彻党的路线方针政策,严格落实党中央的决策部署和习近平总书记对来华留学工作的重要指示、批示、回信精神,确保将上级的重大决策和工作部署落到实处,传承北理红色基因,永葆初心本色。

面对新形势新要求,支部以坚定理想信念为出发点,以调动全体党员和积极分子的积极性、主动性为着力点,将党建与留学生的教育、管理和服务工作相融合,以建设"党建+国际化"品牌为抓手,创建"互融互促红色育人"工作法,为推动学校来华留学教育高质量内涵式发展提供坚强的政治保障。

二、主要做法

（一）加强支部共建，强化堡垒战力，促进党建业务深度融合

为进一步强化责任担当，主动适应国家发展大势及党和国家工作大局，推动新时代来华留学和教育对外开放取得新发展，留学生中心党支部积极与国家留学基金管理委员会第三党支部持续开展多种形式的联学共建活动。两个党支部主要从三个维度打造党建工作深度。

一是面向留学生开展导师工作坊，在咨询、就业、心理等方面为学生提供优质服务，培养学生知华友华情怀。为帮助我校来华留学生尽快适应留学生活，提升综合素质，实现全面发展，两个党支部共同设立"通识导师工作坊"，从校园生活、学业进展、学术发展、人生规划、跨文化适应等多层面、多角度为来华留学生提供切实有效的教育引导和帮扶指导。13名国家留学基金委第三党支部党员受聘为我校首批来华留学生通识导师，作为来华留学领域的资深专家，他们用自己广博的知识和丰富的经验，定期为我校来华留学生群体答疑解惑，提供悉心指导和成长建议。

二是面向年轻党员干部开展提升思想理论水平和业务水平的各种学习活

动,使党建和业务协同发展,互相促进。两个支部多次举办线上线下多种形式的主题党日活动,同上一堂党课,在学习中注重选择与来华留学工作相关的学习资料,归纳提炼重要内容并加以阐释,真正学出责任担当、能力本领和工作成效。

三是服务来华留学事业的发展。成立中国政府奖学金留管人员培训、感知中国活动、中国政府奖学金院校入学考试等联合调研小组,深入了解来华留学领域的需求,为推动事业高质量发展提供充分依据。

(二)发挥党建引领,坚持立德树人,用红色文化赋能留学生思想政治教育,扎根中国大地培养国际化人才

深入了解真实的中国,是来华留学生教育的重要一环。留学生中心党支部以党史学习教育为契机,通过开展内容丰富、形式多样的活动,进一步加强来华留学生对中国国情和中国共产党的了解,并通过亲身经历更好地向全世界介绍真实、立体、全面的中国。

一是举办专题座谈会。紧扣立德树人根本任务,以"讲好中国故事"为抓手,组织全处教职员工和在校留学生代表召开专题座谈会,学习习近平总书记给北京大学留学生们的回信精神,交流学习体会;观看庆祝中国共产党成立100周年大会直播盛况,通过深入交流座谈,帮助学生准确了解中国历史、感悟辉煌成就,让来华留学生感知中国真实的面貌和发展,进一步厚植中国情怀、增进友华情感。

二是国情教育进课堂、进实践。紧扣立德树人根本任务,抓住课堂教学这一主渠道,以"讲好中国故事"为目标,以传播中国文化为切入点,坚持课程与思想教育同向而行,将国情教育融入来华留学教育的各个环节;通过构建课堂学习、文化活动、社会实践等多种形式相融合的中国国情教育体系,引导来华留学生多视角感知中国、了解中国、宣传中国。同时,将党史故事、党史经典融入汉语课堂教学,实行汉语综合课为主、中国文化课为辅的汉语课程体系,搭配经典诵读、书法绘画、茶道武术等特色课程,向留学生传授专业知识的同时讲述中国历史,传递中国文化,展现中国精神,塑造中国形象,展现真实、立体、全面的中国,通过课上课下互联互通、学习体

验互融互促，实现知识教育与思想教育的双重效益。

三是用好学校红色资源，赓续红色血脉。每学期组织留学生新生参观校史馆，踏寻红色足迹，聆听红色故事，感受红色文化，了解学校在特色研究领域、师资队伍建设、综合素质培育等方面付出的努力与取得的成就。通过校园行活动，帮助留学生知校史校情，加深对学校的了解，激发爱校情怀。

三、成效启示

（一）理论学习和业务推进双向促进

支部将党建与业务有机融合。与国家留学基金管理委员会第三党支部的联学共建是努力构建资源共享、优势互补、互相促进、共同提高的党建工作新格局的重要载体，是促进党建与业务深度融合的有效路径，实现了业务联学、工作联促、党员联动，推动了党建工作和业务工作成效共享、共同提高。

（二）理解当代中国，领悟中国智慧

支部将党建与留学生的教育、管理和服务工作全面融合，是贯彻落实学习教育常态化、制度化的具体体现，也是党建工作的探索和创新。这些工作使学生全面了解中国国情和制度政策，直观感知当代中国的发展变化，读懂中国发展背后的深层逻辑，从国际视角理解中国议题，汲取中国智慧、中国经验，努力担当起促进国家之间合作和发展的责任，当好中外文化交流的使者。

"看齐中心、对照指南、结合业务"理论学习工作法

机关党委宣传部党支部

一、背景起因

习近平总书记指出,只有理论上清醒才能有政治上清醒,只有理论上坚定才能有政治上坚定。扎实开展理论学习不仅为党支部建设打下坚实的理论基础,更成为党员不断提升自身综合修养的关键。因此,在党支部工作中抓好理论学习,教育引导广大党员在实际工作中用科学理论武装自己、用理论指导实践至关重要。作为学校机关党支部,在承担日常繁杂工作事务的同时,为实现"自觉主动学、及时跟进学、联系实际学、笃信笃行学"的理论学习要求,党委宣传部党支部充分发挥自身作为思想理论武装工作牵头部门的工作优势,在工作实践中,通过看齐理论中心组学理论、对照学习指南学理论、全员结合业务学理论等,形成了"看齐中心、对照指南、结合业务"党支部理论学习工作法。

二、主要做法

(一)向党委理论中心组看齐,抓好重大专题学习

党委宣传部党支部充分发挥本部门负责校党委理论中心组学习的工作优势,始终在党支部理论学习上看齐理论中心组学习内容,结合党支部实际情况,重点聚焦重大专题学习,将党委理论中心组的学习进度,作为党支部"及时跟进学"的标尺,通过看齐专题内容、分享资料素材、及时传达精神,用党委理论中心组高质量的学习过程、学习成果,辐射带动党支部有效

推动理论学习质量提升。

(二)按照月度理论学习指南,抓好常态化理论学习

党委宣传部党支部充分发挥思想理论武装工作牵头部门的工作优势,及时关注、瞄准党和国家重点思想理论学习动态,在为全校各级党组织编制、发布月度思想理论学习指南的同时,带头落实指南学习内容,在学习过程中充分结合高校立德树人根本任务,充分结合高校思想政治工作要求,充分结合高校一流发展目标要求,通过阅读理论著作、学习时政新闻、观看专题视频等多元化手段,抓好党支部思想理论的常态化学习。

(三)结合宣传思想业务工作,抓好全员理论素养提升

党委宣传部党支部始终注意将理论学习与业务工作相结合,在学习过程中,侧重加强收集与宣传思想工作相关的政策文件、理论观点、工作方法等作为党支部理论学习的内容。同时,党支部充分认识部门作为党委政治部门的工作定位,坚持将理论学习覆盖全体部门工作人员,不断夯实业务工作开展的理论基础,全面提升部门工作人员的思想政治工作素质,不断推动宣传业务工作质量提升。

三、成效启示

(一)有效提升党支部理论学习质量

党委宣传部党支部通过向党委理论中心组看齐重大专题学习,按照月度理论学习指南抓好常态化理论学习,充分结合业务工作加强全员全覆盖式学

习,有效确保了理论学习高质量开展。通过向党委理论中心组看齐重大专题学习,党支部能够及时聚焦重大决策、重要指示讲话精神学习,并与学校办学事业发展的实际相结合,在学习中将理论学习落实在对学校高质量发展的认识理解上;通过按照月度学习指南内容逐一对照学习,能够查漏补缺,构建起党支部理论学习内容清单,紧跟理论学习的焦点、热点,确保紧跟形势"不掉队";通过结合宣传工作业务工作学习,能够立足部门工作实际需要,有效拓展学习内容外延,增强学习热情和积极性,并将理论学习的成果较好地运用到工作之中,从而推动党员干部和部门全体成员不断提升个人理论素养,确实发挥出理论学习支部建设和部门工作的引领保障作用。

(二)有效构建党支部理论学习素材库

党委宣传部党支部在工作实践中,通过采取"看齐中心、对照指南、结合业务"的理论学习方法,在提升学习质量的同时,还逐渐形成了党支部理论学习素材库。结合党委理论中心组学习内容,构建了重大专题学习素材库;按照月度理论学习指南,构建了理论热点学习素材库;通过结合宣传业务开展理论学习,构建了思想政治、新闻宣传、文化建设等与宣传业务工作紧密结合的学习素材库,并充分加强多媒体素材搜集,确保理论学习内容形式多元化、生动化。

"两个关键环节"铸魂育人工作法

机关党委学生工作部党支部

一、背景起因

作为负责学校学生教育管理工作的党政职能部门,学生工作部党支部按照新时代党的建设总要求,严格对标看齐,紧紧围绕学校人才培养中心工作,结合疫情防控常态化背景,既关注自身学习,也关注对学生群体的思想引领,发挥急难险重任务前面的党员战斗堡垒作用,为学校"双一流"建设贡献力量。

学生工作部党支部坚持"两个关键环节"铸魂育人工作法,以习近平总书记关于高校思想政治工作重要论述精神为指导,提炼形成了"审时度势增强针对性,借'式'化事彰显亲和力"两个关键环节,提升思想政治教育实效性。党支部凝聚党支部及全体辅导员队伍力量,扎根并精于铸魂育人实际,为3万余名在校青年学生成长成才引路,在铸魂育人中锻造党性。

二、主要做法

(一)审时度势,精准把握学生的群体性脉动

因事而化,摆事实讲道理,循序渐进解决思想认识问题。党支部党员们关心了解师生思想政治状况,及时回应师生重大关切,防止各类错误思想文化侵蚀,建立健全预警机制,积极做好教育引导工作。

因时而进,把握时代脉搏,捕捉合宜时机鼓励学生逐梦。结合建党百年庆典、庆祝新中国成立70周年、北京冬奥会、开学典礼、毕业典礼等重要时机进行有思想、有深度、有温度的思政教育;在疫情防控期间,把铸魂育人

的校园小课堂建到现实生动的社会大课堂。

因势而新，占领网络阵地，推进思政教育工作守正创新。运用互联网、大数据等手段，提升思想政治工作时效性，推进学生管理服务信息化建设，建成学生数据中心，多维度关注学生全面成长发展。

（二）借"式"化事，精心引领学生的时代性心动

全员参与学生思政教育工作。紧抓党的二十大、党史学习教育等重大契机，提升思想引领的实效性，把社会主义核心价值观培育贯穿学生教育管理、社会实践、创新创业等过程；着重党建强基，推进先锋工程，组织开展"担复兴大任、做时代新人"等主题教育活动和全程化德育答辩；加强国防教育，强化军工报国情怀。党支部全体党员落实工作职责，动员学校辅导员、班主任、党政管理干部等全体校内人员，与家庭、社会等资源协同育人。

全过程保障学生培养环节。"一个链条"贯通到底，党支部党员从每个学期开学到结束，从双休日到寒暑假，都精心安排思想政治教育，贯穿始终。构建服务对象全面向、心理教育全过程、专业培训全覆盖、教育主体全参与的"四全"心理工作格局。党支部全员不舍昼夜、24小时辛勤工作，投身疫情防控保卫战，筑牢校园疫情防线，充分发挥了党支部的战斗堡垒作用。探索实施书院制育人模式，建成近6 000平方米的书院功能社区，提供满足学生多样化、个性化、精准化的成长成才需求资源。

全方位组织各教育载体发挥育人功能。学生工作部党支部中党员分工明确、相互联通，从学生思政教育、学生管理、辅导员队伍建设、书院管理、心理健康教育多方位发力，汇聚各类育人载体合力，包括学生综合测评和奖学金评比、学生组织建设与管理、校园文化建设、学风建设、诚信教育、社会实践等，将思想政治教育寓于其中。

三、成效启示

"两个关键环节"铸魂育人工作法的实施，促进了党支部工作与业务工作的有机融合，精准把握了学生的群体性脉动，在自身的改革上发力，扩大有效和中高端供给，减少无效和低端供给。同时在顶层设计的前瞻性、系统设计的协同性、方法改革的创新性等工作层面，满足了学生的内在需求，真切地实现围绕学生、关照学生。

学生工作部党支部组织优秀学生党支部申报"全国党建样板支部"，获批3个，获评优秀党员标兵1个；获批教育部高校思想政治工作精品项目1项；获评首都大学生思想政治工作实效奖2项；获评北京市高校国防教育协会先进会员单位；牵头组织参与北京市"红色1+1"示范活动，连续三年获评优秀组织奖，获北京市一等奖1项；多个集体和个人荣获"北京市筹备和服务保障中华人民共和国成立70周年庆祝活动"荣誉称号。

科技"一三五",营造一流新生态

机关党委科学技术研究院党支部

一、背景起因

科学技术研究院党支部(简称"科研院党支部")是一支朝气蓬勃、素质过硬的科研管理队伍。支部坚持党建引领,注重队伍建设,不断扩大党员队伍。在新党员发展方面,预备党员1人,发展对象1人,新提交入党申请书同志1人。科研院党支部始终将党建工作与本职业务工作紧密结合,以"一融合""三创新""五全员"为主要内容,通过支部工作与业务工作"同轴共转",创新推进,努力实现支部工作和业务工作互为促进,推动党员干部立足本职、争创一流,充分发挥了党支部战斗堡垒作用,为推进学校科技创新高质量发展提供了重要支撑和保障。

二、主要做法

(一)围绕"一融合",推进党建与业务"双轮"驱动

紧紧围绕全面提升我校科技创新水平中心任务,坚持"高质量的党建引领高质量的科技创新"工作理念,加强党建与业务深度融合,将支部建设与业务工作同谋划、同部署、同落实、同检查,通过支部党建工作的高质量,促进科技创新服务的高质量,推进学校科技创新能力持续提升。"十三五"期间,学校创新能力显著增强,科技投入经费超过182亿元,年均增长16.79%;牵头获国家科学技术奖21项,连续三年获得一等奖,有力支撑了国家科技自立自强。

(二) 建设 "三创新" 支部,围绕重点工作 "创新" 提升

以业务工作的重点和难点作为支部工作的切入点和突破口,不断创新支部工作思路和方法。一是理念创新,找准着力点。坚持科技是第一生产力、人才是第一资源、创新是第一动力,牢固树立和落实 "大人才观",推进科教深度融合,切实将 "大科研" 优势转化为人才培养胜势,通过科技创新高质量发展带动提升科研服务整体水平,切实发挥科研实践育人功能。二是体系创新,找准结合点。坚持把党建工作贯穿科研工作全过程,组织广大师生坚持 "四个面向",服务 "国之大者",以聚 "大团队"、建 "大平台"、担 "大项目"、做 "大贡献" 为依托,不断强化基层协同配合,加强 "有组织的科研",深入推进 "六级联动" 机制,引导鼓励广大师生统一思想、自觉践行科技报国志。2021年12月举办了北京理工大学 "十三五" 科技成就展,全面展示了学校 "十三五" 期间在科技创新方面取得的重要成就,形成了崇尚创新、尊重人才、热爱科研、献身科学的良好氛围。三是方法创新,找准切入点。发挥 "干中学、学中干" 成效,在领导干部讲党课、党支部集中学习、党员个人自学等学习活动基础上,结合业务实际,坚持开展月度支部学习交流制度,形成理论、实践、研讨、联学相结合的 "四位一体" 学习交流模式,切实将学习成效落实到工作实践中。通过召开青年管理干部座谈会,从思想、工作、作风上为青年党员确立标准,助力业务能力提升,加快成长成才。

（三）锻造"五全员"队伍，加强队伍建设"全员"培养

打铁还需自身硬。作为一支"听党指挥、能打胜仗、作风优良"的科研管理队伍，要持续加强支部的干部队伍建设。一是当好宣传员。发挥支部党员的业务优势，做好党的理论宣传教育工作。认真制订学习计划，打造"知·行"研学平台，联学科技部、航天五院、清华大学等13个共建单位，不断丰富学习内容，促进业务交流，提升学习实效，确保理论武装更加走深走实，任务推进更加高质高效。二是当好引导员。开展科研院党支部"七个一"特色党史学习教育，通过组织党史知识竞赛、联系一批党史学习教育导师、举办"我与科研管理"征文等系列活动，充分激发了全体党员学习的主动性和积极性，引导支部党员扎实开展理论学习，提升业务工作水平。三是当好服务员。通过顶层谋划、精准策划，当好科技创新组织协同服务员。重视沟通激励，广纳谏言，持续开展一批"我为群众办实事"系列活动，为学院与教师创造良好科研环境。四是当好指导员。建立思想政治工作动态管理机制，坚持定期交流与分析，及时掌握干部职工思想动态，热忱开展慰问、帮扶等暖心工程，确保干部职工思想稳定，积极引导支部党员理论学习、实践创新和健康生活。五是当好示范员。教育与监管并重，重要时节及时谈话和提醒，及时梳理和清查，筑牢拒腐防变的心理长城。坚持严于律己、公道正派，做廉洁从政的表率。

三、成效启示

"一三五"工作法紧紧围绕科研院党支部的职责使命，立足实践不断研究探索，通过深化党建与业务同频共振，使党员队伍更有作为、支部建设更加有效，真正把党组织的政治优势、组织优势和密切联系群众的优势转化为有效推进学校科技创新各项工作的有力武器。一方面，增强了党建业务深度融合的实效性。在"一三五"工作法的引领下，紧扣中心工作加强支部建设，以重点任务落实效果检验支部建设成效，通过把各项任务落实落细，使支部工作始终与中心任务同步推进，形成了党建业务有机融合、互促共建的良好局面。另一方面，提高了党建业务深度融合的长效性。通过以训促学、

以干促学、以比促学，不断加强党员学习教育管理，形成学干结合、学用相长的浓厚氛围，党员的政治素养和业务水平得到显著提升。通过创新的载体和方法，把对党员的基本要求体现在工作安排和任务落实上，切实增强了党员的责任意识和服务意识，进一步密切了党群干群关系，提升了党组织的凝聚力和战斗力。

面对新征程新使命，科研院党支部将认真学习深刻领会全面贯彻党的二十大精神，持续推进党建业务深度融合，着力做好"有组织、有设计、可受控、可复制"的科研，为努力实现高水平科技自立自强、全面推进中华民族伟大复兴贡献北理工力量。

提素质、强效能、筑防线 "三练兵" 工作法

机关党委纪巡审党支部

一、背景起因

2018年8月,学校纪委办公室/监察处、党委巡视办公室、审计处合署办公。2018年9月,在原纪监审党支部基础上,北京理工大学机关党委纪巡审党支部成立,现有党员18名,党员同志来自纪委办公室、党委巡视办公室、审计处。

纪巡审党支部在学校党委的领导下,在上级纪委的指导下,深刻把握纪检监察、校内巡视、内部审计工作在推进党的自我革命中的职责任务,建立"大监督"工作格局,将一体推进"不敢腐、不能腐、不想腐"方略贯穿始终,围绕学校坚持社会主义办学方向、落实立德树人根本任务,发挥监督保障执行、促进完善发展作用。

二、主要做法

(一)勤学练兵,抓实政治理论学习,提升监督队伍政治素质

纪巡审党支部坚持以政治建设为统领,扎实推进理论学习规范化建设。通过"三会一课"、教职工集体学习、碎片化时间自学等方式深入学习领悟习近平总书记关于全面从严治党、高等教育、巡视、审计等方面的重要论述,注重示范带动、全面系统学,注重强化担当、联系实际学,增强专职监督队伍的政治自觉、思想自觉、行动自觉。党支部骨干协助学校纪委建立二级党组织纪检委员"三会一训"(座谈会、工作会、总结会、业务培训)工作机制,制定《基层党组织纪检委员岗位职责》,编印《纪检监察应知应会

知识汇编》，助力提升兼职纪检监察干部政治素质，锻造一支忠诚、干净、担当的监督铁军。

(二)实干练兵，抓实监督贯通工作，强化协同监督治理效能

纪巡审党支部坚持以党建引领推动业务提升，将党建与业务同谋划、同部署、同落实。结合学校实际，推进纪律监督、监察监督、派驻监督、巡视监督统筹衔接，"四项监督"与审计"经济体检"深度贯通，同向发力。坚持关口前移，以党员领导干部为重点，以规范权力运行为核心，拓宽监督渠道，有效规范权力运行，形成衔接顺畅，配合有效的"大监督"工作合力。党支部发挥战斗堡垒作用，协助党委推进全面从严治党、落实常态化疫情防控等党中央决策部署、推动解决学校重点难点问题，推进有关业务部门进一步落实监管职责，显著增强了协同监督质效。

(三)正风练兵，抓实廉政宣传教育，筑牢拒腐防变思想防线

纪巡审党支部坚持廉政教育既正面引导又反面警示，正反结合夯实广大党员干部不想腐的思想根基。通过学校纪委网站宣教之窗、i北理廉政课堂、教师思政学习廉政专栏等平台和党风廉政建设宣传教育月系列活动，常态化推送学习内容，加强经常性纪律教育。举办革命先辈徐特立同志谈廉洁专题

展，展出徐特立对于廉洁自律的有关表述、相关事迹和手稿，教育引导学校党员干部筑牢理想信念、赓续红色血脉、传承廉洁文化。深入开展"以案为鉴、以案促改"警示教育，做好案件查办"后半篇文章"，召开警示教育大会，推动以案为鉴，以案促改落实落细。收集梳理学校各部门工作中发现的苗头性倾向性问题，编制印发口袋书等教育材料，扎实开展"送案例下基层、普知识防风险"系列巡讲，不断增强廉洁教育的实效性、感染力。

三、成效启示

通过"三练兵"工作法，纪巡审党支部全体党员强化了政治理论基础，进一步增强了担当意识，更加自觉地担负"两个维护"的特殊使命和重大责任。党支部的凝聚力、战斗力进一步增强，履行监督职责更加有力，政治监督更加具体，日常监督更加精准，"四种形态"运用更加充分。对苗头性倾向性问题抓早抓小，对违规违纪违法问题严肃依规依纪依法调查处置，推动完善相关管理制度和工作机制，学校党员干部廉洁意识、纪律意识普遍增强，学校政治生态持续向上向好。党风廉政建设与反腐败斗争永远在路上，纪巡审党支部将持续加强自身建设，一体推进不能腐、不敢腐、不想腐，努力营造风清气正的校园氛围，保障学校"双一流"建设高质量发展。

"二时·三强·智慧+"工作法

机关党委后勤基建处党支部

一、背景起因

后勤基建处党支部隶属于中共北京理工大学机关委员会，现有党员36人，下设3个党小组。后勤基建处党支部始终把党的思想政治建设摆在首位，坚持以服务师生为中心，锻造了一支全面过硬的基层党支部人才队伍。

2022年5月，按照学校疫情防控相关部署要求，后勤基建处党支部坚持党建引领，第一时间组织召开党支部（扩大）会议，认真学习习近平总书记3月17日在中央政治局常委会议上关于疫情防控的重要讲话精神，学习学校党委发出的《让党旗在战疫一线高高飘扬——致北京理工大学全体共产党员的一封信》，认真领会精神，统一思想、统一步调、统一行动。多名党员奔赴一线，在中关村校区和家属区、良乡校区、昌平隔离点，充分发挥党支部战斗堡垒和党员先锋模范作用，抓在平时、用在战时，为全校师生做好后勤保障服务，坚决守好疫情防控保障线和安全稳定屏障线。在工作中，支部形成"二时·三强·智慧+"工作法。

二、主要做法

（一）坚持"民"字当头，强化民生保障

疫情发生以来，党支部闻令而动，积极部署。支部党员干部坚持奋战一线，既是统筹协调的管理者，也是亲自上阵的"搬运工"，第一时间做好物资供保。党支部按照"平时服务、战时应急、采储结合、节约高效"的原则，建立了一套完整的生活物资应急保供体系，并从三方面着手，顺利完成

保障封闭环中的每位师生民生需求的艰巨任务。

一是精准调配。支部对应急救援物资实行集中管理、统一调拨、统一配送，优化重要应急物资供给保障和校区布局，将物资落实到件、责任落实到人，做到关键时刻调得出、用得上、供得足。二是高效畅通。支部在两校区间建设保障物资专用物流缓冲区，确保从物资采购到运输和配送每一个环节的安全畅通。三是贴心细致。校园封闭管理期间，支部协调制定多套餐食搭配方案，良乡校区配送餐食共计46万余份，有力保障了在校师生日常生活。

（二）坚持"防"字为本，强化校园防护

支部建立了包括预警机制、应急决策机制、应急保障机制、善后修复转化机制在内的应急快速反应机制，做到组织不变、人员在岗、及时部署、科学处置、高效运转。党员干部随时充实一线力量，加强值班值守，保证应对突发应急事件反应迅速、处置妥当。

疫情防控期间，支部按照学校"早排查、快处置、严管控"的要求，严格落实四个"百分百"。一是百分百消杀全部校园区域，最大程度消除校园内传播风险，全力保障师生健康安全。二是百分百做好核酸检测工作条件保障，随时响应，切实保证条件保障精准到位。三是百分百做好核酸采样现场管理，协同维持秩序，保障完成应检必检任务。四是百分百杜绝"手递手"，切断疫情传播风险。

(三) 坚持"联"字为要，强化信息赋能

为实现校园疫情防控形势精准研判，党支部充分发挥管理、保障、服务的职能作用，统筹协调各方资源，建设疫情防控后勤保障平台，紧急开发多个服务模块，多措并举为师生保驾护航。"核酸扫码登记""楼宇进出登记"模块为精准防控提供有效数据支持；"食堂订餐"模块精准掌握学生用餐需求，对学生分流就餐、食堂按需备餐提供了重要数据支撑；"家属区教职工送餐"服务，有效解决教职工尤其是离退休教职工就餐困难的问题；"离校学生送站"模块全力保障返乡学生安全、便捷；"学生预约接站服务"模块保障集中返校安全、有序。

在多方支持联动下，党支部信息化建设工作成效显著，师生对各模块服务反馈评价良好，为开展后勤服务智慧化转型、全面提升综合应对处置的效能打下坚实基础。

三、成效启示

(一) 坚决筑牢疫情防控后勤屏障

在疫情防控期间，后勤基建处党支部深入贯彻落实"加强校地协同合作、加强物资保供储备、加强防疫应急演练、加强智慧后勤建设、加强校园日常防护"的基本方针，多措并举。全体党员冲锋一线，以实际行动提升应急处置和保障能力，助力疫情防控工作有序进行，为实现后勤管理的智慧化转型和高质量发展奋发进取。

(二) 全力保障后勤服务提质增效

立足全校师生后勤保障需求，党支部深入推进后勤服务的实用性、智慧性和先进性建设。在疫情防控和服务保障中，党支部充分发挥平台优势，着力提升服务质量、效率和管理水平，实现了后勤服务系统谋划、科学推进、降本增效、精细发展，为实现后勤服务现代化、精细化、人性化，为构筑牢不可破的校园安全屏障，为服务学校"双一流"建设贡献后勤基建人的力量。

"桑榆念党恩'四强'映初心"工作法

离退休教职工党委退12-1党支部

一、背景起因

离退休教职工党委退12-1党支部由学校教务处、研究生院、离退休工作处等机关管理部门退休的老党员组成,现有党员29人,平均年龄72岁,党支部委员3人。支部党员大多有几十年的学校党政部门管理工作经验,是党和国家以及学校事业发展的亲历者、建设者和贡献者。红色基因浸润,他们一辈子听党话、念党恩,为党的事业奋斗终身的信念坚如磐石;他们对学校感情深厚,为学校"双一流"建设贡献余热的初心不改;他们始终保持党员本色,发扬北理工老党员的精神情怀,离岗不离党、退休不褪色。头雁领航,群雁齐飞。党支部在多年实践基础上探索形成了"书记作用强、队伍建设强,组织生活强,群众工作强"的"桑榆念党恩'四强'映初心"党支部工作法。

二、主要做法

(一)发挥头雁效应,书记作用强

"火车跑得快,全靠车头带。"把敢于担当、乐于奉献的老党员选拔为退休党支部的带头人非常重要。工作中,支部书记认真投入,善于动脑,积极主动策划支部工作。对上级布置的工作,不是简单地上传下达,而是自己先学一步、理解吃透精神,然后根据本支部实际情况拟出具体执行办法,提交支委会研究讨论,达成共识提出方案,再布置到全体党员学习理解执行。在历次重要学习、重大活动、重点工作中,支部书记都是以身作则、冲锋在前，带头学习、积极参与。

（二）优化组织体系，队伍建设强

以党支部换届为契机，按照规定设定3名支部委员，发动党员推荐有责任心、热心为大家服务且住在校内的党员同志担任，实现了新老结合、接续传承，组成了一个团结、实干、有担当的党支部委员会。根据支部党员实际情况，支部分为3个党小组，3个支委分别兼任党小组组长，避免层次过多、推诿扯皮现象。

（三）聚焦主责抓手，组织生活强

坚持落实"三会一课"制度，党支部大会每季度至少召开一次，支委会、党小组组长工作会至少每月一次，并通过开展主题党日、专题学习、组织生活会、红色实践参观、交流研讨、微心声分享等多样形式，确保活动参与人数和活动效果，力争把党支部建设成为学习党的方针政策、传递正能量的课堂。虽然支部党员年龄偏大，高龄、体弱多病的比较多，但是党员们主动克服困难，有的推轮椅、拄拐杖来参加，支部大会出勤率高。他们说："作为一名老党员，只要身体情况允许，能参加支部组织生活和理论学习就应该坚持参加。"

（四）突出作用发挥，群众工作强

把党员联系群众的工作作为支部重点工作之一，明确由宣传委员兼任行政组长，主要负责联系普通群众，协助党支部书记做好群众的思想政治工作，做好群众的组织宣传和发动工作。督促党员要经常联系群众，关心群众生活，及时听取反映群众的意见和要求，搭建信息沟通的桥梁，发挥党员联系群众的纽带作用。根据党员、群众的年龄、身体状况进行仔细分析，做好精准化管理，重点关注80岁以上及长年因病卧床不起的老党员、老同志和鳏寡老人，由老党员、党小组组长、行政组组长、支部委员组成畅通的联络网，时刻关注他们生活、身体情况，给予及时的帮助。

三、成效启示

党支部战斗堡垒作用充分发挥。支部成为提高党的理论水平、加强政治思想建设的学习阵地，满足精神生活需要、追求高品质生活的精神驿站和加强联系沟通、互相扶持照顾的幸福家园。

党支部的政治建设、思想建设和组织建设持续加强，党支部的组织力、凝聚力和号召力不断提升。支部理论学习抓得紧、推得广、学得深，逐渐形成了讲政治、讲学习、讲奉献的良好作风。疫情防控期间，支部老党员向党组织递交了数万元的特殊党费，表达对党忠诚、希望为党分忧的深情。许多同志退休后来到党支部，感到了党员干部大家庭的温暖。党员群众逐渐形成一种说法：有困难找党支部，找支部书记！反映出党员群众对党组织的信任、依靠和寄托。党支部点点滴滴的付出，温暖了党员群众的心，成为团结友爱、互帮互助的大家庭。

助力学生党建"一提两优"工作法

离退休教职工党委退20党支部

一、背景起因

离退休教职工党委退20党支部由管理与经济学院退休教职工中的党员所组成,现有党员35人。其中具有正高级专业技术职务的16人、副高级专业技术职务的12人,担任过处级及以上行政职务的10人;年龄最大的94岁,最小的55岁,平均年龄接近77岁;党龄最长的69年,最短的23年,平均党龄45年。支部党员特点是素质高、年龄大、党龄长。支委会由3人组成,全部具有高级专业技术职务。退休教职工对学院感情深厚,关心青年师生成长成才,党支部积极充当桥梁纽带,充分发挥党支部老教授、老教师、老干部多的资源优势,积极助力学院学生党建工作。在工作过程中,党支部不断总结提炼形成了退休党支部助力学生党建"一提两优"工作法,通过工作法的实施切实助力学生党建工作取得实效。

二、主要做法

(一)提高支委会工作谋划和组织实施能力

党支部以做好每一次老少支部共建活动为抓手,通过一次次活动,一次次组织谋划,不断提高支委会的工作能力和水平。每一个活动任务开始前,党支部都要召开多次支委会,对活动细节如动员大家参与活动、活动内容审定把关、活动形式、场地设备、会议议程等问题进行充分讨论。特别是在组织线上活动的时候,党支部还要组织大家进行反复演练,指导大家线上操作步骤流程等,支委牺牲大量休息时间,付出很多精力,一对一地对老同志们进行帮助服务，确保支部党员顺利参加活动。比如2022年和管工系研究生党支部联合开展的主题党日活动，活动前召开支委会6次，反复讨论和推敲，经过这样的锻炼不断提高支委会整体策划和组织协调的能力。

（二）做优老少支部共建活动

联合管理与经济学院研究生党支部，结合重要时间节点、主题教育活动等共同开展规模较大、影响较广的活动。组织老少支部党员一起过组织生活，共同学习《中国共产党党员教育管理工作条例》，老党员精心准备，结合自己学习体会做重点发言，青年党员受益匪浅。有次活动结束后，时任研究生党支部书记的朱梦花同学动情地说："这是我入党以来过得最庄重、最受教育的一次组织生活。"老少支部联合开展党史学习教育心得交流会，老少党员思想碰撞，互相启发，都从中有新的收获，效果良好。积极开展关心下一代工作，老少支部联合开展"老少同声颂党恩，携手喜迎二十大"主题党日活动，两个平均年龄相差半个多世纪的老少支部党员在一起共庆党的生日，具有非凡的意义。

（三）优选学生党建组织员队伍

为助力学院做好学生党建工作，支部注重挖掘每一名老党员的特点，综

合掌握他们的特长、兴趣、优势以及家庭负担等情况，对目标老党员通过组织发动、典型带动、激励促动等多种方式推荐他们担任学院的学生党建组织员，发挥他们党性锻炼多年、党务经验丰富的优势，帮助学院做好学生党建工作。经过支部优选，目前有5位老党员被学院聘为兼职党建组织员。一年多来，他们与入党积极分子和新党员谈话300多人次。老党员们深厚的政治理论功底、对党无比热爱的真挚感情和对年轻人语重心长的嘱托，使这些积极分子和新党员深受教育。

三、成效启示

退休党支部助力学生党建"一提两优"工作法，是党支部近年来经过实践积累的工作经验总结。通过这样的方法，党支部在助力学生党建、关心下一代成长成才方面做出了一定的成绩，（2020年，获工信部"先进集体"荣誉称号）也凸显了党支部特色和工作亮点。在实施这个工作法的过程中，得到的启示主要有如下三点。

（一）上级党委的正确领导和大力支持是前提

多年来，离退休教职工党委始终强调离退休党支部要发挥老党员的独特优势，鼓励引导离退休党支部与青年教工党支部、学生党支部联合共建，共同开展主题党日、组织生活等。通过青老支部"1+1"，发挥好传帮带作用，做好传承和反哺。离退休教职工党委的正确领导和大力支持为本支部开展好助力学生党建的老少支部共建活动指明了前进方向。

（二）支部委员的无私奉献是保证

党支部书记、支部委员无私奉献，工作积极主动，彼此之间相互尊重、相互支持、相互鼓励是做好助力学生党建工作、开展好老少支部共建活动的坚强保障。支部书记要善于吸纳大家的意见，支部委员也要积极出主意、想办法，支委之间群策群力、团结一心、心往一处想、劲往一处使，才能高质量完成每次的老少共建活动。

(三)综合素质高、集体荣誉感强的党员队伍是关键

支部党员综合素质高、集体荣誉感强,愿意配合支部工作是做好助力学生党建工作的关键。支部党员具有集体意识和集体观念,努力克服路途远、不会上网、家里有事等各种困难,带头积极参与支部活动,并努力做到最好。只有每名党员都发挥党员先锋模范作用,党支部才能把工作做实做好。

融入式"传、帮、带"工作法

离退休教职工党委退24党支部

一、背景起因

离退休教职工党委退24党支部由原来人文学院、教育研究院、法学院和现在的马克思主义学院退休教师党员组成,现有党员37人。其中具有正高级专业技术职务的15人、副高级专业技术职务的19人,担任过处级及以上职务的13人;80岁及以上的老党员16人,党龄最长的68年,最短的25年。支部党员明显的特点是素质高、年龄大、党龄长。支委会由3人组成,党支部主要职责是:组织退休党员认真学习党的创新理论、路线方针,学习党章和党的基本知识,充分发挥支部老教授、老教师资源优势,积极助力青年教师的成长成才,把老教师的"传、帮、带"融入支部主题党日活动之中,为党的教育事业发挥余热。

二、主要做法

"传、帮、带"工作法是党支部几年来一直坚持的做法:希望能"传"出智慧,"帮"出成长,"带"出文化。

(一)传,就是言传

首先向青年教师传播正能量,老教师要把丰富的教学经验和好的教学方法毫不保留地传授给年轻教师。联合马克思主义学院教师党支部,组织新老党员党史学习教育专题组织生活会,学习中国共产党简史,回顾中国共产党百年奋斗的光辉历程,展望中华民族伟大复兴的光明前景,坚定青年教师努力做好本职工作、永远跟党走的决心。老党员向年轻党员提出殷切希望,希望大家传承好我校"延安根、军工魂"的红色基因,练好内功,站好北京理工大学神圣的讲台,永远传播正能量,忠诚党的教育事业,争做学生心目中的好老师!要给青年教师以足够的信心和勇气,言传身教要的是"真经",每个语言、每个动作都要体现老教师热爱教育事业的情怀和对青年教师成长成才的期望。

(二)帮,就是帮助

帮助青年教师解决成长过程中的实际问题。帮的目标也特别清晰,那就是:一年站稳讲台,三年成长起来,五年成为骨干,七年形成自己独特的教学风格。为加强支部组织力、凝聚力、向心力建设,与人文学院青年教师同过政治生日,开展"初心如磐、使命在肩"主题党日活动,围绕"入党为什么,在党干什么,给党留什么",结合自己的实际工作开展讲述活动。老教师结合自身亲身经历,讲述自己入党目的、入党经过和入党后的学习和工作情况。年轻党员教师讲述自己入党后,工作中遇到的一些困惑和问题,老教师边听边记,现场为青年教师传道、授业、解惑,并从授课的经验、讲课的风格、语言的表达、教案的制作等方面对青年教师给予指导。

(三)带,就是在"传"和"帮"的基础上,身教加言教

做到"三带"。带师魂:爱岗敬业,无私奉献。带师能:掌握教学的基本功。带师德:育德之道,为人师表。结合关心下一代工作,线上开展"老少同声颂党恩,携手喜迎二十大"主题党日活动,把"传、帮、带"融入活动之中。在"传"和"帮"的基础上,落实"带"的问题。通过"一对一"结对子,以老带新,手把手地指导,新教师很快进入角色。

三、成效启示

支部助力青年教师成长的"传、帮、带"工作是近年来支部建设的主要抓手,取得了一定的成绩。2019年、2020年分别获评离退休教职工党委样板党支部,2021年获评学校样板党支部。主要成效与启示如下。

（一）青老共建促进支部建设

党支部着眼老党员政治优势、专业优势、经验优势，积极与老党员退休前所在的学院联系，构建青老支部共建工作机制，有效组织和调动了老党员，提高了党支部的凝聚力，促进了支部建设。

（二）把握需求突出工作实效

党支部抓住青年教师成长发展的需求，通过组织本专业的老党员、老教师现身说法、言传身教，对青年教师的师德师风建设以及教学、科研和育人能力提高，起到了传承和传授作用，突出了支部工作实效。

（三）发挥余热助力学校建设

"传、帮、带"助力青年教师成长，发扬了老党员情系学校发展、心系青年教师发展的深厚情怀，激发了老党员老有所为、继续贡献光和热的热情，以实际行动同心助力学校"双一流"建设。

关爱服务老同志"一传三全"工作法

离退休教职工党委退31党支部

一、背景由来

离退休教职工党委退31党支部成立于2013年9月,由物理学院退休教职工党员组成。党支部2019年获评北京理工大学先进党支部。党支部现有老党员15名,年龄最大的91岁,最小的61岁。支部中既有一辈子奉献在学校教学、科研、生产一线的教职工,也有改革开放后出国留学并在学成归国后取得教学、科研成果的博士后。新一届支委会产生于2021年4月,现有支委3人。结合支部多病、高龄老党员较多的现状,支部注重发挥党建引领作用,持续关心关爱全院退休教职工的晚年生活,在他们需要的时候给予有效的帮助,力求做到精准服务,切实做好全院退休教职工关爱服务工作,让广大党员群众时刻感受到党组织的关怀和温暖,让党支部成为全院退休教职工的温馨港湾。

二、工作做法

(一)传承党支部关爱服务老同志优良传统

老书记和老委员们在过去8年的工作期间,对学院每一位生病住院的老同志都进行了探望和慰问。有的老同志住到养老院之后,他们也会不辞辛劳打车前去探望,这些工作让老同志感受到了党支部的关心和关怀,心理得到安慰,心灵得到慰藉。作为新一届支委会,要传承上一届支委会的优良传统和一贯工作作风,以他们为榜样,继续关心关爱老同志,用心用情做好服务工作。

（二）组织优化全覆盖

物理学院退休人员现有45人，过去统属1个行政组，行政组组长的工作压力非常大。2021年，离退休工作处/离退休教职工党委对党支部和行政组进行整合优化，支部以此为契机，对党支部和行政组进行了部分调整和重新分工，全院47位退休教职工按原所在系所划分成2个行政组，行政组组长全部由支部委员兼任。这样的调整使得行政组组长的负担相对减轻，而对自己所负责的范围更加明晰，具体工作可以责任到人。通过这样的调整和安排，党支部对党外群众的联系和沟通更加顺畅，为党支部做好全院退休教职工的服务管理和关心关爱工作提供了有力保证。

（三）走访慰问全覆盖

支委和行政组组长分工负责，分头看望每位病困老同志，做到支委带头看望全覆盖。2019年年末，由于疫情使得支部慰问老同志受到一定影响。为了及时了解老同志们的现状，支部建立了包括部分退休人员亲属在内的2个微信群，加强支委和老同志之间的联系。2022年6月初，年过89岁的学院退休老教师，也是位独居老人，打电话给支部书记说，她急需去医院诊治，希望组织帮助她办理住院等手续。支部书记在第一时间与学校有关部门、相关医院进行联系沟通，还陪伴她去医院做各项检查、帮助解决很多燃眉之急。

每年"七一"慰问老党员、元旦春节送温暖以及高龄病困老党员的日常走访慰问，都已成为党支部、行政组服务学院退休教职工的一项常规工作。支部采取重要节日集中慰问、高龄病困老同志上门走访慰问、一般老同志电话慰问等多种形式，将党组织的温暖传递给党员群众，全年做到每种形式的慰问全覆盖。

（四）重点关注全覆盖

为了全面、准确、及时了解学院退休教职工中的特殊人群，比如鳏寡孤独、生病住院、独居空巢、失能失智等老同志的实际情况，全面梳理形成重点关注人员名单，并安排支委、行政组组长不定期联系本组重点人员，了解

他们的现状，帮助解决现实困难，对存在的问题及时进行上传下达。对于因个人原因不能与支部直接联系的老同志，建立了支委、行政组组长与他们委托的亲属直接联系沟通的机制，保证老同志和支部之间有顺畅沟通和联络渠道。

三、成效启示

退31党支部通过关爱服务"一传三全"工作法，支部战斗堡垒作用进一步发挥，政治建设、思想建设和组织建设持续加强，党建引领作用进一步增强，联系群众更加紧密，党支部实实在在成为党员群众信赖的温暖家园。在实践过程中，学校党委以及离退休工作处/离退休教职工党委的保驾护航至关重要。党支部是党联系党员群众的桥梁，党支部要践行全心全意为人民服务的宗旨，关心关爱每一位老同志，赢得党员群众的认可，赢得上级党委的支持。

"点线面体双螺旋"工作法

资产公司党委出版社党支部

一、背景起因

北京理工大学出版社党支部在学校党委指导和资产公司党委的领导下,始终坚持正确的政治方向、出版导向、价值取向,坚守意识形态主阵地;面向学校学科特色和世界科技前沿,以支撑学校"双一流"建设为核心任务;瞄准国家战略,深挖出版资源,聚焦内容生产,出版优质图书,致力于建设一流的大学出版社。

作为基层党组织,出版社党支部根据出版社工作性质,总结凝练出"点线面体双螺旋"工作法:一条螺旋为组织架构层面,即以支部委员会为点,带动党小组三条线,辐射到全体党员,最后覆盖全体员工,这条螺旋实现的是信息传递和工作部署;另一条螺旋为工作开展层面,通过抓工作要点,围绕"守牢意识形态主阵地、服务好学校中心工作、打造行业一流品牌"的三条主线,将支部工作融入业务工作的各个层面,推进出版整体工作开展,这条螺旋实现的是思想落地和工作落地。两条螺旋相辅相成、互相促进、不可分割、螺旋上升。

二、主要做法

(一)构建良好的学习体系

以政治理论学习为立足点,沿党小组三条线推进,将理论学习和业务学习紧密结合,渗透到工作各个层面,构建良好的学习体系。

出版社党支部按照上级党委学习要求,结合出版社业务工作实际,精心选取学习内容，通过组织生活会、党课、报告讲座等形式，有计划、有步骤地开展理论学习67次。在学习氛围的带动下，又积极推动开展员工职业培训，2022年开展员工职业培训328人次，每人84学时。

创新开展出版工作面对面和"绿色"匠心育人活动，积极参与学校暖心毕业"寄"、公益捐书等活动，通过这些特色主题党日活动的开展，凝聚支部力量，提升党性修养，激励拼搏奋斗。

形式多样的理论学习和职业技能培训，筑牢了广大员工的思想根基，提高了职业素养，形成了争先创优的内在动力，打造了一支政治素养高、专业素质强的出版队伍，为出版社发展提供了思想保证和不竭动力。

（二）保障高效的管理体系

以制度建设为着力点，沿出版工作三条主线，将支部工作厚植到业务工作的各个方面，以保障高效的管理体系。

出版社围绕出版工作中守牢意识形态主阵地的红线、抓服务学校中心工作的主线、瞄准创行业一流品牌的长线这三条线，听取支部意见，分别制定了《关于在出版业务中进一步加强落实意识形态工作的具体实施办法》《北

京理工大学出版社出版物内容意识形态审查工作管理办法》等系列文件。

党支部充分发挥引领和带动作用,带头学习宣传这些制度,在出版过程中,已形成严把政治方向关、内容正确关、价值取向关的高度自觉。在服务学校教学与科研时,开展"出版面对面"活动,加强与各学院教师的沟通交流,强化出版社服务学校教学科研中心工作的功能,促进教材和专著的高质量出版,加大对《信息系统与安全对抗理论》等获奖教材和项目立项的支持与奖励,激励国家出版项目的涌现。

(三)塑造一流的出版团队

以身边典型事迹为切入点,沿工作主线挖掘素材,形成争先创优的局面,打造党员群众双螺旋积极向上的团队。

创新推出"一路风景、因为有你"特色推文活动,着力挖掘与宣传出版工作中呈现出的典型个人与优秀事迹,三年来共撰写推文13篇,宣传和推出顾学云、高芳等13位兢兢业业、勤勤恳恳、埋头苦干的典型。通过特色推文活动,展现支部党员在自己平凡岗位上的先锋模范带头作用,激励全体员工团结一致、奋发向上、拼搏奋斗。以身边事感染和带动身边人,提高全体员工的凝聚力和战斗力,营造积极向上的团结氛围,带动全体员工勇于担当、敬业奉献,有效推进出版工作和事业发展。

疫情期间，党支部积极号召党员干部齐心协力抗疫情。党员领导干部身先士卒，积极投身学校的抗疫工作；全体党员轮流开展办公区域消杀防控工作，激励出版社每一名员工踊跃投身到学校和社区的防疫工作中。王宇同志顶着骄阳、汗流浃背，连续奋战22天，检测2万余人次。

三、成效启示

出版社党支部"点线面体双螺旋"工作法，以点带面、层层入内，并以党建工作为引领，以制度建设为保障，以先进典型为牵引，以行动自觉为目标，坚持党建工作与出版业务同频共振。形成了"支部组织一条线，出版工作一条线，螺旋缠绕两条线，齐头并进促发展"的局面。

（一）信念坚定、行动有力，为工作开展打下坚实基础

良好的学习体系、高效运行的管理体系、不断涌现的党员榜样，极大地提高了党支部的凝聚力、吸引力、战斗力和引领力。近三年有8位同志递交了入党申请书，其中4位已发展为党员。广大党员心中有信念、脚下有力量，敢担当、勇作为。

（二）支部引领、党政配合，服务学校中心工作取得重要成果

在党支部带头引领下，项目申报与实施科学有效，一批体现国家意志、国家行为的重点出版规划项目、国家出版基金项目等在出版社落地，硕果累累。

《高效毁伤系统丛书（二期）》等7个项目成功入选"十四五"时期国家重点图书出版专项规划。《新能源汽车关键技术研究丛书》等共20个项目入选"十三五"国家重点出版物出版规划项目。《绿色二次电池先进技术丛书》等3个项目入选2021年度国家出版基金资助项目，2022年又有4个项目入选国家出版基金资助项目。《能源材料前沿》《空间科学与技术》等5种期刊分别被ESCI、Scopus等国际重要数据库收录。

出版社共有249种教材获评"十三五"职业教育国家规划教材，位列全国出版社第三。"十四五"职业教育国家规划教材（首批）初评，成绩显著。

《信息系统与安全对抗理论》等13种教材获得全国优秀教材奖,提升了出版社美誉度,形成了出版社的"硬核"竞争力,促进了出版社品牌建设。

这些教材和专著持续出版,为我校"双一流"建设提供了强有力的支撑。

出版社党支部将继续深入学习贯彻党的二十大精神,深刻领悟教育、科技、人才"三位一体"的战略意义,全面落实教育强国、科技强国、人才强国、文化强国战略,持续探索与丰富支部的工作法,促进出版工作进一步提升,为学校"双一流"建设提供有力保障和支持,并在推进文化自信自强、铸就社会主义文化新辉煌的征程上做出应有的贡献。

"三抓三促"创新餐饮党建新模式

资产经营有限公司党委物业管理与后勤服务公司第四党支部

一、背景起因

物业管理与后勤服务公司第四党支部现有党员38人,其中预备党员4人。党支部所辖餐饮服务中心承担着中关村校区、良乡校区、西山校区约4万余人的餐饮保障工作及大型活动的伙食工作,同时还承担着工信部和科工局机关食堂的供餐任务。党支部于2015年度、2017年度、2019年度连续获得学校"先进党支部"称号,第一批"样板党支部"称号。

二、主要做法

(一)抓担当促服务

1. 坚持以服务师生为中心

党支部狠抓思想引领,伙食保障工作始终讲政治、讲担当,践行"三全育人"。党支部把"我为师生办实事"实践活动作为党史学习教育的重要内容。多年来坚持打造"北理特色"国际化、现代化食堂的初衷,秉承改善就餐环境、提升服务质量、满足师生需求的坚定信念,在学校和公司的支持下,完成了第三食堂"智慧餐厅"的改造,并创办集餐饮、咖啡,会议、休闲于一体的现代化新型第六食堂,提升服务水平,为师生提供良好用餐体验。

2. 积极组织开展"便民食品展销"主题党日活动

近年来,党支部在大型节假日积极组织开展"便民食品展销"主题党日活动。在冬储菜展卖活动中一次共计销售蔬菜16 000多斤。2020年,面对突发

疫情，支部党员奋勇当先、沉着应对，在保障学校伙食供应的同时，两周时间售卖爱心蔬菜16 830斤，很大程度上解决了校内教职工的生活需求。

3. 在各项重大活动中彰显餐饮人的担当

食堂在保证在校师生正常就餐的情况下，根据国庆70周年阅兵训练需求配备供餐服务保障人员、制定供餐食谱、烹制可口饭菜，为参加国庆阅兵训练的4 600余名师生提供了伙食保障服务，共接待国庆阅兵师生就餐20 421人次。

为确保学校80周年校庆供餐安全、快捷、有序，党支部班子和中心行政班子专门成立了校庆供餐领导小组，全力确保餐饮服务保障工作全程无死角。校庆期间提供保障性供餐12 500人次，校庆当日保障4 200人次供餐服务。全体餐饮人充分发扬了"特别讲大局、特别肯吃苦、特别肯奉献、特别能战斗"的精神。

4. 坚持服务育人

餐饮工作作为后勤服务的重要组成部分，承担着管理服务育人的重要职责。加强餐饮服务育人的实践探索，创新服务育人的模式，是支部一直在探索的课题。组织"食堂开放日"、与学院开展联学联做活动，培养同学们的劳动素质，在劳动中涵养奋斗精神。

5. 一名党员一面旗帜

在繁忙的本职工作之余，支部党员深入一线，参与窗口售卖、月饼加工等工作，保障迎新、节日、校庆等各项重要活动，发扬"一名党员一面旗帜，一名职工一扇窗口"的支部精神。

（二）抓培训促安全

学校食堂是学校教学、科研、生活的重要组成部分，承担着为师生提供饮食保障的重要任务。食以安为先，食品安全监管工作更是成为党支部工作的重中之重。食堂坚决筑牢职业道德基石，狠抓培训促安全。

为进一步提升食堂食品安全责任意识，提高员工食品安全知识水平和岗位责任意识，由支部班子成员带头，每月组织1次包括各食堂副经理级别以上人员的培训，食堂每周组织1次员工食品安全培训，学习《中华人民共和国食品安全法》《学校食堂与学生集体用餐卫生管理的办法》和市场监管局有关食品安全的实时性指导文件。

（三）抓创新促质量

党支部通过组织各种形式的技能比武、岗位练兵等活动，练就过硬本领，在技术领域培育"尖兵"。党支部牵头，每年组织开展至少一次厨艺技能竞赛或主副食创新菜品展示评比活动，在员工学习交流技术的同时，培

养、选拔技术能手，以赛代练，建立起后备技术骨干梯队。

同时，实施了"走出去，引进来"战略，不仅连续多年参加由工信部及团餐协会组织的厨艺和服务技能比赛，取得良好的成绩，还开展"大师进校园"活动，邀请厨艺界名师来校为师生制作别具代表性的菜品，并指导食堂提升菜品制作技术，受到广大师生欢迎和好评。

三、成效启示

抓担当促服务，保障了全校师生员工伙食供应工作，确保了各项专项供餐任务；抓培训促安全，确保不发生任何食品安全生产事故；抓创新促质量，维护"吃在北理"美誉，不断提升服务质量和水平。今后，党支部将继续科学实施"三抓三促"工作法，充分调动食堂员工的工作积极性，激发广大员工的创新热情，提升整个餐饮服务队伍履职尽责的能力，有效提升餐饮服务质量。